ユダヤ人として生きる

幼児期にホロコーストを経験したアンガー教授の回想録

The Unwritten Diary of Israel Unger

イズラエル・アンガー　キャロライン・ギャモン
仁木久恵〈訳〉

春風社

ユダヤ人として生きる——幼児期にホロコーストを経験したアンガー教授の回想録

はじめに

『アンネの日記』を読んだのは一〇代前半の頃でした。そのとき、アンネの隠れ家と私たちの隠れ家、その二つがあまりに似ているのに大変驚いたのを覚えています。自分たちが隠れた部屋や生活状況に比べると、アンネのほうはまるで宮殿のようだな、というのが当時の印象でした。ただ、私たちのグループは九人全員が生き延びましたが、『アンネの日記』では、生き残ったのは父親のオットー氏だけ、その事実に同じくらい衝撃を受けました。本書の企画を進め始めた直後に、共著者のキャロライン・ギャモンから「この本にはどんなタイトルがふさわしいでしょうね」と訊かれました。そして、「『未公開回想録（日記）』はどうですか」と提案してもらったのです。私は、即座に、それこそ本書に最もふさわしい題名だと思いました。

本書の作成にあたり多くの方々からご支援をいただき、書中にて謝辞の言葉を述べました。とりわけ、共著者のキャロラインの多大なる貢献に、この場を借りて改めて謝意を表したいと思います。著作のきっかけを与えてくれたのは彼女です。本書は二人の共同作業であるにしても、彼女は触媒になり、そして私の著作エンジンの点火プラグになってくれました。粘り強く、どんな苦労や困難にもめげず、私を支えて書く意欲を与えてくれました。調査のほぼ全てを引き受け、私を質問攻めにし、さまざまな提案をしてくれました。

本書を書くことで私は多くの恩恵を受けましたが、とりわけ、キャロラインと知り合いになり、終生の友を得たことを感謝しています。

イズラエル・アンガー（Israel Unger）

命《いのち》を二度与えてくれた両親ダヴィドとヒンダ・アンガーへ

イズラエル・アンガー

親愛なる友人そしてよき指導者であるイズラエルとマリーン・アンガーへ

キャロライン・ギャモン

目次

凡例

※ポーランドなど外国の地名・人名のカタカナ表記については、原則として、現地の発音に近い呼称によった。ただし、日本国内ですでに定着しているものはそれに従った。例えば、Warszawa はポーランド語読みではヴァルシャヴァだが、慣用的に使われているワルシャワ、また綴りが同じ Israel は、著者名はイズラエル、国名はイスラエルとした。

※本文中の（　）内は訳注を表す。

第一章

ポーランドに生き残った数少ないユダヤ人

スルリク、タルヌフ市に誕生

私の父モルデカイ・ダヴィド・アンガーは、ポーランドのタルヌフ市近郊の小村、リグリツエの出身である。そこは東南ポーランドと西ウクライナの両域にまたがる地域で、かつてはガリツィア地方の一部だった。父はそこで一九〇二年に生まれた。兄弟・姉妹は八人いたというが、名前が判明しないので彼らの身に何が起こったかは分からない。唯一言えるのは、ナチスに殺害されたという事実だけである。父の生存中になんで詳しく訊いておかなかったのか、今さらながら悔やまれる。長い年月が経った今なお、私は親族の消息を捜し求めている。

母の名前はヒンダ・フィッシュ、一九〇四年にタルヌフ市近郊のボブロヴィニキ・ヴィエルキエ村で生まれた。フィッシュ一族は同じくタルヌフ市近郊のドンブロヴァ・タルノフスカ出身である。母方の祖父ハイム・フィッシュは材木商だったらしい。当時はグラフと呼ばれた伯爵の御用商人で、妻マリーンが義母から聞いたところによると、川沿いに面した木場で商売を営んでいたそうだ。母方の祖母の名はライゼル。旧姓はライゼル・グロスバルトで、この情報は父母の婚姻届けの記載による。

父方の祖父の名前はヨセフ・ピンクス・アンガーで、祖母の名は結婚してアンガー姓を名乗る前はハナ・レイア・レッセル。ドイツによるポーランド侵攻後、両親とは音信不通だったという。ユダヤ人社会共同体《コミュニティ》間の情報交換や移動が禁止されていたからである。祖父母はホロコースト（ナチスによるユダヤ人大量虐殺）で殺害された。

アンガーは、ポーランドではごくありふれたユダヤ人の名字である。リグリツエ村にはアンガー姓を名乗る家族がかなり多かった。父は若いころ故郷を出て、北へ二〇キロほどの距離にあるタルヌフ市へ働きに出ることにした。どうにか始めた商売がうまくいって、そこで自営の製パン所を開いた。仕事が順調にいき意気盛んだった父は、結婚したいと考えてシャドキン（ユダヤ人社会の伝統的な結婚仲介人）のもとを訪れた。結婚相手を紹介してもらったのだ。父の家は正統派のユダヤ教徒で貧しかった。他方、母は裕福な家庭の出身で、当時としてはレベルの高い教育を受けていたらしい。例えば、ドイツ語を学んだこと、母の妹は会計学を学んだことなど。父と母は似合いの夫婦のようにみえた。しかし周囲には結婚に反対する人もいて、母が病気がちだからやめたほうがよい、そういう声が寄せられることもあったという。父は「結婚するならこの女性《ひと》しかいない！」と決めて、結婚を強行した。デートは二、三回散歩しただけだった。母にしてみれば、結婚とはそういうものだと考えたのだろう。シャドキンが見つけてくれた相手の男性《ひと》と結婚する、それでよいのだと。これまで多くの夫婦を見てきたが、両親ほど献身的に相手を思いやる二人はいない。そのことを私は嬉しく思う。

　婚約してから、母がまず取り組んだのは嫁入り道具の支度だった。結婚後に初めて迎える過越の祭のため、種なしパンを入れるマツア袋を作った（種なしパンとは、過越の祭の期間に食べる無酵母パン。マツア袋の写真は p.35）。袋に刺繍を施して、その周りに小さなレースのひだ飾りをつけた。当時の若い娘は花嫁修業として習い事をしたものだが、母は刺繍を習ってその技術を身につけていた。そのマツア袋は、両親の所持品のうち、戦争を生き延びた数少ない持ち物の一つである。私たちが家から追い出されたあとに移り住んだ住人が、誰かは定かではないが、残っていたわずかな持ち物を箱に詰めてくれたのだろう。隠れ家から出たときに、母はそのマツア袋を見つけたのである。両親はタルヌフ市で所帯をもった。結婚式をどのシナゴーグ（ユダヤ教の会堂）であげたかは明らかではないが、正統派ユダヤ教の式だったのは確実だろう。当時、タルヌフ市には、数多くのシナゴーグが存在し、さらにシティベル呼ばれる、会衆が集まる小さな祈禱所もあった。その昔、神殿

タルヌフ市のジュビリーシナゴーグ：戦前（タルヌフ郷土資料館）

破壊が起こる以前には、エルサレムにユダヤ教の大神殿が存在していた。人々が礼拝に行くと、司祭が生贄を献げて祭儀を司っていた。紀元七〇年に大神殿が破壊されたあと、信者はユダヤ教の礼拝をどう守ろうとしたのだろうか。その頃初めて、現代のラビによるユダヤ教の形態が成立したのである。もっとも、東ヨーロッパにいた当時のラビは、北アメリカにいる現在のラビのような宗教指導者ではなかった。基本的には、食事規定であるカシュルートや信者間のもめ事などさまざまな問題について教えを説く、いわば指導者的なパスキン・シャイレスとしての役割を果たしていた。ユダヤ教の礼拝を執り行う人ではなかった。成人男子が一〇人集まれば、それで祈禱の会は成立し、その中の一人が礼拝を仕切った。必ずしもシナゴーグを必要とせず、祈禱所で十分だったのである。かつてのラビは子供たちを教えることもなかった。子供の教育にはメラメドと呼ばれる教師がいた。現在のラビは、シナゴーグを統率する宗教指導者として礼拝を執り行い、また子供の教育も担うが、それは後世になってから生まれた役割である。

タルヌフ市の市場：戦前（タルヌフ郷土資料館）

母が繰り返し話してくれたエピソードがある。父は製パン所を営んでいたが、そこでワインも醸造していた。酒類販売業免許を受けず無許可で造っていたのか、あるいは当時のポーランドではユダヤ人にワインを造らせなかったのか、それは定かではない。いずれにせよ、父のワイン造りは違法行為だった。工場の裏手にはミードの大樽が置いてあった。ミードとは、原料のハチミツを発酵させて作るハチミツ酒のこと。ある日、査察官が立ち入り検査にやって来たという。ハチミツの甘い匂いがあたり一面に充満していた。見つかったら大変だと気づいた母は、とっさに洗濯物を掴んでミードの大樽に投げ入れた。洗濯中だというカモフラージュをしたのである。この作戦はうまくいったそうだ。

一九三八年三月三〇日、私は生まれた。兄カルマンは私より四歳年上である。両親は私の名前をイズラエルと名づけ、おそらくイスルアエルと発音していたのであろう。幼い頃はスルリクあるいはスルエルと呼ばれていた。ウイリアムをウイリーと呼ぶのと同じで、イスルアエルの愛称である。ユダヤ教の伝統に則って、生後八日に割礼を受けた。そのことは出生記録に記載されている。

一九三九年九月一日、ドイツ軍がポーランド領内に侵攻。一九三九年九月八日、タルヌフ市は爆撃を受け、ナチス党員が市内に進軍してきた。一一月九日、シナゴーグは破壊された。そのとき、私は一歳半だった。

イズラエルとカルマン、タルヌフにて：1940年頃
（イズラエル・アンガー所蔵）

「住み替え」作戦と称する粛清

当時の状況を思い起こしてみよう。とりわけ強く印象に残っているのは恐怖である。幼い頃、私は周囲全体を覆う絶え間ない恐怖のうちに暮らしていた。ナチスが自分たちを殺そうとしている、そのことは分かっていた。ただそのときがいつなのか、と怯《おび》えていたのである。

タルヌフ市の人口はおよそ五万人、その半数はユダヤ人だった。大半のユダヤ人はグラボフスカと呼ぶ地域に住んでいた。タルヌフのユダヤ人コミュニティは一五世紀から存在しており、ガリツィア地方の中では最大規模の一つだった。そこには、ユダヤ人の医師、弁護士、音楽家、教師、会社経営者、肉屋、食料雑貨店主、行商人、洋服屋、靴屋、宝石商、代書人、パン屋、そして看護師もいた。社会機能を果たすためのありとあらゆる職種の人たちが暮らしていたのだ。市会議員の中にはユダヤ人が何人かいて、ある時期、副市長を務めたゴールドハメルはユダヤ人である。大きなシナゴーグが六か所にあり、その他に二、三の小さなシナゴーグ、ユダヤ人学校、文化センターなどが存在していた。

要するに、タルヌフ市に住んでいた全住民の半数がホロコーストの間に殺害されたことになる。

一九三九年一〇月、タルヌフ市のユダヤ人は、ダビデの星の腕章を身につけることを強制された。ユダヤ人の身元を特定する印《しるし》として、ポーランドで、ナチスがこの腕章を最初に義務づけた市はタルヌフである。

悪名高い「水晶の夜《クリスタル・ナハト》」（大規模な反ユダヤ主義暴動）がドイツ各地で発生したが、それから一年後の一九三九年一一月九日、同様の「水晶の夜」の暴動がタルヌフでも起こった。ほとんどのシナゴーグは一夜のうちに破壊された。最初の囚人がアウシュヴィッツ強制収容所に移送されたのもタルヌフからである。一九四〇年六月、最初は主に政治犯が捕らえられ、必ずしもユダヤ人ばかりではなかった。一九四一年になると、ドイツ

タルヌフ市の広場：2009年。現在の写真と比べると、同じ場所で、歴史上重要な写真［右］を撮影したことは明らかである。（キャロライン・ギャモン提供）

「住み替え」作戦中、タルヌフ市のリネク（広場）に集められたユダヤ人たち：1942年7月（タルヌフ郷土資料館）

当局はユダヤ人にあらゆる貴金属の供出を命じた。近隣の町や村から何千人ものユダヤ人をタルヌフ市に強制移住させ、全員をある特定の区域に隔離して住まわせたのである。

　ドイツ人が「アクツィオン」と呼ぶユダヤ人絶滅作戦の名のもとに、ユダヤ人は一斉に狩り集められた。私の記憶によると、ポーランド語では「住み替え《ヴィシェドレニャ》」と称していたが、文字通りには、全住民の「再配置」あるいは「強制移住」という意味である。これは婉曲的な表現で、実際は、ユダヤ人を一か所に狩り集め、その場で殺害するか、あるいは駅に連行して死の収容所へ移送する、そのことを意味していた。一九四二年六月、最初の「住み替え」作戦がタルヌフ市で実行された。その間、半数のユダヤ住民が殺害された。ベウジェツ強制収容所に移送されたか、あるいはスビリトフスカ・グラ村沿いにある近くのブチナ森で銃殺された。街の道路やユダヤ人墓地で銃殺された人も大勢いた。大虐殺はほぼ一週間続いた。生き残ったユダヤ人やポーランド人の目撃者によると、市の大広場から下ってゆく道路はまさに血の川だったという。

　最初の大虐殺後、ナチスはユダヤ人を強制的に移住させ、その区域を封鎖してタルヌフ市ゲットー（ユダヤ人居住区）とした。その地区に住んでいた非ユダヤ系ポーランド人は住居を明け渡さねばならなかった。ルヴオフスカ通りをゲットーの南側の境界とし、周囲を高い木塀で囲んだ。許可証を持たずにゲットーを離れると殺害された。トイレは少なく、食べ物も十分ではなかった。父だけは塀の外側にある工場で強制労働に従事していたから、かろうじてゲットーの出入りを許されたのである。一九四二年九月、ゲットーに住む数千人のユダヤ人が町の広場に集められた。ナチスの強制労働体制にとって「必要不可欠《エッセンシャル》」とみなされない人々は、一斉に狩り集められ、「選別」され、ベウジェツ強制収容所に送られた。一九四二年から一九四三年にかけて、この「住み替え」作戦という名のもとの粛清がたびたび実行された。今になってみると、ユダヤ人に対するナチスの意図は明確である。要は、この作戦をいつ、どういう方法で行うかだった。

　私の幼い頃の最初の記憶は、この「住み替え」作戦中に過ごしたときのものである。四歳くらいだった。部屋のよろい戸の隙間から外を眺めた。建物内の部屋の窓にはスチール製のよろい戸が取りつけてあった。四角形に似た建物の中央に中庭があり、私たちは一階にいた。よろい戸の隙間から外の様子を覗くことができたのである。道路を歩くユダヤ人の群が家畜のように追い立てられている姿が見えた。鞭で叩かれていた。

　その頃、幼い女の子と中庭でよく遊んだことを覚えている。ふわふわした毛が首周りについた、格好いいオーバーコートを着ていて、自慢げに見せびらかしたものだ。その子は「住み替え」作戦中にいつの間にかいなくなった。連れ去られるのを実際に見たのかどうか、記憶はあいまいで判然としない。本当に見かけたと思うときもあるが、確実に見たとは言い切れない。中庭で遊んでいたから、周りの建物のどこかに住んでいたのだろう。当時の私にとって、その女の子は唯一の遊び友だちだった。

　ある「住み替え」作戦中のことだが、父の腕に抱かれていたのを覚えている。ものすごく怖かった。「天

イズラエルと一緒に遊んだ女の子、タルヌフ市のゲットーにて：1942 年頃（イズラエル・アンガー所蔵）

国に行けますように」シェマの祈りを唱えてくれと父に何度もせがんだ。シェマとは、ユダヤ人が唱える祈りの言葉で、死が間近に迫っていると感じたときにも唱える。どうやら私はその日に死ぬと思い込んでいたらしい。何度も、何度も、その祈りを唱えてくれるようにとせがみ続けたという。シェマの後に続く文言はシェマ・イスラエルであるが、興味深いのは、この祈りはまさにユダヤ一神教の教義の要《かなめ》となる部分を凝縮した形になっている。*“Shema Yisrael Adonai eloheinu Adonai echad.”* 要するに、その祈りは「聞け、イスラエルよ、主はわれらの神、唯一の神なり」と続く。「神よ、私の命を救ってください」という意味ではない。唯一神への絶対的帰依の表明である。幼かった私が天国についてどんな考えをもっていたかは、まったく分からない。単に、シェマ・イスラエルを唱えてもらいたかっただけなのかもしれない。死ぬんだと思っていたし、何となく、天国はいい所だと思っていたから、他の場所より天国に行きたかったのだろう。戦後になって父から聞いたのだが、その日、父は三六回もその言葉を唱えさせられたそうだ。

また別の「住み替え」作戦が実行される前のことだが、ナチスは赤いカードをあるグループのユダヤ人に、青いカードを別グループのユダヤ人に配った。手渡すカードの色でユダヤ人を選別し、捕らえて強制収容所送りにしたのだ――ドイツ語でいうケンカルテ（身分証明書）である。子供心に、そのカードがどんなに重要であるかが分かっていた。良いカードと悪いカードがある、赤いカードを持つことは生死に関わるほど重要なのだと。両親が身を隠そうとしたことから察すると、家族全員が赤いカードをもらえなかったに違いない。

いわゆる「アクツィオン」作戦は短期間で終わるだろう、そう父と母は予測した。そこで家族を二人組に分けることにした。少なくとも家族のうち二人が生き残るように、その可能性を増すためである。私は母と一緒に、父と兄は別の場所に隠れることになった。母と一緒に地下室に入り、うずくまって母にしがみついた。その場には他にもユダヤ人がいた――かなり大勢の人たちがいたと思う。発見されたら殺されるから、物音を立ててはいけない、そう厳しく注意された。見上げると壁や天井に水滴がついている。レンガ製の天井は凸状だったから、私は飽きもせずそこにいろいろな顔を思い浮かべて楽しんだ。漆喰の隙間を見ながら人間や動物の形を想像したのである。そのとき地下室に隠れたのは一時的な避難で、おそらく二、三日だったであろう。

ゲットーには親戚の人たちも住んでいた。ムメ・ズラータという名の母方の伯母もいた。ムメはイディッシュ語で伯母という意味である。伯母の病状がとても重かったこと、枕元にいたとき「この子にキャンディーをあげておくれ」と誰かに頼んでくれたことを覚えている。父方の両親はゲットーで一緒に暮らしてはいなかった。リグリッツエ村に住んでいて音信不通になっていたが、その村のユダヤ人はトレブリンカ強制収容所に送られ殺害されたというニュースは、タルヌフ市にいるユダヤ人にも届いていた。水面下での情報交換は密《ひそ》かに行われていたようだ。

母方の祖父ハイム・フィッシュは、超正統派の敬虔なユダヤ教徒だった。ナチスが捕まえにやって来た日、私はたまたま二階の祖父の部屋に居合わせた。二人のナチス親衛隊員が入ってきて同行するよう命じた。祖父は命令にすぐ従わず、礼拝用の袋を取りに行こうとした。祖父にとっては、どこに行こうと神に祈りを捧げることが重要だったからである。階段の下り口で、隊員の一人が突き飛ばしたかまたは蹴とばしたのだろうか、転がり落ちる祖父を射ち殺すのが見えた。戦後になって家族の間でホロコーストを話題にすることはほとんどなかったが、この記憶だけは母に確かめたことがある。私の記憶は正確で、その通りだったと教えてくれた。親衛隊員は、なぜ私を見逃してくれたのか、なぜ祖父の射殺後すぐ立ち去ったのか、今なお謎である。

実を言うと、祖父はベウジェツ、トレブリンカ、あるいはアウシュヴィッツのいずれかの強制収容所に連行される予定だったのだろう。アウシュヴィッツとベウジェツは、場所が一番近いというただそれだけの理由で、タルヌフ市に住んでいた大半のユダヤ人が虐殺された収容所である。タルヌフ市に駐屯していたナチスの秘密警察《ゲシュタポ》は、これこれしかじかの日に強制収容所送りの列車が来るという通知を受けたのだろう。家畜用貨物列車一二車両にユダヤ人をすし詰めに乗せ、およそ三千人もの人々を収容所に移送したのである。ゲシュタポはユダヤ人を一か所に狩り集めた。おそらく祖父もそのうちの一人になって、収容所に送られるはずだった。私の推測では、捕まえに来た親衛隊員を苛立たせたため、その場で銃殺されたのだと思う。祖父は動作が緩慢で、命令にすぐ従わなかったからである。素早く行動していたなら、集合場所に連れていかれただろう。礼拝用の袋を左腕に抱えた祖父の姿が今でも脳裏に焼きついて離れない。袋の中には、祖父にとって重要な礼拝用テフィリン箱、タッリート肩掛け、そしてシッドゥール祈禱書が入っていたのではないだろうか。

父の勇気ある行動

父がナチスに危うく銃殺されそうになったことがある。「アクツィオン」作戦中のことだった。突然、ナチス党員の男が部屋にやってきて、入るやいなやライフル銃を父に向けて構えた。駆け寄った兄カルマンが銃を掴んでもぎ取ろうとする。男は取られまいと銃を引っ張り戻す。そうこうしているうちに、将校らしき人が入ってきて「撃ち方止め！　アクツィオン終了」と叫んだ。彼らは部屋を出て行った。今になって考えると、殺されるかと思った次の瞬間、そのときは過ぎていた。父の命は兄がナチス党員と揉み合っている数秒で助かったのである。

幼い頃の最初の記憶では、父の左手には人差し指がなかった。ゲシュタポの司令部に連れていかれた父は、ユダヤ人警察に加わるよう命じられたという。ナチスドイツ人は、ゲットー内のユダヤ人コミュニティにユダヤ人による一種の警察組織、「ユダヤ人警察」を作らせようとしたのだ。父は警察に入ることを拒んだ。虐待を受けても拒否し続けた。ナチスは父の人差し指をドアのわき柱に突っ込み、力まかせにドアをバタンと閉め、指を切り落としたのである。その後も拒否し続けた父は、横腹を蹴りあげられて地面にうつ伏せに倒れ込んだ。それでもなお父は拒否したという。結局、ナチスは解放してくれた。ゲシュタポの司令部はゲットーから遠く離れておりかなりの距離があったが、痛む体を引きずりながら、ゲットーまで歩いて戻らざるをえなかった。数十年後モントリオールにいた頃、父は腎臓病に罹ったことがある。蹴られたちょうどその箇所の腎臓が萎縮していることが判明したのだ。腎臓の摘出手術を受けなければならなかった。

同じような状況に置かれたとき、自分だったらどういう行動に出るだろうか。もちろん、その問いに答えを出すのは不可能である。ある特殊な状況下で、それもストレスの多い状況下にあって、どんな行動をとるかは、同じ状況に居合わせなければ知る由もない。父の場合、とっさにとった行動だったが、ゲシュタポの命令を拒否する勇気があったのだ。

父が何度も語ったところによると、ゲットー内のユダヤ人の中には、自分が死ぬ運命にあると悟ったとき生きる希望を失う人がいた。また、少数だが、気持ちがすさんで良識を欠く行動に出る人もいた。両親は希望を捨てることなど考えもしなかった。決して諦めなかった。このような状況下ですら、ずっと変わることはなく、それどころか、ゲットーで暮らしていたときも、隠れ家に潜んでいたときも、そして戦後も、ずっと変わらずいつもの両親であり続けた。

父は献身的に家族を守り続けた。ゲットーの敷地内にあるアパートの狭い部屋にいたとき、四人のユダヤ人の男が部屋に入ってきて、母、兄、そして私の目の前で、父に向かってこう言ったという。「女や子供が連れ去られた。助けたいがどうすることもできない。ここにとどまれば、全員殺されるだろう。ゲットーから逃げて、パルチザン（ユダヤ人独自の戦闘集団）に加わり、ナチスと戦うつもりだ。一緒に参加しないか」と。当時タルヌフ市には強制収容所送りの間にレジスタンス運動組織が結成されていた。男たちはおそらくそのメンバーだったのだろう。しかし父は家族を残してパルチザンに参加することを拒否した。参加すれば、当然考え得る選択肢として家族を置いて行かねばならない。あのとき父がパルチザンに参加していたならば、私は生き延びて今この本を書いてはいないだろう。

ナチスドイツ人は殺害する前に、その場その場の成り行きで、ユダヤ人を弄《もてあそ》んだ。ユダヤ人を一列に並べ、一、二、三と数えて、三人目を射殺し、四、五、六と数えて、六人目を撃った。父は隣にいた監視役に「ポケットに金時計があるんだが…」と話をもちかけたという。監視役は「俺にはどうすることもできない」と応《こた》えた。そこで「列の最後尾に並ばせてくれないか」と頼んだ。願いを聞いてくれたので、父はその男に時計をやったそうだ。列の最後尾には塀があり、父はその塀を跳び越えて脱走した。彼らは犬を連れて追いかけてきたが、慌てず汲み取り式の屋外便所に跳び込み、便器の穴に隠れた。犬は走り去っていった。逃走しながら、はたしてどれだけの人がそんなことを思いついただろうか。屋外便所に跳び込むことなど考えただろうか。父は自ら危険を求めたわけではなかったろうが、必死の思いでリスクを冒し、決して諦めなかった。

列に並んだ人たちの中で、塀を乗り越えようとしたのは父だけだった。

父は小柄で、私より背が低かった。私は一六八センチメートルなので、父はおそらく一六〇センチくらいだったと思うが、人間としてのスケールは大きかった。信じ難いほど度量が大きかった。家族みなを救い、家族以外にも五人のユダヤ人を救った。当時タルヌフ市には二万五千人のユダヤ人がいたが、生き残ったのは二、三百人にすぎない。しかもそのうち、父は九人もの命を救ったことになる。もちろん、母が果たした役割を過小評価すべきではないだろう。母も背は低かったが、肝は据わっていた。両親が亡くなって初めて、二人は人間性の面でまさしく大人物《ジャイアンツ》であることに気づいた。

ダグナン製粉所の屋根裏部屋

ダグナン製粉所は、グラボフカ地区のルヴォフスカ通りに面しており、道路を挟んでゲットーの塀の反対側にあった。この道路はルヴォフ町に通じることから、-ska をつけてルヴォフスカ通りと呼ばれた。ちょうどクラクフスカ通りがクラクフ市に通じているのと同じである。ナチスドイツの時代になる前、製パン所を営んでいた父はダグナン製粉所と取引があった。ダグナン家にはアントーニとアウグスティンという二人の兄弟がいたが、父はアウグスティンのほうと共同で仕事をしていた。製粉所には、部品の製造やガレージとして使用する大きな仕事場、それに修理用の作業場があった。

父とアウグスティン・ダグナンは共同経営者だった。ダグナンが製粉所の経営を受け持ち、父がタルヌフ市のユダヤ人パン屋に小麦粉を卸《おろ》していた。ダグナン製粉所の建物は、いわば、タルヌフ市の目印となっていた。タルヌフはさほど大きな市ではなく、ちょうど私が今住んでいるニューブランズウィック州のフレデリックトン市くらいの規模である。製粉所は、フレデリックトンのチェスナット・カヌー工場やハート製靴会社と同様、市民であれば知らない者はいないランドマーク的な存在だったのだ。ナチスドイツの下で赤紙を持つことは、ダグナン製粉所のような工場で働くための許可《オーケー》を意味していた。赤紙について父が話すのを何度か聞いたことがある。赤紙の正式名はケンカルテ（身分証明書）だが、ユダヤ人の仲間内の隠語では、ユデンパスまたはユダヤ人通行証と呼ばれていた。赤紙は命を引き延ばしてくれる安全シール、つまり、仕事に従事しているから強制収容所送りにはならない、そのことを意味した。赤紙を所持していたのは、ユダヤ人警察官のほかには、ゲットーの外で働く必要があると認められた少数のユダヤ人だけだった。父の話では、この通行証を得るため金貨を含む多額の金品をダグナンに渡して正式に雇ってもらい、ユデンパスを手に入れた。かなりの額の謝金を渡したそうだ。

ダグナンの共同経営者という立場から一介の奴隷《スレイブ》労働者になった父は、職種は何であれ、工場内で働くことにした。父のような奴隷労働者の一日は、毎朝、ドイツ人の監視役がゲットーから連れ出し、工場に護送して行く、そして夕方には再び護衛つきで連れ戻す、といった生活だった。ユダヤ人に対する「住み替え」

アウグスティン・ダグナン：戦後（タルヌフ郷土資料館）

作戦は定期的に行われており、父はこのような状況下で家族を救う道を必死に探し始めたのである。

工場の屋根裏部屋に上がって行ったある日、父は偽壁を造っているのを目撃したという。そこで自分も隠れ家造りの計画に入れてほしい、そう頼み込んで仲間に加えてもらった。偽壁はポーランド人の作業員ドロズド兄弟が造っていた。ダグナン工場に残っていた何人かのユダヤ人は、最後のときが近づいていることを悟り、ドロズド兄弟に金を払って仕事をさせたのだ。隠れ家を造る計画には四人のユダヤ人が関わっていた。ハイム・ボフネル、彼は隠れ家で一緒に住むことになったボフネル夫人の息子、それにアレクサンドロヴィチ夫妻の夫、二人の女の子の父親ヴェクスレル、そして私の父である。四人は協力して隠れ家を造らせた。父はもともと発起人の一人ではなかったそうだ。造作中の壁を見て、自分と家族を加えてほしいと頼んだのである。そのとき、他の三人のうち一人でも自分だけ助かればいいと考えたら、隠れ家での共同生活は成立しなかっただろう、そのことに感謝したい。

偽壁は、ダグナン製粉場の屋根裏部屋に密《ひそ》かに造られた。ドロズド兄弟は工場周辺ではよく見かける人物だったので、屋根裏部屋に余分の煉瓦を運び込んでも怪しまれなかったのだと思う。煉瓦を一つずつ積んでいって、屋根裏部屋はそこで行き止まりだという錯覚をもたせたが、実は、壁の向こうには別の空間、つまり隠れ場所があった。屋根裏部屋に入りどこか変だなと気づかず、ぱっと見ただけの人は、偽壁を外壁だと

ダグナン製粉所：戦前（タルヌフ郷土資料館）

矢印が示すのは、ダグナン製粉所の機械工場の上の隠れ家：2001 年撮影（タルヌフ郷土資料館）

みなしただろう。壁の前には機械の部品や不要になった廃物などが置いてあった。とりわけ、隠れ家へ出入りする穴の前には人目につかないように雑多な不用品が置かれていた。

隠れ部屋は細長い空間だった。ほぼ一〇平方メートル。当初の計画ではこんなに大勢の人が住むとは想定していなかっただろう。さらに、隠れ場所をその程度の広さにしておき、もとの屋根裏部屋らしく見せる必要もあった。隠れ場所にもっと広いスペースをとっていたなら、屋根裏部屋に上がって来た人はこう考えたかもしれない。「ちょっと待てよ。下の作業場はあれだけ広いというのに、屋根裏部屋はなんでこんなに狭いのか」と。男たちは隠れ場所にフォーク、ナイフ、皿、毛布などさまざまな品物を持ち込んだ。壁が完成したら、まず女・子供を隠れ部屋に入れ、男性陣はいよいよ最後になってから加わる、という狙いだった。母は私たちより前に入った。

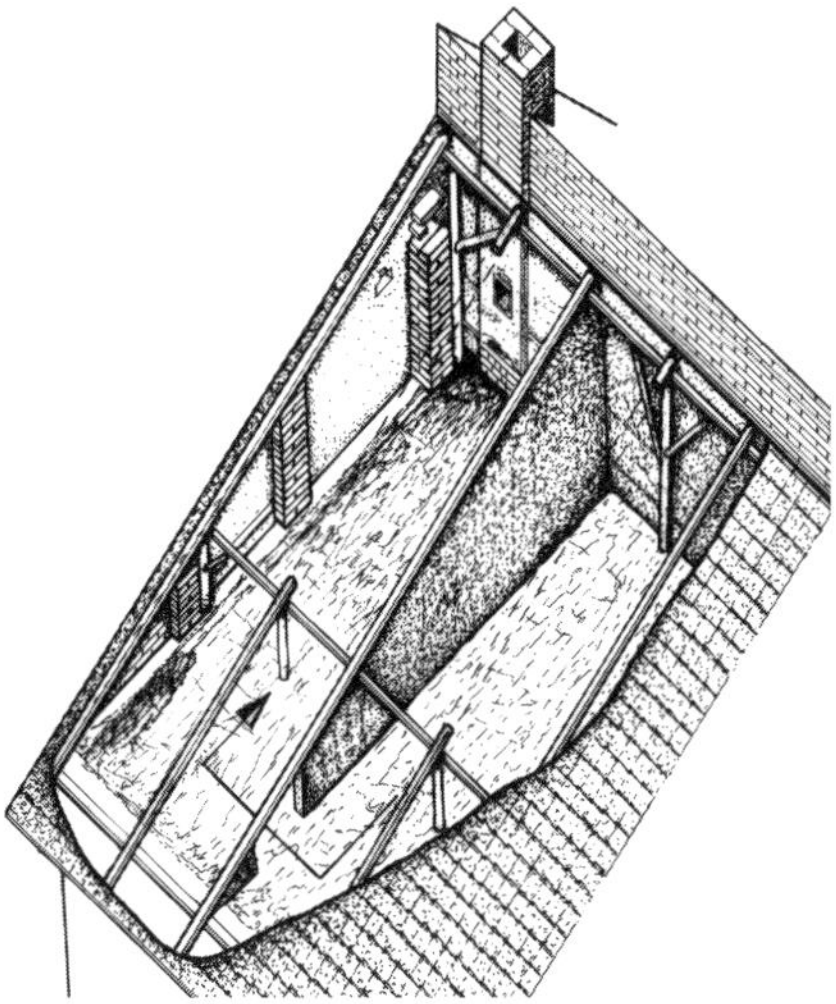

隠れ家の正確な図面。タルヌフ郷土資料館による描写：2001 年（タルヌフ郷土資料館）

ある夜、父は兄と私をゲットーの塀の所へ連れだした。寒かった。地面には雪が積もっていたから、一九四二年の終わり頃か、一九四三年の初め頃だったに違いない。高いゲットーの木の塀を乗り越えて脱出しなければならない。まず兄がよじ登った。父が私を下から押しあげ、兄が上から引っ張りあげてくれ、私は塀に上ることができた。兄と一緒に塀の外側に飛び降りて、しばらくその場にうずくまった。銃声が聞こえる。他にもユダヤ人が脱走を試みていたのだ。ナチスはゲットー周辺をパトロールしており、逃げようとする人を見かけると射殺した。しばらくすると迎えの人がやって来た――父に雇われた人である。スコルパという名前の男の人で、後になって食料を運んでくれた人だったと思う。この人が、兄と私をダグナン製粉所の偽壁の奥に造った隠れ部屋に連れて行ってくれたのである。

隠れ家生活

私たちが着いたとき、母はすでに隠れ家に入っていた。ボフネル夫人、ヴェクスレル姉妹、それにアレクサンドロヴィチ夫人もいた。父を含め男性は、特別な通行証を所持してゲットーを出入りしながら、いつも通り強制労働に従事していた。夜になると、一日おきに交代で隠れ家にやって来て、妻、母親そして子供たちと過ごしたものだ。アレクサンドロヴィチが当番だったある夜、父はたまたま私たちと一緒に過ごしていた。後になってから何度も聞かされたが、自分の番ではなかったものの、その夜隠れ家にいるほうがよい、そんな予感がしたのだそうだ。その夜、発砲音が繰り返し聞こえた。実は、ゲットーが粛清を受けたのは、まさにその夜だった。ボフネル夫人は息子を、二人の姉妹は父親と母親の両方を失った。男の人たちは、最後の時を待って隠れ家に入り、そのまま住み続ける計画だった。先に延ばしたのは、まったく不運としか言いようがない。

ゲットーが粛清された翌朝、父の名前を点呼する声が階下の作業場から聞こえた。「アンガーさん、アンガーさん――ミスターアンガー、ミスターアンガー！」と。父は賢明にも返事をしなかった。

一九四三年九月三日、ナチスはタルヌフ市のゲットーを粛清。後になって知ったのだが、粛清を行うにあたり、ナチスはクラクフ市のプワシュフ強制収容所からアーモン・ゲート親衛隊将校を呼び寄せていた。

ゲートは、『シンドラーのリスト』の映画に登場する悪名高い殺人者である。タルヌフ・ゲットーの住人は全員、その場で殺されたか、死の収容所に送られ、あるいはそこで殺害された。結局、助かったのは屋根裏部屋に隠れた九人だけだった。兄、父と母、私の四人家族、アレクサンドロヴィチ夫妻（夫フィリップと妻ブリマという通称で呼ばれていたベルタ）、ボフネル夫人、それにヴェクスレル姉妹（アンナとチェーシャ）だった。アンナは私より一〇歳、妹のチェーシャは七歳年上だった。二人の父親は妻を救い出すためにゲットーへ戻っていた。姉妹は父親と母親の両方を失ったことになる。ボフネル夫人はかなりのお年寄りで、おそらく六〇代か七〇代くらいだったが、しょっちゅうこう訊いたという。「なんで自分だけ隠れ家にいて助かったの。なぜ息子ハイムは助からなかったの」と。

私たちは、ほぼ二年もの間、実際には横二メートル、縦およそ五メートルしかなく、腹ばいで動くほどの狭い空間に隠れていた。傾斜した屋根の下なので、立つことができたのは部屋のスペースの半分だけである。すき間風が入ってきた。私たちが解放されたのは一九四五年一月、そのとき、私は七歳だった。

隠れ家では、昼間はできるだけ眠るようにし、夜になってから隣の屋根裏部屋を歩き回ることができた。階下の作業場が物音を消してくれた。とはいえ昼夜を問わず音を立てないよう気をつけた。隠れ家に住み始めてからの最初の記憶は、スコルパという若い男の人が週に一度食料を運んでくれたことである。彼の父親はダグナン製粉所の元工場長だった。妻マリーンが母から聞いたところによると、戦前、工場長だったスコルパの父親が死亡したとき、私の父が埋葬のための資金援助をしたという。埋葬地はタルヌフ市内ではなかったので葬式のために遠方へ行く必要があり、その費用を払ってやったそうだ。隠れる前から、両親はスコルパとは知り合いだったのだ。スコルパ家には、父とほぼ同年代の父親と四人の息子がいた。最初の頃、息子の一人ズビシェックが食料品を持ってきてくれた。彼のことを「スコルパさん」と呼んでいた。

なぜスコルパは食料を運んでくれたのだろうか。おそらく私たちに好意を持ってくれていたのだろう。非常に危険な行為だったことは明らかである。善意からやってくれてはいたが、おそらく好意に対する報酬を望んだであろう。両親は支払いに異存はなかったろうが、金銭の授受を行えば彼は共犯者になってしまう。その意味では、単なる金銭の授受だけではなく、もっと深い理由があったかもしれない。もちろん、ナチスドイツ人からみれば、報酬を得なかったにせよ、スコルパは共犯者である。ユダヤ人を助けることは死を意味した。なぜユダヤ人を助けて利益を得てはいけないのか。それが非道徳的であるとか、非倫理的であるとは思わない。ユダヤ人が置かれている状況を見て気の毒に思い「助けよう、だが自分にも援助が必要だ」、そう考えたとしても不思議はない。なぜ相互依存的であってはいけないのか。私はそのことが悪いとは思わない。非ユダヤ人が金銭目的でユダヤ人を助けたものの、金が尽きた途端に援助を取りやめナチスに引き渡したという事例を知っているが、スコルパやダグナンは決してそうはしなかった。製粉所の職を得るために、父はダグナン家に金品を渡したという。ダグナンが要求したのではなく、労働許可証の取得を取り計らってくれたので、むしろ父のほうから、いわば謝礼として渡したのだと思う。スコルパが三〇ズウォティ分の食料品を運んでくれたら、それに相当する代金を支払わなければならない。そのためには隠れ家に金を用意しておく必要があった。住み始めてから最初の三か月ほどスコルパは食料品を届けてくれた。

ある週になっても、スコルパは配達にやって来なかった。たぶんドイツ人がパトロールしていて危険なのだろう、翌週には来てくれるだろう、そう思った。しかし二度と戻っては来なかった。戦後に知ったのだが、ユダヤ人をポーランドの国境からハンガリーへ密出国させようとして、射殺されたのだった。戦後、母はスコルパ夫人と連絡をとり合って、食料品の小包を送っていた。夫人の息子が殺害されたことで、多少の後ろめたさ、あるいは責任を感じたのかもしれない。

夜になると、隠れ家から隣の屋根裏部屋へ出て行ったものだ。私の父、アレクサンドロヴィチ、それに年上のアンナの三人は、穀物を粉にひく階下の作業場から小麦粉や大麦を取ってきた。大麦はゆでてスープにして食べ、小麦粉は水に混ぜて電気ホットプレートで焼く。隠れ家には煙突があったので、そこからも料理に使う熱源を取っていた。屋根裏部屋への出入りには、階下の作業員が帰宅したあとでも細心の注意を払った。見つかるのが怖かった。真下の機械工場で働く作業員のうち何人かは、父が上に隠れていると思ったに違いない。しかし、まさか九人もの人間があの狭い空間にいたとは、誰も想像しなかったろう。おそらく父に好意をもっていたのでゲシュタポに通報しなかったのではないか。仮に知っていたにしても、隠れているのはたった一人、それも父だけだと。ごみ箱の中にパンの切れ端が入っていることがよくあった。当時、食べ物は非ユダヤ人にとっても逼迫《ひっぱく》していたから、意図的に置かれたのではないか、そう思われるふしもあった。父一人だけが隠れていると思ったから、それに父はダグナン氏の共同経営者だったので密告しようとしなかったのだろう。怪しいと思ったかもしれないが、それ以上詮索しなかった。ユダヤ人が隠れていることを知って通告しなければ、自分が殺される可能性がある。そこで、屋根裏部屋から妙な物音が聞こえても「詮索する必要なんかない」と考えたのではないか。

屋根裏部屋にユダヤ人が隠れていることを、製粉所内の何人の人が知っていただろうか。今に至るまで確かなことは分からない。おそらくダグナン家、スコルパ家、それにドロズド家の人たちは知っていたものと思われる。なぜ密告しなかったのか。人道支援の観点からなのか、あるいはユダヤ人が捕まれば自分も捕まることを恐れたからなのか。報酬を受け取っていたからか、あるいは受け取っていなかったからか。「正義の人※」と呼ばれる非ユダヤ人だったのか、それとも単に自分たちの身の安全のためだったのか。この疑問に答えは見つからない。ユダヤ人が隠れているのを、たぶん一〇人ほどの非ユダヤ人は知っていただろうが、誰ひとりとして密告しなかった。アンネ・フランクの隠れ家は私たちの部屋に比べれば「宮殿」のようだったが、私たちのほうがはるかに恵まれていた。密告する人がいなかったから。私たちは生き延びたが、アンネは命を落としたのである。

※諸国民の中の「正義の人」：危険を冒してナチスの迫害からユダヤ人を守った非ユダヤ人を表す。イスラエルのヤド・ヴァシェム記念館がその善行を称えて表彰。日本人では、ビザを発行してユダヤ人を救出した外交官杉原千畝にこの称号が贈られている。

偽壁の裏側には、九人全員が並んで身を寄せ合い、横になるだけのスペースしかなかった。隙間がないほど狭かった。私は母とボフネル夫人の間に挟まって寝た。朝になってから、ときには夜中に目が覚めると、体が濡れていることがあった。どうして濡れているんだろう、不思議に思って母に尋ねると「ボフネルさんにコップの水を手渡そうとしたとき、おばさんがおまえの上にこぼしたの。だから濡れたんだよ」と教えてくれた。「僕の上に水をこぼすなんて」とボフネル夫人にすごく腹を立てたのを覚えている。濡れた理由に気づいたのは二〇歳を過ぎてからである。実は、寝小便だった。母とボフネル夫人は、私に気まずい思いをさせないように口裏を合わせてくれたのである。

隠れ家での生活を一色で表すとすれば、灰色。住人に共通する感情が二色あるとすれば、それは退屈と恐怖だった。私は母の髪の毛を使ってよく遊んだものだ。その遊びに名前をつけて、トーブと呼んだ。自分で考えだした遊びで、母の髪の毛の中に指を突っ込んで撫でたりひねったりしたが、母は好きなだけやらせてくれた。母の毛は真っ直ぐだったので、まるで引っ掻くように指を動かして遊んだ。自分自身の欲求を満たすというより、母のためによかれと思ってやっていたのだ。トーブは空想から作った語、あるいは、泣いている子供を抱きながら「シャシャ」とあやすような造語だと思う。私にとっては心地よい遊びだったことは確かである。繰り返し「トーブ、トーブ」と言いながら、一本の指で母の髪の毛をこねくり回した。

私には、声をあげて泣いた覚えはないし、大きな音を立てた覚えもない。泣くな、物音を立てるな、そう言われた記憶はない。屋根裏部屋に入る前からそんな子だった。母と二人だけで地下室のような場所に隠れたときも同じだった。今でも、泣くことが当然であるような状況下でも泣かない。父や母の葬儀のときにも泣かなかった。映画でユダヤ人が強制収容所に連行されるシーンを観て、心が揺さぶられるようなときに涙が浮かぶことはある。目に涙がこみ上げないわけではないが、通常のことでは泣かないのだ。

両親は戦前から正統派の戒律を厳密に守るユダヤ教徒で、ホロコーストの間やそれ以後も信仰心を保ち続けた。隠れ家にいても父は祈りを捧げ、でき得るかぎりユダヤ教の休日や祭日を祝った。部屋ではイディッシュ語（東欧のユダヤ人が用いた言語）を話していた。そこで暮らした二年間、私たちは絶えず会話をすることで時を過ごした。今でも、私は話好きだ。当時の話題としては、例えば、大人たちはワルシャワのゲットー蜂起についてあれこれ話し合っていた。ソ連の前線部隊がどこにいるか、またノルマンディー上陸作戦についても知っていた。どういう方法で情報を得たのか分からない。まったくの推察だが、たぶん父が小麦粉を取りに出かけたときに、工場に捨ててある新聞を拾ったのだろう。ラジオを聴くことなど不可能だっただろうから。

よく話題にのぼったのは、自分たちは生き延びて解放されるだろうか、もしそうであれば、解放してくれるのはソ連兵士か、それとも西側同盟諸国の人なのか、そんな内容だった。実を言うと、私が覚えている唯一の話題は共産主義である。当時七歳だった私は、あらゆる物を皆で共有するという共産主義は素晴らしいと思った。当時を振り返ってみると、共産主義を本当に信じたのか、それともソ連軍がナチスと戦ってくれていたからなのかは疑問である。その頃の共産主義に関する見方は、共産主義者が傲慢な殺人者を殺してくれるからだったと思う。赤軍は希望を意味した。今でも、赤軍がベルリンを二四時間たて続けに攻撃する映画の場面を見ても平気でいられる。ソ連兵士がもうすぐやって来る、そのことが分かっていた。アメリカ兵も確実に来るという心証を得ていた。どっちが先に来るだろうか、ソ連軍かそれともアメリカ軍か。ノルマンディー上陸作戦後には、そのどちらかだろうと思った。

あるいは、その前に見つかるかもしれないのだ。発見されるのではないかと、一日中気の休まるときがなかった。

ポーランドに生き残った数少ないユダヤ人

ポーランドに残っているユダヤ人は自分たちだけ、大人の人たちはそう思ったに違いない。解放されるときまで、自分たちは生き延びていられるだろうか、と。

隠れ家での衛生状態をどう保っていたのだろうか。よく分からないが、はっきり言えるのは、二年間、一度も風呂に入らなかったことである。ネズミが棲みついていた。焼いたピタタイプの平たいパンを勝手に失敬していたのだと思う。樽にはパンがいっぱい入っていたから、それがネズミをおびき寄せたのかもしれない。毎晩ではなかったものの、父は隠れ家から下の階へ出かけて行ったものだ。もちろん発見されるリスクを最小限に抑えるため、できるだけ外へは出ないようにしていた。階下の製粉所から小麦粉を取ってくると、その粉を水と混ぜ合わせ、ホットプレートで焼いた。備蓄用に予備の小麦粉が必要だった。ネズミが垂木の上をちょろちょろ走り回っていた。部屋の中央部は屋根が傾斜していて、垂木が壁に取りつけてある。そこの割れ目から日光が差し込んできた。ネズミが割れ目に沿って走っていくのが見えた。それを見るのは、私の楽しみの一つだった。

隠れ家の反対側の屋根裏部屋は、中央部がかなり広かった。そこへ出入りするには、取り決めたルールがあった。日中はほとんど隠れ家の中で過ごし、夕方や夜になってから出て行ったのだ。屋根が傾斜している場所に穴が開いていて、そこから這って出たり入ったりした。屋根裏部屋はVの文字を半分だけ逆さにした形をしていた。片側のスペースでは立つことができた。中央部の突き当たりに階段があったが、そこへは近づかない。隠れ家に這って戻るときには、木製の板のような物を引っ張り上げて穴をふさいだ。板が隠れるように、その前に機械の部品や雑多な廃棄物などを置いた（pp.242-243 の写真から出入口の外観をうかがうことができる）。

父は他の誰よりも頻繁に下の階へ出かけた。広い空間を横切らなければならなかったから、非常に危険な行為である。屋根をよじ登ったこともあったそうだ。ときには、警備員を見かけることもあった。夜陰に乗じて、小麦粉と大麦を取りに出かけたのである。アレクサンドロヴィチがどのくらいの頻度で出かけたのかは分からない。ダグナンの共同経営者として働いていたから、父のほうが製粉所の内部事情に詳しかった。男二人が捕まって、女・子供が取り残されるという危険を避けたのだと思う。一人のほうが二人より発見される確率は低かっただろう。

製粉所から水も手に入れてきた。屋根裏部屋の下の作業場には水道が引いてあり、そこから水を汲み上げて、ごみや排せつ物を下へ運んだ。あるとき、蛇口をひねったところ閉まらなくなったことがあった。父はパニックに陥って、何が何でも水を止めようと体当たりして、やっとのことで蛇口を閉めることができたという。

隠れ家から外は見えなかったが、屋根裏部屋に入ると、壁に取りつけてある垂木の割れ目から中庭の様子を眺めることができた。ときには、製粉所にやって来たドイツ兵の姿が見えた。ナチス軍のエリートであるナチス親衛隊（SS）のメンバーだったのか、普通の兵隊だったのか、どっちだったかは分からない。彼らは中庭でポーランド人の作業員相手に話をしていた。屋根裏部屋は作業場の上にあったから、ドイツ兵が修理を頼みに来るのが見えたのだ。持ち込まれたトラックや車を、ポーランド人の作業員に修理させたのだろう。

　ドイツ兵を見るのは本当に怖かった。恐怖に怯《おび》えた。「ドイツ兵がいる、おそらく誰かが密告したかもしれない。私たちを捕まえに来たのだろう」と。すばやく穴をくぐって隠れ家へと戻ったものだ。

ドイツ陸軍の車両を修理している作業員、ダグナン製粉所の機械工場にて：1942年頃（タルヌフ郷土資料館）

　絶えず恐怖に曝されていたのには、理由があった。隠れ家はルヴォフスカ通り近くにあったから、街からの物音が聞こえたものと思われるが、唯一記憶に残る印象は、中庭にいるドイツ兵を見かけたことである。屋根裏部屋の外の光景は目に浮かばない。とにかく外は恐ろしかった。外に出て見つかれば、おしまいだ。外の世界は敵を、すなわちナチスを意味したのである。

　解放間近だったあるとき、本当に恐ろしい経験をした。作業員の一人が酒を飲みに屋根裏部屋に上がってきたのだ。明らかに、昼日中に酒を飲みたがるタイプの男だった。誰かが上がってくる物音が聞こえた。最善の方法として父がとった行動は、発見されるより、こちらから出て行って立ち向かうほうがよい、父はそう判断した。そこで出入口の穴から出て行き、果敢にも男に立ちはだかった。私たちにしてみればものすごく怖かった。男はきっと密告するだろう、そしてナチスに居場所を教えて報酬を得るだろう、いわば二重の恐怖だった。あるいは、いつか酔っぱらったときに「ユダヤ人が隠れている場所を、俺は知っているよ」などと口をすべらせたらどうなるか。父は金目の品を渡して密告しないよう頼もうとしたが、その男は逃げ出した。追いかけた父は見逃してくれとポケットにお金を入れようとした。のんべえの男は、酒を飲んでいるところを見つかったのではないかと恐れていたし、父のほうは発見されるのではないかと恐れた。まったく珍妙な状況だった。タイミングの合わないアルフォンスとガストンの掛け合いを演じているようだった。喜劇にはほど遠く、背筋が凍るようなやり取りである。最終的に、父はその男のポケットにかろうじてお金をねじ込んだ。これには二つの側面がある。一つには、見逃してくれる見返り、もう一つには、その男を共犯とし密告させない方法だった。

隠れ家で夢を見たという記憶はない。戦後になってからのほうが夢を見ることが多い。繰り返し見た夢がある。頻度は徐々に減ってはいるものの、今でもその夢を見る。誰かに追いかけられている、走りたい、でも足を持ち上げることができない、という夢である。動きたいのだが、動けない、まるで流砂に足を捕られているようだった。心理学的には素人の見方かもしれないが、まさに恐怖に対する反応であろう——恐怖で怯《おび》えてはいるものの、逃げ出すことはできない——まさしく、それが隠れ家の状況だった。

扱いに困る問題が他にもあった。父には、あごの近くの首に、確か左側だったと思うが、ピンポン玉くらいのすごく大きなおできがあった。脂身入りのベーコンを貼って、父はその腫れ物を取ろうとした。通常であれば、ベーコンに三メートルも近づかなかっただろう（豚肉はユダヤ人にとって禁忌なので）。ベーコンをどうやって手に入れたかは分からない。しばらくすると、穴が開いて、おできは徐々にしぼんでいった。人体から有害物を出すためにさまざまな品物を使うのは、ごく普通の治療法だった。例えば、ひどい風邪をひいたら、背中にブレインケを吸着させたものだ。ブレインケはメタノールを塗った小さなガラス製のカップで、それに火をつける。しばらくして炎が消える。それを急いで背中にくっつける。真空状態にして、体の中の老廃物をカップの中に吸い込ませたのだ。病気の原因となる物が何であれ、こうやって体の中の「毒気《どくけ》」が吸い取られるはずだった。しかし多くの場合、背中にやけどを負うだけだったと思う。

イズラエルの伯母バイラと祖母ライゼル・グロスバルト・フィッシュ、カルパチア山麓にて：戦前（イズラエル・アンガー所蔵）

隠れ家には調理器具のほか、写真などもあったから、隠れ家に入るまえに前もって準備しておいたに違いない。写真が入っている箱があった。その頃、写真に写っている人物の目に、針で穴を開けて遊んだものだ。母は黙ってやらせてくれた。その遊びは何を意味していたのだろうか。今になって思い出すとぞっとする。もっとも子供だった当時は、暇つぶしの娯楽のようなものだった。「見た目を良くしたよ」と自慢げにその写真を母に見せた。今思い返すと、心中穏やかでいられない。これはある種の残酷さを表すサインだったのだろうか。まったく異常な遊びだった。母はその遊びを続けさせてくれたが、彼女は児童心理学者ではない。隠れ家に玩具はなかったから、写真を使ったこの遊びが玩具の代わりになったのである。

叔父、祖母、叔母の目に針で穴を開けた写真（イズラエル・アンガー所蔵）

一緒に暮らしていた人たちとの関わりはほとんどなかったように思う。何かを教えてもらったという記憶はないし、二人の姉妹が相手になってくれたかどうか思い出せない。おんぶしてもらう、あるいは可愛がってもらう、などの記憶もまったくない（あとから知った情報として、ヴェクスレル姉妹が読み聞かせをしてくれたそうだ（p.297））。

兄カルマンについても、隠れ家にいた頃のことはほとんど覚えていない。隠れ家に入ったのは兄が九歳のときである。戦争勃発時は五歳半だったから、学校には通わなかっただろう。私には兄と遊んだという記憶がない。兄がひどい腹痛を起こしたことがある。おそらく虫垂炎だったのだろう。実は、戦後にも同じような腹痛を起こしている。パリにいた頃のことで、土曜日、両親が病院に連れて行き、虫垂炎の緊急手術を受けさせた。隠れ家にいた当時、大人たちは、腹痛を起こした兄をどうするかで話し合っていた。もし死んだら、兄の遺体をどうするか。屋根裏部屋に隠れているとき死者が出たら、遺体の始末をどうするのか、など。幸い、兄は病気を乗り越えて命を取り留めることができた。

食べ物に関しては、階下の作業場へ行ってごみ箱をあさった父が、たまにパンの耳を見つけることがあった。母がそれを水に浸してホットプレートで焼き、食べさせてくれたものだ。まるで天からの恵み《マナ》（神から授けられた食べ物）のように美味しかった。食べ物に関してとくに記憶にあるのはお椀とスプーンである。終戦間近だったに違いない。母から大麦スープが入ったお椀を手渡されると、一さじ、おそらく二さじを口に入れて、そこで飲むのをやめる。お椀にスプーンを立てて入れ、あとどのくらいスープが残っているかを測った。それから、もう一さじ口に入れて、どのくらいの量を飲んだかをまた測った。お腹はものすごく空いていたが、この大麦スープだけは我慢ならなかった。飲まなければならない、それは分かっていたから飲むのは仕方ないが、あとどのくらい飲めばいいかを測ったのだ。量が減っていくのが見えると嬉しかった。スープは薄すぎて味がしない。まずくて飲む気が起こらなかった。でも無理やり飲んだ。お腹は空いていたが、嫌でも飲まなければならない。私のひどいO脚は、当時の食生活からきたものだと思う。母は食べさせるのに大変な苦労をしていた。しかし、胃がもはや食べ物を受けつけなかった。私たちは全員徐々に衰弱していった。

タルヌフ市に隠れたユダヤ人は私たちだけではなかった。他にもいたが、時が経つにつれて隠れ場所が発見されていった。私たちはその事実を知っていたかもしれない。もし屋根裏部屋に隠れた自分たちだけが生き残ったら、物珍しい存在になるだろう、そんなことが話題になったこともある。博物館に展示される骨董品のようなものになるだろうか。アメリカに連れて行かれ、ポーランドに生き残った数少ないユダヤ人の見本として陳列されるのではないだろうか、などと話し合ったものだ。

その後、隠れ家生活について、ヴェクスレル姉妹の視点からさらに詳しい追加情報が得られた（pp.292-303）。

ソ連兵の軍靴にキス

戦争末期になると夜中にも空襲があった。そのときには皆で機械工場へ下りて行った。建物の中では下のほうが安全だと考えたからだ。地下室まで下りていったかどうか、その記憶は定かではない。工場内は広々としていたが、それでも安全だとは感じられなかった。安全な場所は隠れ家だけだった。

ある日のこと、最前線が近づいている音が聞こえたと思う。私の理解では、解放前、ソ連軍はタルヌフ市にかなり接近していた。だがそこで進軍を止めて、最終攻撃の開始に備えて補給を受け、再装備を行っていたと思う。その間、私たちにとっては長い時間が果てしなく続くように思われた。毎日、ソ連兵が来るのを待ち望んだが、彼らはなかなかやって来ない。毎日、毎時間、生き延びるのに必死だった。

しばらくしたある日、ついにソ連軍がやって来た。連続する大規模な砲撃音は聞こえなかった。軽機関銃などの発砲音が聞こえたと思ったら、その後すぐにソ連軍の部隊がタルヌフ市の道路を移動しているのが見えた。タルヌフでは市街戦はなかったと思う。銃撃戦はなかった。ドイツ兵はすでにタルヌフの西側へ意図的に撤退していて、ソ連兵が市中へ進軍してきた。一月の寒い時期で白い迷彩服を着ていたから、明らかに歩兵部隊だったろう。細心の注意を払いながら道路を歩いていた。そのとき、製粉所に来た数名の兵士を見かけた覚えがある。

ソ連兵が三人見えた。工場にある備品の目録を作っていたのだと思う。私たちはどんなに大喜びしたことか、その気持ちを言葉ではとても言い表せない。ソ連兵を見て喜びと安堵が入り混じった名状しがたい気持ちだった。私は出迎えようと隠れ家から飛び出していき、屋根裏部屋の階段から転がり落ちてしまった。階段の降り方を忘れていたのか、あるいは足腰が衰弱していたからなのかは分からない。落ちた場所はちょうど三人の兵隊のすぐ傍だった。一番近くにいた兵隊の脚を両腕で抱いて、彼の皮長靴にキスしたのだ！

何年も経ってから母が妻のマリーンに語ったところによると、もしあのとき解放されなかったら、私の命は一か月も持たなかっただろう、と。

解放されたのは一九四五年一月一七日。しかし喜びは長く続かなかった。ドイツ軍はタルヌフ市の川向こうに退却しただけで、そこからソ連軍に向けて砲撃を開始したからである。今や、私たちの存在が人目に晒され、皆が知るところになった。私たちは見られてしまったのだ！　大人たちは、ドイツ兵が戻ってくると露顕するのではと恐れ始めた。外に出てソ連兵を見かけた父は、彼の所まで行き「退却するなら、どうか一緒に連れていってください。見つかってしまったのです」と頼んだそうだ。どうやらソ連兵は「心配するな。絶対に撤兵などしない」と言ったらしい。後になってから、父は、これこそソ連軍気質を示していると話したものだ。偶然にも、その将校はユダヤ人でイディッシュ語が話せたのだろう。父の話によると、彼は大佐だった。

ソ連軍は明け方にタルヌフ市に戻って来た。その夜、自分がどこにいたか覚えていないが、仰向けに寝ていると、頭上に砲弾の発砲炎が上がるのが見えた。最初は西から東へ、ドイツ戦線からソ連戦線側へと上がるのが見えたが、そのうち反対の方向へと移り始めたから胸がドキドキわくわくした。ソ連軍はドイツ軍へ向けて大規模な攻勢をかけた！　しばらくすると、ドイツ軍の発砲炎が見えなくなり、ソ連軍がものすごい勢いで砲撃を加えているのが分かった。虐待者が砲火を浴びている、それを知ってすごく嬉しかった。

今日に至るまで、私には赤軍に対する評価に甘いところがある。ソ連軍が解放してくれたのは疑いのない事実であるが、それ以外の要因もあった。ナチスは、党の台頭以来ずっとユダヤ人への迫害を続けてきた。彼らは傲慢で、自分たちこそ支配者民族だとみなしていた。ユダヤ人を殺害したばかりでなく、私たちの自尊心さえも傷つけた。赤軍はその迫害者を打ち負かしてくれたのである。今でも、ニュースの場面で、軍服姿で皮長靴をはいて「ヒトラー万歳」と叫ぶナチス党員がいかに驕り高ぶって傲慢であるかを見ると、なんとも言えない不快感に襲われる。他方、ソ連軍が反撃する様子やソ連軍のカチューシャ砲を見ると、快感を覚えるのだ。

アメリカから届いた種なしパン「マッツア」

隠れ家から解放された後に住んだのは、ユダヤ人道路と呼ばれたジドフスカ通り。街の中心に位置し、中央広場《リネック》から少しわきに入った場所である。アパートからタルヌフの一番古いシナゴーグの「ビマ」の跡地を示す四本の柱が見えた。このシナゴーグは唯一タルヌフに残ったユダヤ教の遺跡である。「ビマ」とは、シナゴーグに設けられた台座で、周囲より数段高く、トーラ（ユダヤ教の教義「モーセ五書」）を朗読する祭壇である。この廃墟がもとはシナゴーグであったこと、またそこで何が起こったかについては、後になってから知った。ビマだけが残っているということは、本体のシナゴーグの建物が破壊されたことを意味する。その跡地を実際に歩いた記憶はない。ビマの上には草木が生えていた。風がそこまで種を運んできたに違いない。ビマがあった場所に草が生えている、その光景を見て違和感を覚えた。一九三九年に破壊されたから、私が目にしたのは六年後の姿である。その遺跡は最悪の事態を絶えず思い出させる場所だった。アパートの窓越しに見える遺跡を、何度眺めたことだろう。

ユダヤ人墓地にある葬儀場の小ホールの屋根に

タルヌフ市のジュビリーシナゴーグの遺跡。戦後にイズラエルが自宅のアパートから眺めたというビマ。ビマの上には草木が生えている（『タルヌフ・イズコール書』の写真より）

は穴が開いていた。集団墓地には空き地がある。ドイツ人は、ユダヤ人を使って強制的に墓を掘らせ、その中に遺体を投げ入れたのである。集団墓地の向こう側には、破壊された別のシナゴーグの壊れた円柱が慰霊塔として立っていた。子供の頃、その場に連れて行ってもらったことがある。戦後に設立されたユダヤセンター主催の遠足で行ったのかもしれない。その日のことはとくに覚えていないが、この慰霊塔は、一九四六年六月一一日、タルヌフ市のユダヤ人が最初の粛清を受けた日の四周年記念日に建立されたことが、今になって分かった。その当日か、あるいはその後かもしれないが、記念として写真を撮ったに違いない。慰霊塔の傍にタルヌフに生き残った数人の子供たちが立っている写真があり、兄と私もその中にいる。

イズラエル［右端］とカルマン［成人女性の右側］。タルヌフ市に生き残ったユダヤ人の子供たちと、タルヌフ市墓地のホロコースト慰霊塔の前で撮影：1946年（イズラエル・アンガー所蔵）

戦後まだ間もない頃、一九四五年四月初旬に、ポーランドで過越の祭（出エジプトを記念する祭）を迎えた。そのときには種なしパン《マッツァ》を食べることになっている。地元で作ることなど不可能だった。アメリカからメニシユウエッチ製マツアをもらった。正方形のマツアが箱に入っていて、まるで火星からきた食べ物のようだった。こういう形の種なしパンを今まで見たことがなかった。機械で作ったマツアが箱に入っているなんて、本当にびっくりした。

私の記憶にある最初のマツアの味は、アメリカから届いたこのメニシユウエッチ製の味である。その後、父は再びパン作りを始めた。単独で小さな製パン所を開いたが、そこは戦前の店だったかもしれない。タルヌフ市に生き残ったユダヤ人や私たち家族のために、父はマツアを焼いた。ほぼ丸い形をした手作りパンである。イスラエルのハイファにいた母の従姉妹《いとこ》も、解放後すぐに食料品を送ってくれた。

マツアと言えば、母が婚約中に刺繍したマツア袋が残っていた。その他、Ungerの頭文字Uを組み合わせた図案のシーツが何枚かあった。これらは戦後に残った数少ない持ち物で、近所の人が返却してくれた箱の中に入っていた。

隠れ家を出た後のことだが、私には好きな食べ物があった。母が作ってくれたマッシュルームスープである。世界中のレストランで似通った味のスープを試食してみたが、それ以来味わったことのないおふくろの味だった。屋根裏部屋から解放された後に食べたバターを塗ったパンのことも忘れられない。バター付きパンを食べたのは学校へ行き始めたときだったかもしれない。兄には私たちよりもっと貧しい友だちがいたのだろう。その可哀そうな子に自分のパンを分け与えていた。パンの半分にはそんなに沢山バターを塗らなくてもいいよ、と母に言ったそうだ。どうしてと訊くと、ユダヤ人ではない子に分けてやっているんだと答えたという。当時は食べ物が逼迫《ひっぱく》していたが、母はパンを兄に渡し続けた。相手の子にあげる半分にも同じだけバターを塗ったと思う。兄とその子は仲がよかったのだろうか。戦後、ユダヤ人と非ユダヤ人の間に友だち付

マツア袋、イズラエルの母親が刺繍をし、戦後に取り戻した袋（キャロライン・ギャモン提供）

き合いがあったのだろうか、私には分からない。

戦後、牛乳の薄い膜を塗ったパンも食べた。牛乳を沸かしたあと冷ますと、表面に薄い膜ができる、それをマーマレードのようにパンに塗った。鶏肉が手に入ると、脂肪を捨てずに丸ごと使った。脂肪分は溶かしたあと固まらせてパンのスプレッドとしても使った。塩で味をつけると風味があって実に美味しかった。脂肪を溶かすと、あとに、いわゆるイディッシュ語でいう食べかすが残る。玉ねぎで炒めた鶏肉の脂肪と皮の食べ残しは、たまらないほどうまかった。今でも、本当に美味しいと思う。

ソ連の軍隊が、帰国の途上、タルヌフの市街を通って行くのが見えた。帰還の様子はさまざまで、トラックのこともあれば、馬に乗っていく兵士もいた。ドイツ人の捕虜を追い立てている光景もよく見かけた。捕虜をソ連に連行したのだ。ドイツ兵が縦に一列になって歩いていくと、四人のソ連兵が馬に乗って、前に二人、後ろに二人で護衛していた。

その頃、私は兵隊になりたくて仕方がなかった。玩具はなかったが、木の棒切れをライフル銃に見立てて、トラックが通るあたりをぶらぶら歩きまわったものだ。時々ラジエーターが水切れを起こすと、水を汲んできてやる、と一役買って出た。容器は重すぎて私の力では手に負えなかったが、兵隊が来て運ぶのを手伝ってくれた。実際は、給水を全部やってくれた。自分としては役に立っているつもりだったが、彼らは優しく振舞ってくれたのである。給水の手伝いをしてくれたお礼にと、トライフルなどのお菓子をくれることもあった。彼ら自身人にやるほど持っていなかっただろうに。当時、欲しくてたまらなかったがもらえなかった物の一つに、赤い星のついた帽子がある。耳当てを上方へ折り畳んだ、ソ連兵がかぶっている例の帽子である。私は赤い星に感激していた。その帽子はたぶん兵士一人につき一つしか支給されなかったのだろう。

ソ連兵は親切だった。何年も後に聞いたのだが、ソ連兵については余談もある。モントリオールで兄の喪に服していたとき、妻のマリーンがタルヌフ市出身のユダヤ人女性に会う機会があった。その女性によると、ソ連兵は一年分のスープが作れるほどの食料をくれたそうだ！　彼女はソ連軍と行動を共にしてタルヌフに戻ってきたのである。また、ソ連兵についてはこんな話を聞いた覚えがある。一人のソ連兵がタルヌフの映画館に侵入して、スクリーンに向かって銃を乱射したという。なぜそんなことをしたのだろうか、今もって分からない。映画のスクリーンを本物と勘違いしたのかもしれない。

ナチス党員がタルヌフ市で裁判にかけられ、刑務所へ連行されたことがある。その道中、ポーランド分遣隊の兵士が前後を護衛して道路を下っていった。真ん中には軍服を着たドイツ人将校がいた。その姿を見てうれしさが込み上げてきた！　幼かったとはいえ、そういう光景を見るのが好きだった。ソ連兵がどこからともなく現れて、ポーランド兵士たちの間に分け入り、ドイツ人将校に近づいて頬にビンタを食らわせたことがある。ドイツ人将校が地面に倒れたあとも、ソ連兵は平手で殴り続けた。私はそれを見てすごいと思った。

ウイリアム・シャイラーの『第三帝国の興亡』を読んだのは、おそらく一九六五年頃だったが、その中の一節を思い出す。確か、興亡の「亡」の編だったと思う。「興」のほうは難しすぎたから、「亡」だけしか読まなかった。その中に、ドイツ軍は何をすべきかと、ヒトラーが命令を下す箇所があるが、シャイラーによると、この時点で趨勢を決めたのは、ヒトラーでも、ドイツ軍でもなく、ソ連の赤軍だったという。それを知ると今でも快感を覚える。性格的にへそ曲がりな面があるかもしれないが、第二次世界大戦の映像で、ヒトラー、彼の将軍、さらにはナチスドイツ軍の兵士が、軍服・帽子・皮長靴を身につけて、得意げに反り返って行進するのを見ると、「これが支配者民族なのか」と軽蔑の念を禁じ得ない。それに反し、ソ連軍がカチューシャ砲を発射して反撃するのを見るとうっぷんが晴れる。

私たちは解放者であるソ連兵士に好感を抱いていた。その気持ちを直感的に理解してくれる人に出会ったことがある。数十年前、ニューブランズウィック大学で教鞭をとっていたとき、カナダのゲドリー将軍と何度か食事を共にした。将軍の部隊はフレデリックトン近郊のゲージタウンに駐留していた。当時、私は平和運動に積極的に関わっていた。実は、カナダ科学者平和運動のニューブランズウィック支部の創設者の一人でもあり、会長職を務めていた。将軍と私は平和に対する考え方が異なっており、軍の高官の見解を知る必要があると考えたのである。話の途中で、自分はソ連軍に好印象をもっていると告げた。将軍は即座に「あなたはホロコーストの生存者ですか」と尋ねた。あるいは、「ソ連軍に解放されたのですか」と訊いたのかもしれない。初めて食事を共にしたときのことである。彼は、冷戦の真っただ中で、カナダ最大の軍事基地を指揮する将軍だった。彼と友好関係を築きたかったが、同時に自分のルーツを知ってもらいたかったのだ。

終戦直後のタルヌフ市では、全面的な集産化は行われなかった。共産主義政府が店を開いていたが、そこで売る商

イズラエルの母ヒンダ［左］、弟ダヴィド［中央］、妹バイラ［右］と：戦前（イズラエル・アンガー所蔵）

品は他のどの店よりも安かった。私はそこで一ズウォティほどのマッチを買って、他の店より安い値段で転売を試みたりした。

ユダヤ人コミュニティセンターは、戦後すぐタルヌフ市内のゴールドハメル通り三番地に再建された。アブラハム・ラドネルという名の人がゴールドハメル通り一番地に礼拝所を開いた。両親はそこで礼拝を守っていたに違いない。あるとき、ユダヤ人コミュニティセンターの前で数人のユダヤ人の子供たちと遊んでいると、ポーランド人将校が馬に乗って通りかかったことがある。私たちがどんな悪戯《いたずら》をしたのか分からないが、おそらく馬を驚かせたのかもしれない。いずれにせよ、将校を苛立たせるようなことをしたのだろう。彼が追いかけてきたので、私たちはコミュニティセンターに逃げ込んで、テーブルの下に隠れた。センターに入って来た将校は、その場にいた人たちに「子供たちはどこだ」と尋ねた。皆は子供なんか見なかったよと言ってくれた。嘘をついたわけではなく、本当に見かけなかったのだ。子供たちはなぜセンターに逃げ込んだのか、そこはユダヤ人にとって安全な場所だったからである。

その頃、アウシュヴィッツという語を知っていたかどうかは分からない。強制収容所のことは確実に知っており、収容所を表すラーガーというドイツ語も知っていた。両親は、親族に誰か生き残っている人がいるかもしれないことを期待し、その消息を探していた。食料を送ってくれたハイファの従姉妹《いとこ》に連絡をとったところ、収容所の生き残りでタルヌフ市に戻ってきた男の人がいることが分かった。その人は母方の叔父ダヴィドの知り合いだった。叔父と同じ収容所にいたそうだ。ブーヘンヴァルト強制収容所だったと思うが、確かではない。叔父たちを解放してくれたのはアメリカ兵だった。彼の話によると、解放後、叔父はむちゃ食いしたため、それが原因で死亡したという。体が食べ物を受けつけなかったのだ。同じような事例は収容所にいた多くの囚人にも起こった。叔父は生き延びたにもかかわらず、数日後に命を落としたのだった。

第二章

無国籍者になって

キエルツエのユダヤ人迫害――頭に負った裂傷

解放後、私たちはおよそ一年半タルヌフ市に住んだ。あとで知ったのだが、キエルツエの迫害事件《ポログロム》（反ユダヤ主義者による集団的暴力）は一九四六年七月に始まった。キエルツエ市はタルヌフ市からさほど離れていない。一九四六年七月四日、地元の暴徒、政府の役人、それに軍人が、キエルツエに戻って来たユダヤ人の生存者四二人を襲って殺害した。ホロコーストを経て戦後ポーランドに残ったユダヤ人は残虐な暴行を受けたが、これはその一例にすぎない。推定では、〝ホロコースト後〟ポーランドに戻った生存者、または隠れた場所から出てきた生存者のうち、一五〇〇人ものユダヤ人が殺されたという。暴行によるその死は世界中のユダヤ人に衝撃を与えたが、とりわけポーランドにいたユダヤ人はショックを受けた。私の両親がキエルツエ市やその他の土地で起こった虐殺のことを耳にしたのは間違いないと思う。

この事件をきっかけに、ホロコーストを生き延びたにもかかわらず、多くのユダヤ人は国外に脱出しようとした。その頃まだ子供だった私は、キエルツエの虐殺と国外脱出の二つを結びつけて考えてはいなかった。実は、私の身の回りでも、ポーランドを出る必要がある、そう両親に思わせるような出来事が二、三起こっていた。

一つには、私が学校で暴行を受けたことである。生まれて初めて学校に行ったのは、一九四五年の秋、七歳のときだった。学校は遠くなかったから、歩いて通った。少なくともポーランド語のアルファベットくらいは学んだに違いない。英語にはない文字があること、〝Ł〟は英語のLの真ん中にストロークをつけて英語の〝W〟のような発音であることをすでに知っていた。しかし実際には、いつ読み書きを学んだのかはっきりしない。毎朝、学校に着くと、キリスト教の司祭が教室に入ってきて、まず初めに教理問答を生徒たちに教えた。その間、私は教室を出て、司祭が立ち去ったあと部屋に戻ったものだ。他の生徒が「あの子は、自分たちとは違う変な子」と気づくのにさほど時間はかからなかった。ユダヤ人の子供がもう一人いたが、その子は年上で同じクラスではなかった。

　担任の教師は女性だったかもしれない。というのは、殴られたあと両親に会いに来たのが女の教師だったから。下校途中のある日、生徒の一群に襲われたのだ。殴り倒されて、歩道の縁石で頭を強く打った。彼らは殴り続けなかった。短い間殴られただけだったが、額に深い切り傷ができた。両親はこの出来事を私以上に重大視したらしい。さほどの痛みはなかったし、医者に行くほどでもなかったから、家で傷の手当てを受けた。両親は学校には通わせないことにした。その後、教師がアパートに来て両親と話し合っていた。なんで家まで来たのか分からないが、考えられるのは、この出来事と国外脱出の二つが結びつくことである。教師が生徒の家を訪れる例は普通ありえないと思う。こめかみの左側に傷跡が残ったが、時が経つにつれて薄くなっていった。

　他にも、別の事件が起こった。ユダヤ人の子供向けの小規模キャンプ、今でいう夏季キャンプに兄が参加した。一九四六年の夏だったと思う。参加したのは六人くらいだった。兄は一週間滞在するはずだったが、たった三日間いただけで真夜中に家に帰って来た。

　キャンプの責任者が同行して兄を送り届けてくれた。キャンプ場が二度襲われたのだ。当時、ポーランド人の武装勢力パルチザンが、ソ連人からの解放闘争を行っていた。闘う相手としてソ連兵は手強いが、ユダヤの子供たちのほうは標的にしやすい。キャンプは田舎の大邸宅《カントリーハウス》で行われた。キャンプ初日の夜、手投げ弾がキャンプ場に投げ込まれた。近くにソ連兵の分遣隊が駐屯しており、その中に少なくとも二人のユダヤ人兵士がいた。彼らはキャンプ場にやって来て、子供たちと一緒に過ごしていたのだ。

二日後の夜には、どうやら大規模な銃撃戦があったらしい。ポーランド人パルチザンがキャンプ場を攻撃した。ユダヤ系ソ連兵は反撃に出て相手を追い払ったが、その時点で、キャンプの責任者は子供たちを置いておくのは危険だと判断しタルヌフ市へ連れ戻したのである。私が学校の友だちに殴られたこと、兄がキャンプ場で襲われたこと、それに、キエルツエの虐殺もあり、こういった出来事が重なったので、両親は国外脱出を決めたのだろう。

ポーランドの国内にいた三五〇万人のユダヤ人のうち、なんとか生き延びたのは三〇万人だった。戦後数年経つうちに、その数は三万五千人に減少した。何らかの方法を使って、人々はポーランドの国を離れた。脱出を決めたのは、私の両親だけではなかった。

亡くなった両親を呼び出して、なぜ国外に脱出したかを訊《たず》ねるなら、おそらく誰もが答えるように、戦後のポーランドは反ユダヤ主義が横行していたから、と言うだろう。さらに突っ込んで訊いたならば、国を出る決心をさせた個々の出来事について語るだろう。もう一つの動機として考えられるのは、共産主義のもとでは、商売を再開できないのは明らかだった。両親は社会主義シオニズム（シオニズムとは、イスラエルの国家建設を目指す運動）には肯定的だったが、共産主義には明らかに反対だった。父はビジネスマンだったから、戦後すぐに商売を始めようとしたのだ。製パン所を開こうとしたが、共産主義のもとでは、個人経営の事業はその役割を終えていた。最初、両親はアメリカに行くことを望んだ。私たちはアメリカ入国のポーランド人割当数の中に入っていた。アメリカ人は、出生国を除いて、宗教では区別しない。ポーランドで生まれたから、私たちはポーランド人枠に載っていた。一九二四年の移民法に基づいて、外国人は一八九〇年までにアメリカに居住していた各国出身者数のパーセントに応じて入国が認められた。一九二四年にその基準枠は二パーセントに決められた。例えば、一八九〇年にアメリカに住んでいたポーランド出身者は二五万人だったことから、ポーランド人の割当数はその二パーセント、または年間五千人である。ホロコーストによって、既存の割当枠が見直されることはなかった。戦後、私たちが申請したときも枠に変更はなかった。アメリカへの移住資格があるという通知を受け取ったのは、一九五六年、カナダに移住した五年後、モントリオールに住んでいたときだった。

両親がポーランド脱出を決めたことに疑いの余地はないが、事はそう容易ではなかった。合法的な出国は不可能である。ソビエトの影響下にあったポーランド政府の政策により、人々は国を離れることができなかった。ちょうど東ドイツ人が西ドイツに移住できなかったのと同じである。さらに、ユダヤ人がソ連邦を離れることは許されていなかった。もし合法的に家族が一緒に出国できる手段があったなら、両親は家族を離れ離れにしなかったろうが、ほかに方法はなかった。

クラクフ市のユダヤ人孤児団体が合法的に孤児を出国させる、その情報を父は得た。そこでクラクフに出かけて行って、兄と私をその団体になんとか入れることに成功したのである。

父がクラクフから戻って来た日のことを覚えている。ひとりでジドフスカ通りの路地で遊んでいたとき、父の姿が見えた。父は街の広場の方向からやって来た。距離が近かったので「お帰りなさい」を言おうと駆け寄って行った。父は抱き上げてくれたが、息が酒臭かった。父に酒の臭いをかいだのは、私の人生で唯一そのときだけである。父らしくなかった。兄と私を出国させる手はずを整えてきたばかりなのは明らかだった。子供たちに別れを告げるには酒を飲む、それが父ならでの対処の仕方だったと思う。

こうして、兄と私はポーランドから「孤児」として送り出されることになった。

「孤児」になってポーランド出国

その後まもなく、父は兄と私をクラクフへ連れて行った。母は別れる前に、兄と私の帽子の縁に一〇ドルの米札を縫い込んでくれた。タルヌフにいた子供の頃にかぶっていたタイプの帽子で、その写真が残っている。一九四六年の秋だった。オーバーコートを着ていたが、雪は降っていなかった。

私たち三人は、およそ八〇キロ西に位置するクラクフへ汽車で向かった。戦後、ポーランドの汽車旅の乗り物と言えば、有蓋貨車か、後部ドアがスライドする家畜運搬車のいずれかである。貨車の片隅の藁の上に座る。車内には他の人たちもいたが、三人だけ離れて身を寄せ合って座った。ものすごく怖かった。汽車は頻繁に停車し捜索が行われたから、ユダヤ人が乗っているのが見つかったら殺されるのではないか、そう思うと不安だった。汽車は一定の時間ごとに停車。誰かが旗を振って止めて車内に乗り込んできたのだ。何で止まるのか分からなかった。乗客を調べようとしたのか、それとも武装勢力パルチザンを捜していたのだろうか。「間もなくボフニアに到着します。停車時間は一〇分です」などとアナウンスしてくれる車掌はいない。汽車は突然止まり、引き戸が開いて、誰かが乗り込んできたものだ。汽車を止めたのはポーランドの武装勢力パルチザンだったかもしれない。ユダヤ人やソビエト人を捜しているのではないかと恐れた。必ずしもすべてではないが、一部のパルチ

カルマン、イズラエル、母ヒンダ・フィッシュ・アンガー、タルヌフにて。母が旅行用にと帽子の端に10ドル札を縫い込んでくれた：1946年（イズラエル・アンガー所蔵）

ザンは熱狂的な愛国心をもつ、反ユダヤ主義者だった。列車が止まるたびに、恐怖に怯《おび》えたのである。

クラクフに到着すると、父は他のユダヤ人孤児が滞在している大きな屋敷、孤児たちの集合場所へ連れて行った。そこでグループの代表ラビ・ションフェルドに面会。ションフェルド師は、他のラビと協力し孤児集団を統括する責任者だった。私たちは孤児ではなかったが、師は受け入れることをすでに承諾してくれていたのだ。その時点で、父が行き先を知っていたかどうかは分からない。プラハに向かうことは知っていただろうが、その先はどこなのか。孤児をポーランドから連れ出す許可を得ていた孤児集団の世話役の人たちは、父のたっての頼みを聞いてくれ、兄と私を引き取ってくれた。父とはそこで別れた。父や母にまた会えるのかどうか、まったく分からなかった。

すごく寂しかった。兄が両親に代わる存在になったのは、この時からだったと思う。兄を頼りにし、尊敬の眼差しで見ていた。今や、兄は父親的存在であり、母親的存在でもあった。すごく偉くて、英雄であると思い込んだ。深い敬愛の念を抱いたのだ。面倒をみてくれる、だから兄の愛情を得るためには何でもやったものだ。この関係は長い間続き、ヨーロッパ滞在後もずっと続いた。

もっとも私の気持ちが常に報われたわけではなく、兄弟仲は必ずしもいつもよいとは限らなかった。

クラクフに滞在したのはほんの短い期間である。二、三日後、トラックに乗って駅に行った。夕方だった。駅に着くと孤児全員が集まっており、一緒に出国するのだ。いよいよ出発。私たちはポーランドを離れようとしていた。

兄カルマンと私はそれぞれ持ち物全部が入ったリュックサックを背負っていた。プラットホームで待った。列車が入ってきたが、車両のドアは開かない。誰かが「開くのは先頭の車両だ」と言う。私たちは先頭に向かって走った。リュックサックは私の体と同じくらい大きく、走ると上に下にと揺れ動き地面にぶつかった。

ヨーロッパで今でも時々見かけるタイプの、骨の部分が金属でできているリュックである。列車の先頭に着いたが、またしてもドアは開かない。「開くのは最後部の車両だよ」と言われて、またその方向に走った。上下にガタガタ揺れるリュックを背負って、ホームを行ったり来たりするのは本当につらかった。そのことは今でも忘れられない。

やっとのことで汽車《トレイン》に乗った。窓のついた普通の客車だった。乗ったのは孤児集団のおよそ四〇〇人の子供たち。まさに一群《トレイン》だった。みんなイディッシュ語を話していた。すごく混みあっていたので、体の小さい私は座席の上の手荷物用の棚に入れられ、そこで眠った。列車がどこに向かっているのか分からなかった。汽車の旅はすごく長かった。

孤児はみなアメリカ支援のミルク缶をもらった。缶の中央には直径一・五センチほどの管がついていて、中にワックス状の油が入っていた。火を点けると中のミルクを温めることができた。最初に停車したのは、プラハ市の近郊、市中から一〇キロほど離れた場所だった。後になって分かったのだが、そこにはキエルツエ大虐殺後にポーランドを脱出した孤児を収容する施設が二か所あった。ダブリツエとフロウベティンである。今になってはどちらの施設に入れられたのかは分からないが、皮肉なことに、そこはかつての強制収容所のようだった。周囲一面に有刺鉄線が張ってあり、外に出ることは許されなかった。

兄は、帽子の縁に母が縫い込んでくれた一〇ドル札を寄こせと言う。私は喜んでそのお金を差し出した。兄を心から尊敬していたし、たったひとりの味方だと思っていたから、兄から頼まれれば何でもしたものだ。兄と他の数人の男の子は、有刺鉄線の下に穴を掘って、プラハの街へと出かけて行った。私は仲間に入れてもらえず、施設の中に残された。兄と離れたのは半日ほどにすぎない。心配しながら兄の帰りを待った。必ず戻ってくると分かってはいたものの、恐ろしくて不安だった。兄と仲間の子は、闇市で取引をするために出かけて行ったのだ。二〇ドル札を物々交換用に使って、アメリカの煙草と、それに乏しい配給食を補うための食べ物を手に入れたという。闇市を歩きながらさまざまな場所で煙草を売った。一〇ドル札は一〇ドルの価値にすぎないが、煙草が一カートンあれば、ばらしてひと箱ずつ交換することができる。それにアメリカの煙草は闇市で流通している、いわば貨幣の代わりでもあった。

プラハを出発したあと、汽車は延々と走り続けた。ドイツを通過したとき、焼けて骨組みだけになった戦車を見かけた。フランスに着くまではどこにも停車しなかった。エクス・レ・バンという名の小都市に到着。そこはフランスの南東部にあり、スイスのジュネーブの真南に位置していた。かつてはホテルだったという孤児収容施設オテル・ボーシットに連れて行かれた。今思えばホテルとは言えないような施設だったが、汽車の中やプラハ近くの収容所で眠るよりはるかにましだった。

施設の中に入ると食堂があって、細長いテーブルには皿やバターを塗ったパンが置かれていた。山のように積まれていたのだ――フランスパンではなく、食パンが山盛りになっている。厚切りにしたパンにはそれぞれたっぷりバターが塗ってあった。好きなだけ食べてよかったのだ！　両親と別れてからそのとき初めて、バター付きパンを好きなだけ食べることができた。ものすごく美味しかった。

エクス・レ・バン孤児収容施設に入居

幸せなときは長く続かなかった。翌日からは、朝食にそれぞれ二切れのバターを塗ったパンが出た。昼食のパンは一切れだけ。朝のパンの一切れをベッドのスプリングの下にこっそり隠す、それが毎日の行事になった。翌日にはもらえないかもしれないから、念のためにとった行動である。一切れ食べて、もう一切れを隠した。そこで、毎朝、焼き立てのパンを一切れ、そして前日の古いパンを一切れ食べたのだ。

食べ物は量がぜんぜん足りなかった。昼には、玉ねぎが水中に浮いている赤い色のスープが出た。実は、二、三片の玉ねぎが水の中にぷかぷか浮いているだけで、赤いスープの表面には「まだら模様の油かす」が浮き出ていた。夜には、パンが一切れ。孤児は皆ほとんどいつもお腹をすかしていた。ある晩、自然発生的に暴動と言えるような騒動が起こった。建物中の子供が台所に押し寄せて襲撃したのだ。私も参加した。鍵のかかったドアをこじ開けて入り、食べ物を奪い合った。みんないつも腹ぺこだった。

エクス・レ・バンでの飢えは、屋根裏部屋で経験した飢えとは違っていた。屋根裏部屋の食べ物は味が不味かった。二年にわたる大麦スープ、それにピタパンばかり。要するに、それ以外の他の食べ物への飢えだった。一方、エクス・レ・バンでは、本当の意味の飢えではなく、単に、量が足りないことによる飢えである。

フランスでは、私は兄を絶対的な存在として崇拝していた。兄は身近にいる唯一の人である。私にとって彼はいわば「憧《あこ》れの人」だった。私を本当に守ってくれる人。エクス・レ・バンでは、男の子たちは、兄を含めて、みな頭を丸刈りにしていたが、私はなんとか丸刈りを免れた。頭を剃りたくなかったから、兄に剃らないですむよう図らってもらったのだ。実を言えば、頭を刈らせたほうが賢明だったかもしれない。髪にはシラミがわいて、すごくチクチクした。あまりの痛痒《いたがゆ》さに耐えきれないで、部屋に駆け戻り、目の細かい櫛で頭皮をごしごしこすってシラミを落とし、かゆみを和らげようとしたこともある。

エクス・レ・バン施設のカウンセラーの一人は、ベンズイオン・シンゲルという名前の年配の人で、おそらく四〇代半ばだっただろう。私たちはみんな彼のことをいい人、情け深い人だと思っていた。イスラエルに行った孤児の大半は、結局、彼の世話になったものと思う。

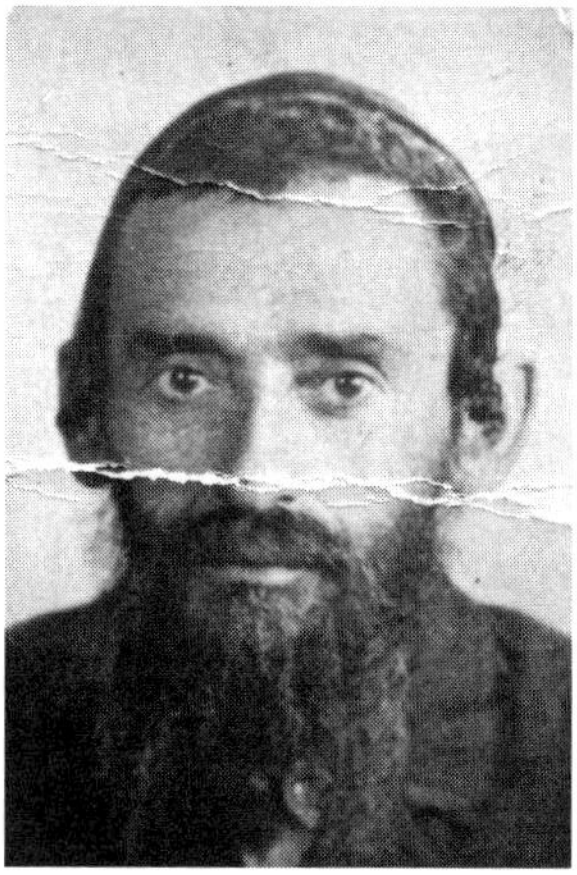

ベンズイオン・シンゲル、エクス・レ・バン孤児収容所のカウンセラー（イズラエル・アンガー所蔵）

施設では男女別に部屋が分かれていた。私が入った建物には女の子はいなかった。兄は他の男の子と共同部屋で寝たが、私だけはベンズイオン・シンゲルの部屋に入れられた。どうして皆と同じ共同部屋に入らなかったのか分からない。おそらく人数が定員をオーバーしていたのと、私が一番年下のひとりだったから、カウンセラーの部屋に入れられたのだろう。とはいえ、兄には毎日会うことができた。

とりわけ、はっきりと記憶に残っていることがある。あるとき、新しい服が支給された。すごく嬉しかった。その服を着て写真を撮ったのだが、撮影が終わったとたん、取り上げられてしまった。だまされたと思った。エクス・レ・バンにいた頃の公式写真が一枚残っているが、写真に写っている服はそのときに着たものだと思う（p.275）。また施設での子供たちの様子は（p.325）。

エクス・レ・バンは、アルプス山脈のフランス側の麓に位置していたが、ハイキングで山に行ったのは一回だけだったと思う。ほぼ九九パーセントの時間を施設周辺で過ごした。孤児が施設の全棟を占領していた。

悪質な遊びをやったことがある。施設の敷地には鉄柱が立っていた。電柱だったと思うが、電気が流れるショート回路がついていた。そこを触ると、電流が人体を通る。感電した子が他の子を掴むと、代わりに電流が相手の子に流れる。輪を作って、最後の子を感電させたものだ。また別の遊びでは、プレイヤーをほぼ五〇人ずつの二グループに分けた。靴下のような袋に砕けた石を詰めた。それを相手のチームめがけて投げる。キャッチできずに袋が当たると、その子はアウトになった。今度は相手チームが投げる番になる。遊びの狙いは袋を当てることにあったが、受け取る側は石が詰まった袋をキャッチしなければならなかった。

エクス・レ・バン孤児収容所の男の子たち：1947 年頃（イエシーバー大学公文書館）

エクス・レ・バン孤児収容所の男子寮。左端に座っている子供はイズラエルかもしれない。おそらく、兄カルマンに会いに来たのだろう（イエシーバー大学公文書館）

毎週金曜日には、清潔なシャツをもらった。古いシャツを脱いで洗濯したのだ。週一回、清潔な下着が配られた。

いつ頃からだろうか、施設内で礼拝や授業が行われたに違いない。ヘブライ語の文を読めるようになったが、すらすらとはいかなかった。体系的に学んだのではない。クラスでは私と同年代の子と年上の子を区別しなかった。アルファベットや母音から学習を始めるといった通常のやり方ではない。文章を読むことから始めて、教材は礼拝の言葉だった。私はヘブライ語を読むことはできるが、正攻法で学ばなかった。ゼロから始めるという普通のやり方で学ばなかったのである。

私が知る限り、両親からの便りはエクス・レ・バン滞在中ほとんどなかった。その間、兄は一三歳になった。兄のバル・ミツバ（男子が一三歳になったことを祝うユダヤ教の成人式）を行うために――父が訪れたのはこのときが最初だった。一九四七年の一月だったに違いない。私たちはすでに数か月、あるいは半年ほど施設にいた。ある日、私が目を上げると、そこに、父が立っていたのだ。はっきり父だと分かった。今でも、そのときの父の姿が目に浮かぶ。フェドラ帽をかぶっていた。

兄のバル・ミツバは簡素な成人式だった。兄は皆の前で聖句トーラを朗読し、また初めてテフィリンを身に着けた――テフィリンとは、トーラの聖句を書いた羊皮紙の巻物が入った小箱である。敬虔なユダヤ教徒は、朝の祈りの間でも、この小箱を腕と額に結びつけて祈る。父はまる一日滞在しただけで再び帰って行った。覚えてはいないが、戻ってくるよ、と言ったと思う。そしてあまり間をあけずに戻って来た。

一九四七年四月、戻って来た父は兄と私をパリへ連れて行ってくれた。それ以来、施設に残った子供たちに再び出会うことはなかった。

両親はポーランドから密出国した。どういう方法で出国できたのか、その詳細は分からない。まずドイツへ行き、そこの難民キャンプに入った。私たち兄弟がフランスの施設にいることを知ったのは、そのときだったと思う。イスラエル行きのために待機していたのだから、もしフランスにいる子供たちを見つけなかったなら、イスラエルへ移住していただろう。

父は家族を二人ずつに分けたとき、リスクを最小限にとどめようとしたと思う。かつて「住み替え」粛清作戦のもとで隠れたときと同じように。

両親は以前よりポーランドからの脱出を決めていた。反ユダヤ主義が存在していたし、しかも共産主義の時代にもなった。年上のカルマンは、子供のための夏季キャンプで襲われたし、幼いスルリクは、学校の帰宅途中、頭を殴られた。そこで父は子供たちが正式な手続きを踏んで出国できる方法を見つけた。家族四人が違法な手段で国境を越えるのではなく、まず二人だけを行かせる。密出国するには、大人二人と子供二人の四人全員より、大人二人だけのほうが、リスクがずっと低いのは明らかだ。戦後、ポーランドにいたユダヤ人が、西を目指して密出国するのは珍しいことではなかったに違いない。西側で一番近い国は、当然のことながら、ドイツだった。ほとんどのユダヤ人は、結局、ドイツの難民キャンプに入ることになり、そのうちの大半がイスラエルに向かったのである。エクス・レ・バンにいる私たちを、父はどうやって捜し出したのだろうか。ポーランドを出国した大半のユダヤ人の子供たちの行き先が、エクス・レ・バンなのは明らかだった。ユダヤ人孤児はフランス国中にある施設に収容された。エクス・レ・バンだけでも、施設は四か所あり、オテル・ボーシットは、まさしくその中の一つである。

パリには、ホロコーストを生き延びた母方の伯母がいたので、両親はまずそこへ行った。パリでの再会は、両親と離れ離れになってからほぼ一年経った頃である。母に会ったとき、初めて会う人のような違和感を覚えたし、母のほうも落ち着かない様子だった。頭ジラミに気づいた母が取り除こうとしてくれたが、最初私は抵抗して頭を触らせなかった。かつての母のようには受け入れられない。自分の母親であることは分かっていたものの、以前のような母ではなかった。打ち解けられなかった。もっともその関係は長くは続かなかったと思う。

母が頭ジラミをどう駆除してくれたか、そのやり方をはっきり覚えている。髪の毛は切らなかった。まず酢で髪の毛を洗う。水を張った洗面器の上に頭を下げると、母が目の細かい櫛で髪の毛を梳いてくれた。シラミを退治するのにそれほど時間はかからなかった。

無国籍者としてのパリ生活

当時のフランスは移民受け入れに積極的ではなかった。とはいえ、私たちユダヤ人はどこの国でも歓迎されなかったのだ。フランス滞在中の身分を示す書類には、「国無し《サン・ペイ》」、すなわち、無国籍とだけ書かれている。それが私たちに与えられた正式名称だった。

母方の伯母はグロスバルト一族の一人だったろう。確か、マルカという名前で、カルマン・ハメルと結婚していた。二人はかなり裕福だった。カルマンはパリのユダヤ人居住地、リヴォリ通りに近いマレ地区で精肉店を営んでいた。子供は三人おり、男の子アンリとゾラ、そしてラヘルという女の子がいたが、彼女はすでに結婚していた。伯母夫婦と一緒には住まなかったが、数週間おきには会っていた。私たちが住んだ狭いアパートは、地下鉄のスターリングラード駅の近くだった。戦前は別の名前だったに違いない。パリの地下鉄の路線は大部分地下を走っていたが、なかにはスターリングラード駅のように地上を走るものもあった。アパートの窓から地下鉄が走っているのを見ることができた。ワンルームのアパートに住んだが、住環境は

カルマン・ハメルと妻マルカ（グロスバルト）、イズラエルの母方の大伯母、パリにて：1940年後半（イズラエル・アンガー所蔵）

劣悪だった。誰にとってもひどかったろうが、とりわけ私たちにはつらかった。台所もなければ、トイレもついていなかった。

フランスで両親に再会するまでの私は、ずっとお腹をすかしていた。

施設で配給はあったが、子供たちに余分に配られたのは牛乳だけ。牛乳は重要な栄養源の一つだった。その後、イギリスでも配給があった。フランスとイギリスで違っていたのは、フランスでは小麦粉で焼いた通常のパンが手に入ったが、イギリスのパンはトウモロコシ粉で作られていた。フランスにいたとき、父に言われて空の瓶をもってよく使いに行ったものだ。店員にビールを入れてもらったのである。

ある日、父がオレンジを四個家に持ち帰ったことがある。すごく美味しかった。両親は自分が食べる分をくれ、食べずに部屋から出て行った。オレンジと言えば、その後に渡ったイギリスの学校で、昼食時に、オレンジが配られたことがある。生徒に一房ずつ配り、それから二つめの房を各生徒の机に置いたが、私が座った机の上には置いてくれなかった。

カルマン・ハメルは、当時としては裕福な商人だと考えられていた。ハメル夫妻がどうホロコーストを生き延びたのかは分からない。二人の息子は父親の精肉店で働いていた。私の母は、伯母マルカの家の手伝いとして働いた。金持ちだったから、家には水洗トイレがついていた。母はいつも網目模様の袋を持ち歩いていたが、ときに、伯母は紙に包んだ肉片をその袋にそっと入れてくれた。家には洗濯板のような刻みの付いた金属板があって、母は牛肉をその上に載せてストーブで焼いたものだ。最高の美味しさだった。直火で焼いた肉を食べたのは、生まれてからこのときが初めてである。もっとも、肉をくれるときに、伯母は誰にも言うなと前もって口止めしたものだ。夫のカルマンは非常にけちだったから、彼に見つかることを恐れていた。長男のゾラは優しくて、とてもいい人だった。仕事中の母に会いに行くと、ときには一〇〇フランくれたことがある。当時の通貨では二五セントに相当するが、今なら二、三ドルの価値がある品物を買うことができた。一方、弟のアンリは私たちにまったく関心がなかった。近所に住んでいなかったし、伯母の家に行く理由もなかったからめったに会わなかった。父の仕事はなかなか見つからず、家族四人を養うことができなかった。

カナダに移住してから、伯母マルカと母はさほど頻繁に連絡を取り合っていない。一度だけゾラが商用で会いにきたことがある。優しかったし――常に親切で、穏やかで、しかも思いやりがあった。伯母の家族じゅうで、ゾラが一番いい人だった。モントリオールに会いに来たときにも小遣いをくれた。心の温かい人だった。その後、パリを訪れたが、今はもう精肉店は存在しない。

私はパリで一〇歳になった。タルヌフとエクス・レ・バンに住んだ後だったから、パリはとてつもなく巨大な街に思われ、実に興味深かった。一番驚いたのはエスカレーターだ！　エスカレーターを見たのは、そのときが初めてである。地下鉄に設置してあり、巨大な物体が下りのエスカレーターを押し上げて動かしているのだと思った。地下鉄の車両は自動で走っているのだと本当にそう思った。運転手がいるとは知らなかった。ドアの開け方を覚えている。小さなレバーを引き下げて押すと、ドアが開くのだ。

イギリスに渡る前にパリで過ごした期間は短かった。ほんの二、三か月にすぎない。当時のことではっきり覚えているのは、エクス・レ・バンにいた頃のラビの一人に再会したこと。ある日、父が兄と私をパリのホテルに連れて行った。ラビ・ションフェルドが宿泊していた部屋に行くと、そこの設備や調度品が豪華なのでびっくりした。少なくとも当時の私にはそう思われた。そのとき、ラビはもう孤児収容施設に所属していなかった。プロジェクトは、ほぼその使命を終えていたのである。

父の仕事はなかなか見つからなかった。父方の兄アブラハム・アンガーが、戦前にイギリスのロンドンに移住しており、ホロコーストを生き延びていた。そこで両親は、パリでの生活基盤が安定するまで、兄と私をイギリスに送ることにした。両親はイギリスへの移住は許されなかったが、子供は許可されたのだ。父、兄、そして私の三人はパリの英国大使館に出向かなければならなかった。大使館には若い女性の秘書が受付にいた。ポーランドでは、男性、とくに年配の男性は、女性の手にキスをするという昔ながらの慣習がある。その慣習は今でも見ることができる。英国へ行く許可の申請をしていたとき、父は秘書の手にキスしなさいと言った。そうすることで私たちは礼儀正しい子供だということを示し、ひいては英国行きの書類をもらう可能性が高くなる、そう父は思ったのだろう。私は憤慨した。大使館の秘書にキスさせられるなんて。とりわけ、彼女は受付係ではないか、ばかばかしいと。しかし、私は言いつけどおりにキスした。私の記憶では、父や母に表立って反抗したことはない。両親が賛成しないことをするときには、こっそり隠れてやったものである。

兄と私は二人だけでイギリスに向かった。今度の旅では、両親にまた会えることが分かっていた。カレーを出港して海峡を渡り、ドーバーの白い崖を見たことを覚えている。伯母が出迎えてくれた。伯母の名前はエステルで、アブラハムの二度目の妻だった。伯父がいつ出国したのかは知らないが、ポーランドに残された最初の妻と子供たちはホロコーストで非業の死を遂げている。アブラハムとエステルの自宅は、北ロンドンのチングフォード地区、ハイアムステーション通り、三二番地。そこは持ち家で、伯父はホワイトチャペルに衣料品工場を所有していた。

チャーリーとシドニーに名前を変えてロンドン生活

イギリスに到着するとすぐ、名前をなんて呼んだらいいの、と伯母が訊いた。「イズラエル、でも、イスリアエルでもいい」と答えたと思う。兄が「スルリクとも呼ぶんだよ」と付け加えたかもしれない。とにかく、伯母は、その名前はイギリスではふさわしくないと判断したのだろう。これからはシドニーという名前にしなさいと言った。そのときは、イスリアエルを英語に翻訳した名前がたぶんシドニーだろうと思ったので、その名前を受け入れることにした。イギリスではずっとシドニーという名前で通した。イスラエルはイギリスでは通用しないから、イギリス風の名前が必要なんだと判断したのだ。また、伯父夫婦はカルマンをチャールズに変えることにした。チャーリーと私はすぐに英語を覚えてイディッシュ語を話さなくなった。ホロコーストを生き延びた大半の友だちと同様に、イディッシュ語はゲットーの中だけで通用する言葉だと思った。イディッシュ語で話すのが恥ずかしかった。ヘブライ語こそが、ユダヤ人を誇りに思う現代人の言葉であると。イディッシュ語の文化は膨大かつ豊かであり、誇るべきものが沢山あることに初めて気づいたのは、大人になってからである。その後はずっと、イディッシュ語を使うのは両親と話すときだけにした。

イギリスにいる間、私はずっと孤独だった。伯父夫婦は五〇代半ばで子供はいなかったし、兄と私が一緒に住むことに関心がなかった。弟夫婦に世話を頼まれたから引き受けたのである。

当時のイギリスでは配給制度が実施されていた。伯父夫婦の家には小さな裏庭があって、そこで卵を産む鶏を飼っていた。配給では得られない代用品として、卵をチーズ代わりに使った。居間には鍵付きの食器棚があり、チーズをしまっておいた。毎月食器棚を開けて厚切りにしたチーズをその中に入れると、月末にはチーズは干からびて固くなる。それを処分し、また新しいチーズを食器棚に入れたのだ。いわば儀式のようなものだった。私はそのチーズを食べたことはないが、兄は食器棚をあさったかもしれない。食器棚にはノルウェー産のブリスリング・イワシの缶詰も入っていた。すごく小さくて、とても美味しかった。でもめったに食べられなかった。

玩具はなかった。伯父夫婦は買ってあげようとは言わなかったし、私もねだらなかった、それに期待もしなかった。当時のロンドンでは、バスに乗ると乗車距離に応じて、一ペニー、二ペニー、三ペニーの切符をくれた――識別用の色分けがしてある。その切符を集めて分類して遊んだものだ。バスの切符が私の玩具になった。

チャーリーと私は別々の学校に通った。英語はすぐ覚えたが、学校生活はつらかった。毎日朝礼があり、生徒は全員大ホールの床に座らされた。校長が人として行うべき道やキリスト教信仰について説教をする、そのすぐ後祈りを捧げる。校長が祈りの言葉を唱えると、生徒はみな頭を下げて、校長の後に続いて同じ祈りの言葉を唱えなければならない。私にしてみれば、キリストに祈るのは偶像崇拝であり、重大な罪を犯すことになる。そこで偶像崇拝の罪を犯さないように、その間、小声で、イディッシュ語やポーランド語の悪たれ口をもごもごつぶやいたものだ。

授業中、頻繁に尿意を催しトイレに行く必要があったが、教師にトイレに行く許可を頼むのが怖かった。他の生徒の注目を浴びたくなかった。教師に教室を抜け出すための口実だと思われたくなかったのだ。あるとき思い切って手を上げて「先生、トイレに行ってもいいですか」と訊いた。それが退席を求める作法だったから。でも教師は許可してくれなかった。間もなくズボンが濡れてきた。椅子の下に雫がぽたぽた落ちるのを見て、やっとトイレに行かせてくれた。

一度だけ、鞭でこっぴどく叩かれたことがある。休み時間が終わって、校庭から校舎に入るときに二人ずつ列に並ばなければならなかった。ある日、列からはみ出たら、今度からその生徒に鞭打ちの罰を与える、と先生が言った。私は誰かに小突かれて列から押し出されてしまった。もちろん、子供同士がふざけただけで悪気などなかったのだが、私は両手の鞭打ちをくらった。鞭打ち罰のやり方は、まず校長室に行き、鞭打ちの記録簿と鞭をもらう。記録簿には鞭打ちの罰を受けること、どんな罪を犯したかが記入してあった。その二つを持って教室に行き、教師に届ける。クラスの皆の前に立って両方の手の平を上にして腕をいっぱいに伸ばすと、教師が鞭で五、六回強く叩く、このような手順だった。手が腫れあがるほど、ビシッと強く叩かれた。

鞭打ちの罰を受けたことを知った兄は、伯父夫婦にそのことを言いつけた——可哀そうに思ったからというより、むしろ何か悪さをしたから叩かれたんだと告げ口をしたのだ。手が腫れているのを見た伯父夫婦は、学校のやり方に腹を立てた。学校へ行き、手が腫れるほど叩かれるとは、と校長に抗議してくれた。校長は私を呼び出し、手を見て「泥が付いているだけだ。大したことないね」と言っただけだった。

イギリス生活の中で起こった最悪の出来事は、街角の小さな店からキャンディーをくすねて捕まったことである。そこはいつも炭酸水を買いに行く店である。ソーダ水とビールを混ぜたシャンディという名の飲み物を売っていた。私か、ときには兄が、炭酸水を買ってくる走り使いを伯母から頼まれた。店のカウンターにはキャンディー、ときにはペパーミント風味のペズキャンディーが置いてある。その頃、街の子供たちの間で、店員が裏へ品物を取りに行ったすきにキャンディーをくすねるのが話題になっていた。自分もやってみることにした。ある日、店に入り、炭酸水を頼んで、店員が裏に取りに行ったすきにキャンディーをこっそり手に取った。実は、私のすぐ後に男の人が店に入って来ていたのだ。万引きを笑ってごまかそうとしたのか、そのときついヘラヘラ笑ってしまった。店主が炭酸水を持って戻って来て「何がおかしくて笑っているの」と訊いた。ヘラヘラ笑いを続けていると、後ろに立っていた男《ひと》が「キャンディーを万引きしたから笑いでごまかしているんだよ」と言った。キャンディーは返した。万引きが見つかったことで面目を失った。きまりが悪かったし、恥ずかしかった。重大な罪を犯したと考えて、その店にはもう行かない、絶対行かないと決めた。自分は泥棒で、捕まったのだから。

これがきっかけで深刻な問題を抱えることになった。伯母は万引きに気づかなかったが、自分としては知られたくなかった。そこで炭酸水の使いを頼まれるたびに、兄に代わってもらわなければならない。やってはくれたが、兄からすれば恩恵を施したことになり、私は兄に大きな借りを作ってしまったのだ。それがある種良くない結果を生んだ。もともと兄を崇拝し愛情を求めていたから、兄は自分がやりたいことは、いつでも、何でも、私にやらせることができた。弟を矢面に立たせることができる。伯母に言いつけると脅《おど》されはしなかったが、私は過剰なほど負担に感じた。そう思い込んでいたのである。誰にも知られたくない自分の秘密を知っている人がいる、と。

伯父と伯母は家に帰るといつも玄関口の壁掛けにコートを掛けた。ときにはポケットにお金、ばら銭が入っていることがある。チャーリーはいつもその小銭をこっそり盗んでいた。ある日のこと、部屋に入って来た伯父夫婦が、金がなくなったからおまえたちの身体検査をする、と言った。兄はすぐさま立ち上がりすんでボディチェックを受けた。その間に金を隠したのだ！　その場をうまく切り抜けたことが自慢だった。実は、小さなハンカチに小銭を包んで入れたのだ。もちろん、私はそれまで一度も言いつけたことはない。

兄について告げ口することなど思いもよらなかった。

イギリスにいた頃、兄の愛情を買うためには何でもやった。兄は優しくしてくれることがあったし、そうでないときもあった。ときには、私は兄の厄介者だった。最も身近に感じていたのは兄だったし、伯父夫婦にはあまり親近感が持てない。兄とは仲良くしていたかったし、兄の愛情が欲しくてたまらなかった。フランスにいたとき、あるいは孤児収容施設にいたとき、兄は父親代わり、母親代わりになってくれた。あらゆる面で兄に頼っていた。イギリス滞在中は、さらにその依存度が高まったのである。この兄弟関係は長い間続いた。

兄チャーリーにはかなりの商才があり、私は彼のたくらみによく巻き込まれた。その一つに昼食代がある。一週間分の昼食代は二シリングで、休み時間には一パイントの牛乳が無料で配られた。伯父夫婦は二シリングくれたが、兄はその昼食代を寄こせと言う。イギリスから逃亡するのに必要だからというのがその理由だった。密航者としてアメリカ行きの船に乗るつもりなのだと。私たちは二人ともイギリス生活に不満をもっていた。船を見に波止場に行った兄は、商船のアメリカ人の乗組員に実際に会ったこともある。二人のために昼食代を貯めておいて、アメリカに着いてから使うのだという。そこで昼食代を兄に渡した——無理強いされたわけではなかった。兄がやりたいことにはほとんど何にでも従った。しかし結果として、学校の教師や伯父夫婦に嘘をつかなければならない。日曜日の夜ごとに、ランチは学校で食べるからと伯母に言って、二シリングもらう。月曜日の朝、教師にはランチはいらないと言って、そのお金を兄に渡した。昼食の時間帯は街中をぶらぶら歩いたものだ。兄がそのお金を実際どう使ったのかは分からない——友だちと遊びに行く、煙草を吸う、そんなことだったのだろう。兄は精神・身体ともにタフだった。彼にしてみれば、違法すれすれのことをするのは快感だったに違いない。ところが、この昼食代計画は発覚してしまった。伯母が昼食時間に私を捜しにきたときに、嘘をついていたことがばれたのだ。学校と伯父夫婦の両方から罰を受けた。でも二シリングをどう使ったかは言わなかった。

伯父夫婦は、兄弟は一緒に行動せよと言って譲らなかった。しかし、チャーリーは四歳も年が上で——私は一〇歳、彼は一四歳だった。兄の関心事は私にはまだ早すぎる。例えば、煙草や女の子など。新しいことをいろいろ試したい一〇代前半の若者は、一〇歳の子供などにかまってはいられない。

土曜日ごとに、伯父夫婦は映画代として各自に六ペンスずつくれた。ただし私を一緒に連れて行くという条件つきだった。兄の年齢では大人の同伴者なしでも映画館に入ることができたのだ。映画館の周辺には大勢の子供がたむろしていて、連れのいない大人の人が一人で入るのを見かけると「あの…余っているチケットを僕にくれませんか」と声をかけたものだ。兄は私を連れて行ってくれることもあったが、一〇歳の弟より友だちと一緒にいたかった。その解決法として、私を二、三発ほど殴って、家へ帰れと命じた。当時の映画館には一つおきの座席の後ろに灰皿がついていた。映画を観ながら煙草を吸うので、吸っているのを弟に見られたくなかったのだ。しかし兄は六ペンスを取り上げなかったから、私は館内に一緒に入ってくれる大人の人はいないかと映画館のあたりをうろうろしたと思う。観た中で覚えているのはホパロング・キャシディやローレル&ハーディの映画である。アメリカのカウボーイ映画はわくわくするほど面白かった。ときに、学校からの帰宅途中、馬に乗ったカウボーイになったつもりで、家までずっと飛び跳ねながら駆け戻ったものだ。

イギリスにいた頃、何人か友だちができたと思う。誕生日パーティに招かれたことがある。兄がその家まで連れて行ってくれることになっていたが、忘れたか、あるいはそれより他にやりたいことがあったのか、私はパーティに出席できなかった。パーティ会場の家があると思われる通りを歩きながら、家々の外から賑やかな物音が聞こえはしまいかと耳をすましたが、その家を見つけることはできなかった。翌日、招待してくれた子が紙パックに入れたクッキーをくれた——ちょうど牛乳のパックくらいの大きさだった。ものすごく嬉しかった。休み時間にもらった牛乳を飲みながら一つか二つ食べた。家に帰ると兄が友だちを連れてやって来た。その子の名前はスピッブと呼んでいたが、実は本名ではなく、口先のうまい小悪党という意味らしかった。クッキーの箱を見せると、食べたいと言うので二人にクッキーを一つずつあげた。兄はもっとくれと言いながら、箱をひったくり私を殴った。倒れたはずみで家の前庭に転げ落ちてしまった。兄とスピッブはクッキーを食べ終わると、空箱をほうり投げてよこした。

兄との関係は当時思ったほど大きな問題ではなかったかもしれない、あるいはイギリス生活という特殊な状況下に置かれていたためかもしれない。二人の年齢差は大きかったし、伯父夫婦の言いつけで面倒を見たものの、兄にすればときに弟はお荷物だった。ホロコースト体験は、私への悪影響より、はるかに深く兄を傷つけたのではないかと思う。四歳も年上だったから、当時、周囲で何が起こっていたかに気づいていたはずである。幸いなことに、ホロコーストの期間中、私はまだ幼かったから事態を十分に理解していなかった。そのため年上の人ほどの悪影響は免れただろう。ホロコーストを体験した人なら、自助努力をするより、あわよくば他人に助けてもらうほうがよかったのだ。

イギリス生活二年目に、チャーリーは学校へ通うのをやめて、ホワイトチャペルにある伯父の衣料品工場で働き始めた。その頃のイギリスの教育制度では、一二歳あるいは一四歳などかなり若い年齢で勉学を続けるか否かを決めることになっていた。続けない場合には働きに出たのである。そこで、帰宅するのは私が最初になり、伯父、伯母、それに兄は五、六時間後にならないと戻って来ない。ひとりぼっちだった。冬になると早めに暗くなるから、台所の隣の小部屋に座ってラジオを聴いて過ごしたものだ。すごく恐ろしい番組が多かった。二階のトイレに行くのがとても怖かった。できるだけ我慢しようとした。電気はあったが、スイッチの所まで行くのさえ怖かった。幽霊が出ると想像したのだ。どうにも我慢できなくなったときには、大急ぎで二階へ駆けあがり、急いでおしっこをして階下へ駆け戻る――そして再び小部屋で震えていた。

ロンドン生活には楽しいこともあった。放課後、家の近くのシナゴーグに通ってユダヤ教の勉強をした。週ごとに読むトーラの箇所をヘブライ語から英語に翻訳するのが楽しかった。教師が文を読む、その意味を尋ねる、そして自分で答えを見つける――その点ではかなり上手にできた。イスラエルの建国は一九四八年五月一四日である。当時、私は一〇歳だった。伯父夫婦の家で建国記念日を祝ったという記憶はない。ただ嬉しくて胸がわくわくしたことだけは覚えている。イスラエルが国家として建設された、そのことを考えるたびに興奮した――隠れ家にいたときにその話題が出ていたからだと思う。

伯父夫婦はユダヤ教の戒律遵守に熱心ではなかった。一緒に住んでいた頃、安息日の礼拝に行った記憶はほとんどない。

兄弟だけで好きなように楽しめばよい、そう伯父夫婦は考えていたのだろう。近所にストックカーの自動車競技場があり、二、三回、二人だけで観に行ったことがある。ストックカーとは、一般の市販車をレース専用に改造した車のことをいう。楕円形のレーストラックを走り回っていた。お金を賭けることはなかった。ただ観に行くだけでよかった。

アメリカ由来の物は人気が高かった。学校では野球を教えてくれた。グローブを持っていなかったが、私はかなりうまくプレイできた。あるとき、両親に会いにフランスに行って戻ってきたら、もうすでにチーム編成が終わっていた。留守にしていたから、チームから外されてしまったのだ。私の野球人生はそこで終わりを告げた。そのかわり道路でクリケットをやった。カナダやアメリカの子供たちが野球をやるのと同じである。本物のバットやウィケットがなかったから、いわばクリケットの模倣ゲームである。

パリに戻り、両親に会うことができて本当に嬉しかった。私たちのイギリス滞在中、両親は一度もイギリスへ来なかった。経済的余裕はなかったし、ビザの取得も叶わなかったのだろう。

パリに行ったとき、父が逮捕されたことを知った。義兄ヤコブからの何らかの援助を期待して、ベルギーに出かけたのである。ヤコブ・フィッシュは母の兄で、ホロコーストを生き延びた唯一の兄弟・姉妹だった。彼はスイスへ逃げることで何とか生き残ることができた。当時のスイスの法律では、国境から一二キロの地点までに捕まった場合は強制送還するが、それを越えたら入国を認める、というものだった。

ヤコブはアントワープに住んでいた。父はベルギー入国に必要な正式書類を持っていなかった。アントワープの駅に着いたが、出迎えるはずのヤコブは来ていない。やむなくタクシーに乗った。タクシー運転手が外国人だと気づいて警察署へ連れて行ったという。父は逮捕され、ベルギーへ密入国を企てたかどで留置所に入れられた。ベルギーでの投獄はほぼ一か月間続いた。「レヒ」または「シュテルン・ギャング」のメンバーだという容疑をかけられたのだ。レヒはイスラエル解放武装組織《ロハメイ・ヘルート・イスラエル》の略称で、パレスチナからイギリス人を退去させ、ユダヤ人移民の無制限入国を目指す過激派集団である。パレスチナのイギリス統治下でシュテルンが創設した集団なので、イギリス当局はシュテルン・ギャングという蔑称

イズラエルの伯父ヤコヴ・フィッシュと妻ラケル、ベルギー沿岸にて：戦前（イズラエル・アンガー所蔵）

で呼んでいた。父の逮捕時にレヒはもう機能していなかったが、当局は相変わらず外国在住の元メンバーを捜していたのは明らかである。父は数回取り調べを受けたが、尋問官の中には、ベルギー人ばかりでなくイギリス人もいたという。イギリスの取調官は、非ユダヤ人であるにもかかわらず、イディッシュ語を話した。それには本当に驚いたそうだ。シュテルン・ギャングの一員ではないことを納得してもらい、やっと父は解放されてフランスに強制送還されたのだった。

学校の授業科目の中では算数が好きだった。とくに、ペンスをシリングやポンドに換算するのが楽しかった。例えば「八五六ペンスを持っている少年がいます。何ポンド、何シリング、何ペンスになるでしょうか」というような設問である。まず一二で割るとシリング数になり、その残りがペンス。それからシリング数を二〇で割るとポンドになり、残りの数がシリングになる。答えは、三ポンド、一一シリング、四ペンス。私はこういう計算が得意だった。

家にはジョッキーがいた。伯母が飼っていた、黒くて小さな雑種犬である。私はこの犬が大好きだった。子供の頃ペットを飼ったのは、後にも先にもこの時だけである。ジョッキーはイギリス滞在中の私にとって、おそらく一番の友だちになった。いつもジョッキー相手に遊んだ。小さくて、大きな猫くらいのサイズの犬だった。

扁桃炎に罹って一週間ほど入院したことがある。摘出手術は受けず――ペニシリンで治療したと思う。入院経験はこのときが初めてである。以前にもまして孤独だった。家に戻って一番嬉しかったのは、ジョッキーの存在だった。イギリスに住んで一年くらい経った頃だったろうか、ジョッキーは自転車に轢かれるという事故にあった。伯母と兄の三人で獣医に連れて行った。ジョッキーはそのときにはもう歩くことができなかった。獣医はジョッキーを奥の部屋へ連れて行き、命は助からないから眠らせてあげるしかない、と言う。ドア越しに中をのぞくと、台の上に寝かされていたジョッキーは、しょんぼりと悲しげな表情を浮かべて私たちのほうを見た。ジョッキーを置いて行かなければならなかった。そのときジョッキーが浮かべた眼の表情は今でも脳裏から離れない。まるで「置いて行かないで」と訴えているようだった。これから何が起ころうとしているかが分かっているかのように。立ち去った後は、心が張り裂けそうだった。ジョッキーを安楽死させたこと、そしてあの最後の表情を思い浮かべると今でも胸に込み上げてくるものがある。今なら苦痛なく眠らせるのに適したやり方がある。例えば、初めに少し注射をしてから体をなでてあげるなど。ジョッキーの死は、他の何にもまして本当に悲しかった。ジョッキーがいなくなってすごく寂しかった。妻マリーンによると、交際を始めてから最初に話題にしたのは、ポーランド生まれであること、そして次にはジョッキーのことだったという。

伯父の家はすごく大きく見えた。パリの住居は一部屋しかなかったからでもある。二階建ての家で、二階には寝室が二部屋と浴室があった。兄と私は片方の部屋のダブルベッドを共同で使い、もう片方の部屋を伯父夫婦が使った。一階には食堂、小さな台所、そして台所の奥には小部屋があり、招待客がいないときにはそこで食事をした。一九六七年に再びロンドンを訪れたが、そのときに伯父夫婦はすでに亡くなっていた。ハイアムステーション通り三二番地の家に行ってみたが、実際には、敷地は狭く記憶にあるよりはるかに小さい家だった。

伯父夫婦の家には蓄音機があった。手回し式レコードプレーヤーである。レコードを買って蓄音機にかけて聴く、それが楽しみだった。ユダヤ系アメリカ人の歌手でコメディアン、ダニー・ケイのレコードはよく聴いたものの一つである。また、ときたま夕食に客を招くことがあったし、招待されることもあった。魚料理で客をもてなした――お皿のサイズくらいの、平べったくて丸い大きな魚を食べた――たぶんヒラメだったと思う。伯父夫婦が招待されたときに私たちを連れて行ってくれることもあった。

女の子に興味をもち始めたのは一一歳くらいのときである。学校は男女混合クラスで、私によく声をかけてくれる女の子がいた。その子が「誰かに付きまとわれている」と言ったことがある。つまり私に監視役をしてほしかったのだ。それが女の子との最初の付き合いだった——探偵役として！

伯父夫婦は兄と私のために預金口座を開いてくれ、毎週半クラウンくれた。そのお金は貯金する以外には使わせてもらえなかった。当時のイギリスでは、郵便局が小口の口座を扱っていたので、週ごとに郵便局へ預けに行かなければならなかった。映画の切符代金が六ペンスだったから、半クラウンは三〇ペンスで、今ならおよそ一〇ドルに相当する額である。フランスに戻った後、その貯金がどうなったか分からない。伯父夫婦あるいはチャーリーが引き出したかもしれない。ひょっとしたら、今でもその郵便局に休眠口座として残っているかもしれない。

伯父夫婦は決して不親切な人ではなかったと思う。ただ、子供たちのことが分かっていなかった。僕なんかいて欲しくないんだ、当時の私はそう感じていた。無理に押しつけられたのだと。伯母は自分の子供をもったことがなく、すでに四〇代半ばか後半を過ぎた年齢だったし、伯父は当時五二歳くらいだった。父方の家族は八人兄弟・姉妹。アブラハム伯父は一八九七年生まれである。子供をもったことのない五〇代の夫婦が、急に二人の子供の世話を頼まれた。子供をとくに欲していなかったにもかかわらず、弟が経済的に困っていたから預かったのだ。伯父は衣料品工場を経営していて、非常に忙しかった。伯父夫婦は思いやりがなかったわけではない。ただ単に、一〇歳の男の子のニーズを理解していなかったのである。

実は、伯母はアブラハム伯父の二番目ではなく、三番目の妻だった。そのことをたまたま知った。兄と二人きりで家にいたある日、ノックの音が聞こえたのでドアを開けると、女の人が立っていた。その人が「わたし、あんたたちの伯母さんよ」と言う。「違うよ。伯母さんはもういるんだ。家を間違えているよ」。イギリスでの最初の妻だと教えてくれた。ショックだった。すっかり面食らってしまった。今の母親は実の母親ではない、と誰かに言われたようなものである。離婚など当時の私たちには思いもよらなかった。この件について伯父に言うべきかどうか分からなかったが、結局、妻だと名乗る女の人が来たことだけは伝えた。

なぜイギリス人の最初の妻と離婚したのかは分からない。伯父はホワイトチャペルに小さなショップを所有していた――ショップとは小さな工場のことである。およそ一六人の職人を雇って紳士服の縫製をしていた。伯母のエステルは小金を持っていたので、工場を始めるにあたって援助したのだと思う。おそらく、それが妻を取り替えた理由であろう。エステルは工場で働いていた。

アブラハム伯父がポーランドで暮らしていた頃について、父が面白い話をしてくれたことがある。当時は、ポーランドからハンガリーへ行くにはポーランドの通貨を使うことになっていたらしい。国境の係官がポーランド紙幣にスタンプを押す、それには手数料が必要だった。そこでアブラハム伯父は旅行者の紙幣にスタンプを押す商売を始め、ポーランド当局より安い手数料を請求した。明らかにこれは違法行為だ。当局にその不正を見破られたため、伯父は追われる身になった。それが原因でイギリスへ渡ることになったのである。ポーランドから逃亡したことで生き延びることができた。違法行為が伯父の命を救ったのだった。

パリに戻って、ペール・ラシエーズ地区での暮らし

一年半にわたるロンドン滞在後、一九四九年、父に仕事が見つかり経済状況が改善した。私はパリに連れ戻された。一人を養うだけの余裕ができたので、当然ながら、幼い子のほうを引き取ったのである。チャー

リーはもう一年ロンドンに留まった。私はイギリスを離れるのが嬉しかった。

パリに戻ってくると両親は見知らぬ人のようだった。イディッシュ語をすっかり忘れていたので両親とコミュニケーションがうまくとれない。兄の誕生日が一月初旬で、私はその直後にフランスに戻ったので、母に「お兄ちゃんが誕生日だったんだよ」と言ったが、分かってもらえなかった。しかし、慣れるのはあっという間だった。数年かけて、言葉を学び、忘れ、そして学び直したのだ。パリではすべてが元通りになった。名前はシドニーではなく、フランス風の発音ではあったが、イズラエルに戻った。

住居はパリ第二〇区、つまり第二〇行政地区のアモンディエ通り四〇番地。有名な墓地がある場所で、そこは労働者階級の人々が住む地域である。地下鉄の駅はペール・ラシエーズと呼ばれていた。前に住んでいた環境に比べれば、確かにステップアップしてはいたが、実際には、以前の家と同様に非常に狭かった。何年も経ってから、妻マリーンの両親と一緒にその家を見に行ったことがある。妻の母親は、当時暮らしていた周りの環境のあまりの貧しさを見て涙ぐんだほどである。

小さな部屋が二つあり、一部屋が寝室、もう一部屋は居間だった。縦長の台所がついていたが、そこは廊下の一部でもあった。台所に誰か一人立つと通り抜けができない。シンクがあって、そこで食器を洗ったり体を拭いたりした。専用の浴室はなく――トイレはアパートの出入り口の奥にあり、他の借家人との共有。水洗式トイレではなく、床に穴が開いていて、足型が二つ付いていた。用を足すときには新聞紙を使った。金曜日になると母が前もって新聞を切って用意しておいたものだ。安息日に働かなくて済むためである。カナダに移ってからは普通のトイレットペーパーを使ったが、母のこの習慣は生涯ずっと続いた。安息日のためにティッシュペーパーのような紙をいろいろ用意していた。入浴は、週一度金曜日に共同浴場に行かされた。母がお金と洗濯済みの下着などを持たせてくれ、公衆浴場へ行ってシャワーを浴びた。当時、多くの家にはシャワーや風呂がなかったのである。

この小さな台所で母は美味しい料理を作ってくれた。両親と暮らすことになって嬉しかった。以前よりリラックスできたし、いつもの生活に戻ることができた。イギリスの生活状況に満足していなかったからでもある。とりわけほっとしたのは、食料品店で炭酸水を買う使いを兄に頼まなくてすむことだった。

ロンドンに置いていかれたことを、チャーリーは苦にしていなかったようだ。商売をすでに学んでいた。父が兄に強く望んだのは、手に職をつけて衣服のデザイナーになることだった。兄は伯父の工場でプレス工として働き始めた。当時のプレスのやり方は、重いアイロンを炉の中で熱し、布で巻いた木のハンドルを持ってアイロンをかける。デザイナーになるためには、紳士服の仕立て業のすべてを学ぶ必要があった。兄はデザイン学校の夜間コースにほぼ一年間通った。

パリにいた頃、父の仕事は毛皮加工で、動物の足を切り落とす作業をしていた。加工場に届く毛皮は形が不揃いである。それを切り揃え、それぞれの皮を縫合してコートやショールを作る。かぎ爪のある足を切ると毛皮の部分も切ることになる、そのため縫い合わせなければならない。この技術はその後も役に立った。モントリオールに来てから副業として同じ仕事をすることができたのである。

パリで通ったのは、ユダヤ系のヤブネ校。地下鉄のサンシエ・ドーバートン駅近くにあった。そこで友だちができた。生活状況は好転し始めていた。とくに仲がよかった子はナタン・グリーンバウムである。ナタンは背が高くハンサムで、しかも金持ちの子だ、当時はそう思っていた。ホロコーストの生き残りの子供に違いなかったが、たぶん西ヨーロッパの出身だったろう。クラスが同じだった。私は影響力のある子供たちの取り巻きでいたかった。ナタンにはまさしくリーダー的な雰囲気があったと思う。学校で彼は目立つ存在だった。体が大きく、格好よかったから、自分も彼にあやかりたいと考えたのだ。ナタンと仲良くしたのには、もう一つ別の理由もあった。当時、街の広場の一角に一種のミニ遊園地が設置してあり、乗り物のなかに電気自動車のバンパーカーがあった。五〇フラン払うと、数分間乗り、他の子供のバンパーカーとぶつけ合う。その傍を通っては長い間ずっと眺めていたものだ。お金がなかったから、乗ることはできなかった。ナタンと一緒のときには、時々彼がお金を払ってくれ一緒に乗ることができたのである。ナタンは今でもパリに住んでいるかもしれない、あるいは数年前は住んでいただろう。アントワープにいる従姉を訪れたとき、彼のことが話題になったことがある。

学校には、ジャックという男の子、ヘサという背が高くて金髪の女の子、それに私と同様にイギリスから来た一組の双子もいた。女の子たちの気を引こうとしたものだ。いかにマッチョであるかを示すために校庭を駆け回ったりした。シオニスト組織（イスラエル国家建設を目指す運動組織）の会員になったが、そこには女の子たちもいた。早くから女の子の存在を意識し始めていた。私の記憶では、二、三回ほど下校時に女の子と連れ立って歩いたことがある。手はつながず、ただ一緒に歩いただけ。モントリオールに行くまで女の子と手を握り合うことはなかった。

ペール・ラシエーズ墓地に数回行ったことがある。とくに印象に残ったのはショパンの墓所だった。思ったより控えめな墓だ。私はショパンに感銘を受けていた。ショパンがポーランド出身だからではなく、彼の音

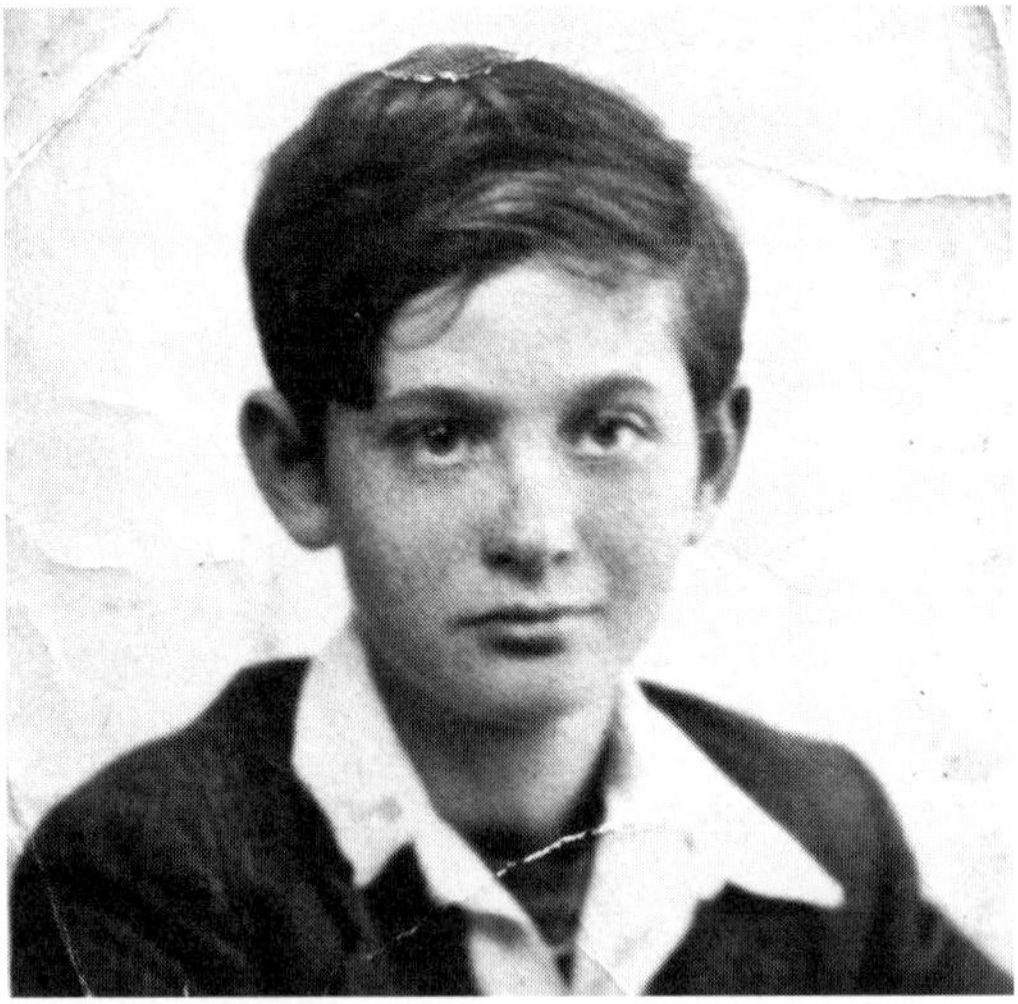
イズラエル、11歳〜12歳頃の写真、パリにて：1949年または1950年頃（イズラエル・アンガー所蔵）

楽が素晴らしかったからだ。もう一つ印象深かったのは、ユダヤ人の妻と非ユダヤ人の夫の夫婦の墓だった。墓碑銘に永遠の愛という文字が刻まれていた。何十年も経ってから娘たちとパリを訪れたとき、見せたいと思った訪問先の一つがペール・ラシエーズ墓地だったから、ここが強い印象を与えていたに違いない。

一九五〇年にチャーリーがフランスに戻って来た。兄は一六歳、私は一二歳だった。そのときまでに、兄は生地一反から上着《コート》を仕上げることができた！　カナダに行ってからもこの仕事を続けた。作図をする、生地に合わせて型を入れる、生地を裁断する、縫製する、完成した服をプレスする、といった工程である。私のためにギャバジンのコートを作ってくれた。

伯父は戒律を重視しなかったから、イギリス滞在の二年間、兄は誰からも宗教を強制されなかった。その年齢の頃は、誰しも世間一般の大人がやるようなことを味わってみる。例えば、煙草、映画、それにおそらく女性関係など。兄はそのすべてをイギリスで経験していた。私は相変わらずそんな兄を崇拝した。

兄の行動を高く評価するような出来事がある。地下鉄の駅から帰宅途中のある日、四人組の若者が通りすがりに私たちを乱暴に押しのけた。ただちに兄は大胆にも相手に向かって、握りこぶしを振りかざして、英語で「おまえら、喧嘩を売るのか？」とすごんだ。彼らは虚勢を張るのをやめて「俺じゃない、やったのはあいつだ」とフランス語で口々に言い合っていた。兄を誇らしく思った。私の目には兄は偉大なヒーローに見えたのである。

パリ生活にはマイナス面もあった。何が原因で喧嘩になったのか分からないが、同じ建物に住む同年配の子と中庭で言い争いを起こしたことがある。彼が「ユダヤ人の薄汚い奴め」と呼ぶので、自分も「フランス人の薄汚い奴め」と言い返してやった。そのことを聞きつけた父は、謝りに行けと言ってきかなかった。その子の親が面倒なことを起こしはしまいかと恐れたのだ。私たちはまだ「無国籍者」で、フランス国籍をもっていなかった。父はそのことへの悪影響があるのではと不安に思ったのだろう。幸い、その子の住所を知らなかったので、謝りに行かずにすんでほっとした。

国籍をもたずにフランスに住むには、定期的に在留許可を更新しなければならなかった。最初は六週間、それから三か月、六か月、それから一年の許可がおりた。実際には、両親は三年に及ぶ期間まで更新した。市民権を得るためではなく、少なくとも在留許可のためだけだった。その上、就労許可も取得しなければならない。就労許可なく滞在許可をもらっても無意味なのは明らかである。就労許可を得るには、内定先の雇用主に頼んで、その職種にはフランス人労働者の人材が不足しているという旨の書類を用意してもらう。雇用主はフランス人労働者より低賃金で働くことに同意するという条件つきの書類を作る。許可証はパリの中央警察署で発行された。両親にとって非常に重要な書類で、許可証の更新の時期が迫るたび、まさに予断を許さない状況に陥った。父は事前にシナゴーグに行き、許可証がおりますようにと、特別な祈りの言葉を唱えたものだ。神から力を貸してもらいたかったのだろう。私がフランス人の子と喧嘩になったとき父がパニックを起こしたのは、これが理由だった。面倒な事が起こったと恐怖に襲われたのである。その考えの延長線上に何が考えられるだろう。もしフランス人の親が私のことで苦情を言ったとしたらどうなるか。私たちはフランスから追い出されるのではないだろうかと!

パリに最初に滞在した頃の出来事と二度目に滞在したときの出来事を混同しているかもしれない。エッフェル塔を見たことやシャンゼリゼ大通りに行ったことを覚えている。父が兄と私を動物園に連れて行ってくれたことがある。確か、一度だけだったと思う。大好きな場所は、猿集団の檻だった。

フランスにいた頃、新聞を読んで、世の中で起こっていることを両親に話してやった。ラジオはなかったが、ル・モンド紙、ル・フィガロ紙、それにフランス・ソワール紙を読むことができた。一九五〇年に朝鮮戦争が勃発したときには、朝刊から夕刊まで五紙全部を買って読んだものだ。世界情勢のことが心配だった。状況次第で自分たちが巻き込まれることが分かっていたからである。スペインの内戦が第二次世界大戦の序章であったから、同じように朝鮮戦争が新たな戦争の序章になるのではないかと、両親は恐れていた。兄はすでに一六歳。当時、フランス人はアルジェリアやベトナムで戦っていた。兄は徴兵年齢に近づいている。両親は兄が兵役につくことを望まなかった。移住を思い立った動機は、フランスを離れること、同時にヨーロッパを離れることにあった。

父には先見の明があり、いつ危険を冒してよいかが分かっていた。家族と別れてリグリッツエからタルヌフ市に働きに出たこと、そこで仕事につき、金を貯めて製パン所を開業したこと、ダグナンと共同で製粉所での商売を始めたこと、不動産を取得したこと、ワインの醸造に着手したこと、などなど。その後、タルヌフのユダヤ人ゲットーに住まざるをえなくなったとき、ゲシュタポが暴力を奮って強制したにもかかわらず、ユダヤ人警察への参加を拒否するという大きな危険も冒した。ゲットーから出てパルチザンへ加入しないかと誘われたとき、自分だけの命を救うという点からみれば、妻や子供たちと一緒にいるほうがはるかに危険である。ゲットーにそのまま居続けて解放の望みを託すより、隠れ家に入るほうが、危険度が高かったことは確かである。隠れ家にいる間、密かに出て行って食料や水を確保するのは非常に危険な行為だった。戦後には、子供たちをユダヤ人孤児グループと一緒に送り出し、自分と妻はポーランドから密出国した。さらに、ベルギーへと密入国するという危険を冒して、アントワープに住む伯父の援助を仰いだ。危険の中には、取らざるを得なかったものもあるし、危険を承知で賭けにでたこともあったろうが、これまではうまくいったのである。そして、今、カナダに移住するという、さらなる危険を冒そうとしていた。言葉を話せず、文化を知らず、しかも仕事に就くためのスキルを持たずに。

両親が最初に移住を希望した国は、アメリカだった。クオーター制のもとではポーランド人の割当枠に入ってはいたが、当時のアメリカは一九三〇年代にポーランドに居住していた人々の申請しか受けつけていなかった。カナダへ行くという考えをもったのはかなり後になってからである。モントリオールにレオン・マルグリーズという名の母方の従兄弟《いとこ》がいることを偶然見つけたのだ。レオンは保証人になることを承諾してくれた。カナダへ移民として入国するには申請してから六か月ほど待つだけでよかった。それには家族全員が健康診断に合格しなければならない。母が合格しないのではないかと心配だった。戦後になってから、母はカルシウム欠乏症に罹っており、注射を打ってもらっていたからである。健康診断には血液サンプルという項目が入っていたので不安だった。申請してからビザはすぐにおりた。

移住前に思い描いたカナダの風景──山々、雪、羊の毛皮

フランスでは普通の生活を送った。両親と暮らし、ヤブネ学校に通った。友だちができたし、女の子にも興味をもち始めた。相変わらず非常に貧しかったが、生活環境は徐々に改善していた。シオニスト組織の会合があったある日、カナダに移住したユダヤ人の体験について話し合っているのを耳にした。自分もカナダ移住について考えていたから、「僕たちのことが話題になっているんだ」と思った。だが同じような境遇に置かれているユダヤ人は大勢いたのだ。

カナダは神話的で、ロマンティックな国、そういう未来像を抱いた。広大な国、強くてたくましい国、そして雪の多い寒い国であると。その頃、フランスでは、カナディエンヌと呼ぶ防寒用コートが流行っていた。羊の毛皮を裏張りした革製のもので、ちょうど第二次世界大戦時のパイロットが着ていたようなコートであ

る。私もそのタイプのジャケットをもっていて、カナダについて英雄的なイメージを思い描いた――広大な土地の国だと。また、カナダ兵士や騎馬警察官のように、現代的《モダン》で、身体《からだ》が大きく、たくましい国に違いないと思った。カナダ移住を前向きに考えて、興奮してわくわくした。

　両親は、もちろん、新しい国について不安を感じていただろう。カナダで何をするか。どうやって生活していくのか。どんな仕事につけるだろうか。一九五一年初頭の頃、書類が届いた。

　ベルギーの親戚の人たちが見送りに来てくれた。アントワープから伯父ヤコブが娘のルネと息子のヒルシュを連れてやって来た。もう一人の男の子は、兄と同じカルマンという名前で、末っ子のヒルシュは私と年齢がほぼ同じだった。伯父一家はパリで二、三日過ごした。チャーリーは一六歳、ルネはほぼ同い年だった。従姉兄弟《いとこ》たちに会ったのは、このときが初めてである。チャーリーに対するのと同様、従姉兄弟《いとこ》たちに深い親愛の念を抱いた。それから何年も会えなかったが、再び連絡をとったとき、ルネは、以前の記憶にあるとおり、とても素敵な女性になっていた。素晴らしい男性《ひと》と結婚していた――ホロコーストの生存者で、戦後アントワープに移住した人である。ダイヤモンド販売業者として大成功を収めており、ベルギー在住のユダヤ人コミュニティの中心人物になっていた。ヒルシュやカルマンとは何年にもわたって連絡を取り合った。

　父は唯一生き残った兄をロンドンに残してカナダへ出発した。アブラハム伯父がポーランドを脱出したのは戦前だったから、二人はその後会うことはなかった。父がイギリスに行くことは叶わなかった。高額な旅費やビザの問題などもあって容易ではなかったのだ。二人の間には年齢差がかなりあった。伯父は家族間ではやや黒い羊《つらよごし》とみなされていた。ポーランド紙幣にスタンプを押すという違法行為で当局に追われる身だったからである。一方、母も、アントワープ在住でただひとり生き残った兄ヤコブと別れることになった。ヨーロッパでは頻繁に連絡を取り合うことはできなかった。電話はなかったから、連絡の手段は手紙だけだった。ヨーロッパに兄を残して行くことで母はあまり深く悩まなかったようだ。これまでの人生でさまざまな過酷な経験をしてきたことを考えれば、親族と離れるのはさほど大きな出来事ではなかったろう。とはいえ、ヤコブ伯父は母の一番近い親戚である。再会できるとは限らなかったし、おそらく期待しなかったのではないだろうか。

一三歳の誕生日を迎える直前に、フランスのル・アーヴル港から船に乗り、ノバススコシア州、ハリファックスに向けて出航した。もうすぐバル・ミツバの成人式を祝うことになるので、荷物の中にそのための式服一揃いを入れた。寝具類を持ちこんだと思う。一人ひとりスイス製の腕時計、ティソ時計やドクサ時計、それにフランスの香水、シャネル5番を持って行った。そういう方法で貴重品を持ち込む——転売するためである。その後、私はティソ腕時計をずっと持ち続けた。両親もオリジナルの結婚指輪などは手放さなかったと思う。高価なダイヤモンドの指輪を持って行ったが、それは節約したお金で伯父のヤコブから手に入れたものかもしれない。数年後父がモントリオールのバスに乗っていたとき、その指輪を盗まれてしまった。指輪を失くしたことを嘆くあまり、父が体をこわすのではないかと母が心配したほどだった。その他、本物の銀製食器五〇本セットを持って行った——なんと五〇本も。その食器セットをどこで手に入れたかは分からない。ポーランドから持ち込んだのでないことだけは確かである。ポーランドから持ち出した所持品はほんの数点しかなかった——母が刺しゅうしたマッツァ袋、アンガーの頭文字を図案化したシーツ何枚か、それに隠れ部屋に持って行った写真だけである。

蒸気船ゴヤ号に乗った。戦時中に捕獲されたドイツの貨物船で、ノルウェーに払い下げられた船である。二段ベッドのある大きな船室に五〇人もの乗客を収容することができた。船室は男性用と女性用に分かれており、父、兄、そして私は同じ部屋で寝た。私のベッドは上段だった。母は別の部屋で寝たが、昼間には会うことができた。食堂はあったが、食用油とディーゼル油が混ざったようなひどい臭いがした。コーシャ食が出なかったから、私たちは船の食事を一切口にしなかった。サラミ、それもすごく大きくて長い牛肉のサラミを持ち込んでいた。それとパンを食べ、お茶を飲んだ——それがすべての食べ物だった。

船旅の日数は八日前後で、途中、何日めだったかに激しい嵐に見舞われた。一日か二日くらい船に酔った。みんなも船酔いしたが、ほとんどの人は私より症状がはるかに重かった。船が波頭に乗る、下を見ると海水の山の頂上にいるようだった、今度は波の底に落ちる、上を見ると周り一面に巨大な水の壁が見えた。荒波が轟音を立ててぶつかってくるようだった。

チャーリーは船の厨房で働いた。仕事がないときには二人で船内を探検して歩いた。観光船ではなかったから、移民でごった返していた。ユダヤ人も乗っていた。父はミニヤーン（ユダヤ教の公式礼拝をするための定足数）を集めようとした——祈禱の会を成立させるには成人男子が一〇人必要だったからである。イディッシュ語を話す人を誘ったに違いない。「すまないが、つい最近キリスト教に改宗したので」と断る人もいた。父が一〇名集めたかどうかは分からない。

第三章
家族でカナダに移住

埠頭21に到着――飛行機、荷役作業員、プリマス車

陸地が見えたときには胸がわくわくした。ハリファックスに近づくと、船は速度を落とし、波長が短くなっていった。カナダエリス島の、今では有名になっている埠頭21（ピア21）にもうすぐ到着するのだ。カナダで私が最初に目にした物の一つは、船の上空を飛び、旋回し、そして陸地に引き返す飛行機だった。民間航空機ではなかったから、おそらく私たちを検閲するための空軍機だったろう。入港する船を調べるのだと思った。船が着くと、港湾労働者が数人埠頭で働いているのが見えた。私は船上から彼らに向かって大声で叫んだ。積卸し作業中の一人が話しかけてくれた。近くには数台の自動車が駐車してあり、そのうちの一台は、その作業員が所有する車だという。黒いプリマス車で、「俺の車なんだ」とその作業員は言った。当時のヨーロッパでは新車が珍しかったから「荷役作業員が自家用車を持っている、なんてすごい国なんだ」と思った。

飛行機、それに自家用車を持つ荷役作業員――それ以外の物は目に入らなかった。私たちにとっての最重要課題は、上陸してカナダに入国することである。船は金曜日の正午ごろに到着。ハリファックスの埠頭21での入国手続きは迅速に行われたに違いない。時間が長くかかったとか、あるいは問題が生じたなら、特別なことが起こったとして記憶に残っただろう。手続きは簡単で素早かった。両親は英語をまったく話せなかったし、フランス語も得意ではなかった。私は英語を忘れてはいたが、まだ多少は覚えていた。そこでチャーリーと二人で両親の通訳をした。

これまで言語を習得しようと努力したことはない。イディッシュ語で会話はできる。ドイツ語は少し、もっとも私のドイツ語を聞けば、おそらくその大半はイディッシュ語だと気づくだろう。ポーランド語は貧

弱だ。ポーランド語を維持しようとは思わなかった。ヘブライ語ではどうにかコミュニケーションをとることができる。英語とフランス語は話せるが、最初からずっと話せたわけではない。子供の頃、ロンドンからフランスに戻ったときには英語はできたが、フランス語は話せなかった。それからフランス語を学んで、今度は英語を忘れた。カナダに来て英語を学び直さなければならなかった。大人になってから、フランス語を再び学ぶ努力をしたのである。

　移民局入国管理事務所で、兄と私は両親の通訳をし、入国審査用紙に必要事項を記入した。本書を書くにあたって、埠頭21移民博物館に、私の到着記録のコピーを請求して送ってもらった。それによると、ポーランドで生まれたこと、一九五一年二月八日にフランスのル・アーヴル港から蒸気船ゴヤ号に乗ったことが記されている。一九五一年二月一六日にハリファックスに上陸。年齢は、私が一二歳、兄一六歳、父四四歳、母四三歳との記載がある。父と母の実年齢は、四九歳と四八歳なので、年齢を偽ったのは、移民として受け入れられる機会を増やすためだったろうと推測できる。かつてフランスへの入国書類に

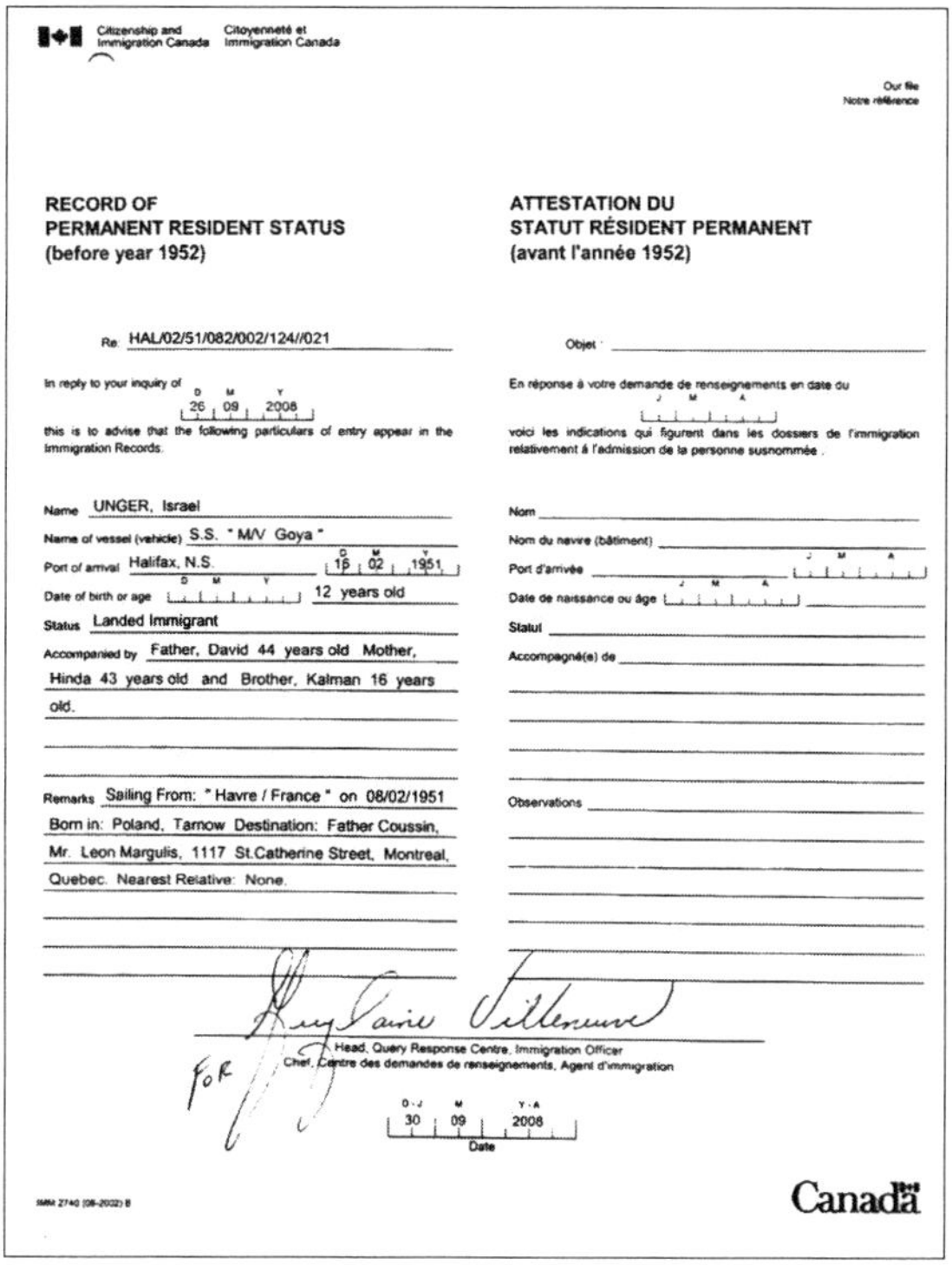
Citizenship and Immigration Canada　Citoyenneté et Immigration Canada

Our file
Notre référence

RECORD OF PERMANENT RESIDENT STATUS (before year 1952)

ATTESTATION DU STATUT RÉSIDENT PERMANENT (avant l'année 1952)

Re: HAL/02/51/082/002/124//021　　Objet:

In reply to your inquiry of (D M Y) 26 09 2008 this is to advise that the following particulars of entry appear in the Immigration Records.

En réponse à votre demande de renseignements en date du (J M A) voici les indications qui figurent dans les dossiers de l'immigration relativement à l'admission de la personne susnommée.

Name: UNGER, Israel　Nom:

Name of vessel (vehicle): S.S. " M/V Goya "　Nom du navire (bâtiment):

Port of arrival: Halifax, N.S.　(D M Y) 16 02 1951　Port d'arrivée:

Date of birth or age: 12 years old　Date de naissance ou âge:

Status: Landed Immigrant　Statut:

Accompanied by: Father, David 44 years old Mother, Hinda 43 years old and Brother, Kalman 16 years old.　Accompagné(e) de:

Remarks: Sailing From: " Havre / France " on 08/02/1951 Born in: Poland, Tarnow Destination: Father Coussin, Mr. Leon Margulis, 1117 St.Catherine Street, Montreal, Quebec. Nearest Relative: None.　Observations:

FOR

Head, Query Response Centre, Immigration Officer
Chef, Centre des demandes de renseignements, Agent d'immigration

(D-J M Y-A) 30 09 2008
Date

IMM 2740 (08-2002) B

Canada

アンガー家の入国審査書類、蒸気船ゴヤ号に乗って航海したことが記されている：1951年（イズラエル・アンガー所蔵）

もそう記入していたのだろう。到着記録には、目的地が「カズン神父」レオン・マルグリーズ、モントリオール市サン・カトリーヌ通り一一一七番地になっている。実は、レオンは母方の従兄弟《カズン》なのだが、おそらく私たちの通訳では意味がうまく伝わらなかったのかもしれない。父親と神父を同じ father と呼ぶので、混乱したものと思われる。

金曜日の午後、入国手続きが終わった。最終目的地はモントリオールだったが、その日は安息日に当たっていたので、ハリファックスに泊まらざるをえなかった。安息日には旅行できない。ハリファックスのユダヤ人コミュニティのメンバーに手伝ってもらって一晩泊まるホテルを見つけた。鉄道の駅からさほど離れていなかった。ロードネルソンホテルのような、いわゆる豪華ホテルではなかった。小さなホテルで、ワンルームに泊まったが、それでも私たちにとっては素晴らしいホテルに思われた。クインプール通り沿いにあったかもしれない。後日再びハリファックスに行ったとき、クインプールが唯一身近に感じられた道路だったからである。ホテルの近くにこれまでに見たことのない物——パーキングメーターがあった。それが何なのかは分からなかったが、私にとって大発見の一つだった。プリマス車とパーキングメーター、この二つはカナダ到着からずっと今なお印象に残っている。一九四〇年代後半から一九五〇年代前半にかけて、アメリカやカナダでは、大型車のモデルチェンジが行われていた。プリマスは新型車だが、フランスで目にすることはなかった。私はフランスにいるときから車に関心があった。アメリカ車は非常に人気が高かった。パリではナタンといつも一緒に街中をぶらぶら歩いたものだが、彼が最高級車はキャデラックだと教えてくれた。ある日街中でキャデラックを見かけたことがある。車名を読んだ。「キャデラックを見たよ」とナタンに報告すると、「何年式だった?」と訊かれた。車に製造年度《モデルイヤー》があることなど知る由もなかった。

土曜日の夕方、モントリオール行きの列車に乗った。日は暮れていたから、車中の長椅子で眠りこんでしまった。夜になって目を覚ますと、途中乗車してきた三人の男の人から、座りたいのでいいかいと頼まれた。丁寧な口調の人たちで、少し話をしたが、私の英語力ではうまく伝わらなかった。出会った親しみをこめて、三人一人ひとりに二フラン硬貨を差し上げた。当時の為替レートではおよそ四〇フランが一ドルに相当した。三人はそれぞれ二五セントくれた。モントリオールに着いてから初めて、かなり高額のお金をもらったことに気づいて驚いた。当時、コカ・コーラは五セント、店によっては三セントで買うことができた。チョコレート味のアイスキャンディーは五セント、ホットドッグは五セントだった。すごい額の両替だったのである。

カナディアン・ナショナル鉄道の列車に乗って、ニューブランズウィック州の中を走った。妻マリーンによると、チップマンとミントの中間、ミントから八キロ離れたリッジ地区と呼ばれる地点を通ったことになる。ミント出身のマリーンは「もしそのことを知っていたなら、踏切に行って、大声で叫んだでしょうに」としょっちゅう言ったものだ。「イズラエル、八年後に戻ってきたら私たちは結婚するのよ」と。

リッチラーが小説に描いたようなカナダ生活

モントリオールに着くと、母の従兄弟《いとこ》のレオン・マルグリーズが出迎えてくれた。賃貸の共同アパートの手配はすでに済ませてあり、直接そこへ連れて行ってくれた。その後レオンに会う機会はめったになかったが、頼まれるといつも喜んで助けてくれた。見つけてくれた場所は、ある夫婦からまた借りしたアパート。ジャンヌマンス通りにあった。ただしこの夫婦の親戚が二、三か月のうちにモントリオールに来ることになっていて、そのアパートを必要としていた。そのため間もなく、五三〇〇ブロックにあるサン・ヴィアトールに近い、ハチンソン通りのアパートに引っ越した。別のユダヤ人夫婦、ランデル夫妻から二部屋借りたのである。ヌシャとアアロン・ランデル夫妻も最近やってきた移民だった。二人ともウッジャ市出身で、ホロコーストの生存者である。ランデル氏はソビエト連邦へ逃れて陸軍に入隊し、ランデル夫人はキリスト教徒だという偽造書類で生き延びた。ソ連軍の進軍と同時に二人は再会したのである。彼の話によると、ウッジャ市の自宅に戻ったときには、両親と他の家族は皆ナチスに殺害され、いなかったという。

アパートはモントリオール市のユダヤ人居住地区にあった。パークアヴェニュー、バーナード通り、サン・ヴィアトール、フェアモント、エスプラナード、サン・ユルバン、ウェイバリー、ローリエ、サン・ジョセフなどの道路が含まれる地域である。私たちは、その周辺に住み、仕事をし、そして学校に通った。上述した道路は、正式にはモントリオール市のプラトー地区の北西部にあたるが、私たちは単に新ユダヤ人移民の居住地域だと思っていた。西方のウトルモン地区にはより裕福なユダヤ人居住地域があり、そこには、カナダで生まれたか戦前に入国したユダヤ人が住んでいた。パークアヴェニューとセントローレンス川に挟まれた地域に住んでいたのは、より貧しいユダヤ人で、そのほとんどが戦後に入った移民。私たちはその移民集団の一員だった。

住居を探すとき、新移民は他の移民がすでに住んでいる地域に移動する傾向があると思う。同じような体験をしているし、共通の言語を話すからである。生活は楽ではなかったから、私たちにとって最も重要なのは、現在と今後の生活に専念することだった。そういう理由で、過去にこだわることはなかった。

パリと異なるという点で、モントリオールの第一印象の一つは、家に外階段が付いていて、借家人はその階段を使ってアパートに出入りすることだった。最初に住んだ家は三階建てで、錬鉄製のらせん階段が付いていた。モントリオールの居住地域ではこのタイプが一般的だった。もう一つ異なっていたのは、家の戸口まで牛乳が配達されたこと。空の牛乳瓶を外に出しておくと、馬車に乗った人がガラス瓶に詰めた新鮮な牛乳を置いていってくれた。

カナダに到着したとき、私はまだヨーロッパの男の子が履いているタイプのズボン、つまりふくらはぎの所をバックルで留めたズボンを履いていた。ニッカーボッカーとも呼ばれる、ゴルフズボンに似ている。私がまずやったのは、ズボンの脚のふくらはぎ周りの留め金をはずすことだった。みんなが履いているような普通のズボンに見せようとしたのだ。移民だと見られたくなかったが、長ズボンを買うだけの余裕はなかった。近所に住む大多数の人は私たちと同じ移民である。収入を補うために、父はやれる仕事は何でもやろうとしていた。しかしポーランドにいたときのように商売を始めることはなかった。カナダに来たときには年齢が五〇歳に近いということもあったが、大きな違いとしては、ポーランドでは言葉が話せたし、習慣を知っており、それに文化に馴染みがあった。父がカナダでやりたかったのは、ワインの醸造を始めることだった。実際に、そのことが話題にのぼったが、それは違法行為である。ポーランドでも違法だったが、当時はワイン造りを止めることはなかった。

カナダに来た初めの頃は非常に貧しかった。そのため最初の数年間は自分たち専有のアパートを持つ余裕などない。アパートは三階建ての家の一階にあった。寝室二部屋を借り、台所と浴室はランデル夫妻と共同で使った。私たちの夕食は五時半、ランデル夫妻の夕食は六時半だった。

カナダの生活は楽ではなかった。仕事が見つかるだろうか、どんな仕事ができるだろうかと、両親は心配でならなかったのだ。父は、パリの雇用主からモントリオールの親戚の人宛てに「ダヴィド・アンガーは熱心に働くので雇用を勧めます」という趣旨の紹介状をもらっていた。衣料品工場の床掃除の仕事を見つけた。週給は二二ドル。一九五一年の当時にしても、あまりにも少ない額だ。裁断室の床を掃き、裁断後に残った端切れを束ねる仕事だった。束ねた布切れを再利用したのである。

工場はもともとサン・カトリーヌ通りとブルアリー通りの角地にあったのだが、そこからモントリオール市の東端に移転した。そのため新しい工場に通うのにほぼ一時間半かかる。これは父にとって大問題だった。というのは、冬場の金曜日には、日が暮れる前に帰宅できない。そのため安息日の掟を破ってしまうことになる。工場の現場監督に、金曜日には三時に仕事を終えて帰らせてくれないか、その代わり他の日に埋め合わせをするから、と頼み込んだ。その頼みは聞き入れてもらえなかった。工場主に会おうとしたが、それも許可されなかった。工場主がどこのシナゴーグに通うかを突き止めて、ある土曜日の朝、モントリオール市の反対側まで歩いて会いに行った。少なくとも二時間かかったに違いない。そこに行くのに、父が朝六時に家を出たことを覚えている。なんとか工場主に会うことができたので、こう訴えたそうだ。「私の名前はダヴィドで、工場で働いています。戒律を遵守するユダヤ教徒です。好意におすがりするのではありません。ただ信仰を守りたいだけなのです。冬の期間、金曜日に早めに工場を出たいのです。そのためには夕方や日曜日にその埋め合わせをしますから」と。だが父は解雇された。

このエピソードは、父が勇気や不屈の精神と同時に、ゆるぎない信仰心の持ち主であることを示している。興味深い偶然だが、その後、より高い給料で服地問屋に職を得ることができ、宗教問題はすべて解決したのだ。問屋の雇い主が戒律を遵守する正統派のユダヤ人だったから、ユダヤ教の祭日や冬季の金曜日には早めに店を閉めたからである。働き始めてから間もなく、父は営業職に昇進して再び給料が上がった。

母は、縫製工場の職工として働き、縫製の仕事で週給二四ドルの収入を得た。工場では、英語を母語とする仲間から、ヒンダではなく、ヘレンという名前で呼ばれていた。作業中、トイレに行くのに仕事場を離れる勇気がなかったという。現場監督が職工たちのトイレ時間を監視していたのだ。

兄も仕事を見つけた。再び学校に通うことはなかった。兄の教育は一四歳のときイギリス滞在中に終わりをつげ、それ以来ずっと働き続けた。縫製工場で出来高払いの仕事を得て、両親より多くの収入、週にほぼ三五ドル稼いだ。当時、冷蔵庫の値段は一五〇ドルで、父の七週間分の稼ぎに相当した。それでも、父は金曜日の夜にシナゴーグに行くと、持ち合わせのコイン数個を慈善箱に入れていた。

現在住んでいるフレデリックトン市には、ソビエト連邦から移住してきたユダヤ人が数家族住んでいる。この地域のユダヤ人コミュニティは、新移民が仕事を見つけ、アパートを探し、子供たちをユダヤ人サマーキャンプに行かせられるように支援している。これこそが地域コミュニティの役割だろう。私たちの場合はそうではなかった。私は一三歳という年齢で働き始め、夜の時間帯、週末、夏季の間も働いた。そのことで悩むことはなかった。しかし、どう説明してよいか分からず戸惑ったのは、今なおそう感じていることの一つに、戦前に移住したユダヤ系カナダ人のコミュニティが、総じて、ホロコースト生存者に好意的な関心をほとんど示さなかったことである。

フランクリン・ビアリストクは、著書『衝撃《インパクト》の遅れ——ホロコーストとカナダのユダヤ人コミュニティ』の中で、戦前に移住したユダヤ人が、ホロコースト直後にやって来たヨーロッパ系ユダヤ人に対してどんな反応を示したかについて論じている。定住していたユダヤ人は、ホロコーストの残虐行為の深刻さを理解できなかった。そこで両グループ間に溝が生じたのだと、ビアリストクはそう結論づけた。その溝が埋まり始めたのは、一九六〇年代半ばになってからである。定住ユダヤ人はゲーラー、黄色い人と呼ばれ、私たちのような新移民はグリーナー、緑色の人という名称で呼ばれた。お互い親しく付き合うことはなかった。別々のシナゴーグに通った。新移民に経済的援助を与えようという動きは皆無だった。ときには、定住ユダヤ人の親が、息子や娘のグリーナーとの結婚に顔をしかめることすらあったという。

最初に通った学校はバロンビング高校。小説家モーデカイ・リッチラーが二、三年前に通った高校である。

当時はその事実を知らなかった。記憶にあるのは非常に規模の大きい学校だということだけで、それ以外はあまりよく覚えていない。父からの指示で、約二週間後にバロンビングを退学してイェシバ高校へ転校したからである。イェシバ校はユダヤ系の宗教学校だが、ユダヤ教以外の普通科目も教えていた。転校について選択の余地はなかった。自分としてはバロンビング高校にいたかったのだが、父の決定に従わざるをえなかった。

その後、サン・ジョセフ大通りとエスプラナード通り沿いにあるメルカズ・ハトーラ・イェシバ高校に通った。この学校の創立は一九四二年。ヨーロッパから移民として来るイェシバ高校の生徒たちへの支援を目指して、戦前にモントリオールへ移住したユダヤ系カナダ人が設立した高校である。私が通っていた頃の校長は、ラビ・ピンハス・ヒルシュスプルングで、ホロコーストから逃れて、キューバや上海を経由してモントリオールに来たポーランド系ユダヤ人だった。最終的に、師はモントリオールの主席ラビになった。イェシバ校は、もちろん男子校である。生徒たちには大きな期待がかけられていた。朝の礼拝に間に合うように八時に学校に着く、それから朝食、その後宗教の学習が続いた。午後には、通常のカリキュラムに従って一般科目を学んだ。九年生の終業時刻は四時三〇分、一〇年生と一一年生は六時だった。終業時間をずらすことで高校の正課のカリキュラムをこなすことができたのである。当時のモントリオールでは、ユダヤ人学校はプロテスタント教育委員会の管轄下にあった。

イェシバ高校の最初の在籍学年は九年生からである。私の場合、本来であれば八年生になるはずで、バロンビング高校では二週間ばかり八年生だったが、イェシバでは九年生からスタートした。このような理由で、大学には一六歳で入学することになったのである。金曜日の授業は朝のみで一般科目を勉強した。その埋め合わせをするために、日曜日に半日学校へ行って宗教の学習をした。

生まれて初めて幾何学を学んだ。ちょうど定理の授業の最中で、一四の定理を教えていた。最初の試験の際、自分の貧しい英語力では設問の意図をくみ取れないと思ったので、一四の定理を暗記して、そのすべてを答案用紙に書きだした。ついでに「設問の意味はよく分からないが、正解はこの一四の中にあると思う」と書いて提出した。試験はパスした。代数の面白さを発見し好きになったし、化学も好きだった。こういう理系科目が得意だったが、当時はそれが特別なこととは気づいていなかった。

金曜日の午後にはヘブライ青年会（ＹＭＨＡ）の施設利用パスをもらって運動した。ＹＭＨＡはモン・ロワイヤル公園とパークアヴェニューの角にあった。世俗的なユダヤ人と敬虔なユダヤ人の両方が施設を利用していた。私はそこで泳ぎ方を見よう見まねで覚えた。もっとも、イギリスの学校で少し水泳をやってはいた。カナダの本格的な冬を初めて経験したのは一四歳のときである。スケートは、スケート靴を履いて滑るだけ、それでいいのだと思っていたのだ！　スケートは学ぶもの、とは思ってもみなかった。中古のスケート靴を買ったが、それではうまく滑れないことが分かった。六歳の子供たちが自分よりはるかに上手に滑るのを見かけた。そこでウートルモン区にある屋外スケートリンクに通って我流で練習した。

ハチンソン通りのランデル夫妻の家に住んでいたある日、最上階のアパートで火事があった――私たちはアパートの一階にいた。モントリオール消防署から駆けつけた消防士は、非常に効率よく消火活動を行った。一グループの消防士が消火にあたり、その間、別グループの消防士が、水漏れの被害を防ぐため私たちのアパートの家具すべての上にゴムマットを敷いてくれた。火事は土曜日の夜に起こり、真夜中にはすべて鎮火していた。安息日が終わったあとだったので父はパートの仕事に出かけて留守だった。仕事から戻って来たときには、すでに火は消えていた。水がボタボタ落ちていたので、兄が名案を思いついた。困難な状況をいろいろ経験してきたのだから、この出来事を利用してもよいではないか、そう判断したのである。そこで、服をかき集めて踏みつけ、その上に水をかけた。ランデル夫妻と両親も兄に倣《なら》って水をかけた。午前三時頃にはその作業を終了。そのとき、父は冗談半分にこう言った。「神様は有難いね。火事をわざわざ週末に起こしてくれ、水漏れの被害をでっちあげる時間を作ってくれたとは」と。兄としては、保険会社が新しい服を買う費用を支払ってくれるだろう、そうもくろんで行動したのだったが、保険会社はドライクリーニング代金をくれただけだった。作家のリッチラーだったら、このエピソードを小説に書いたかもしれない。

カナダの生活は、ごく一般的な生活を真似るところから始まった。両親は、一〇代の男の子が何を必要としているかが分かっていなかったし、またそれを期待しても無理だった。スポーツのことは何も知らなかったし、学校生活について助言を与えることはできない。しかも勉強部屋もなかった。楽しみは努力して見つかるものではない、両親はそう信じていた。二人とも生真面目だったから、声を出して笑うこともなかった。たまに兄が「楽しかった」などと言っても、話がまったく通じなかった。楽しみたいと言ったとしたら、それを聞いた父は皮肉たっぷりに「自分を楽しませるって、そんな必要があるのかね」と応《こた》えただろう。スポーツであれ、他の活動であれ、両親は「楽しむ」という考えそのものに眉をひそめた。私の知る限り、両親が映画を観に行ったのはモントリオールにいた頃一回だけである。同じことはホロコースト生存者の他の親たちにも言えると思う。我が家での会話はほとんど真面目な話題に限られていた。両親はユーモアを解しなかった。それに反して、私はユーモアが好きだ。その後の教師人生で、授業をする際にはいつもユーモアを入れることにしている。事前に、教室の場を和ますために漫画を用意したものだ。一コマ漫画をたくさん集めておいた。ユーモアの効用を信じていたし、ユーモアを交えて話すのが好きだった。ユーモアを絶対に入れないのは、唯一、ホロコーストについて話すときだけである。

両親は二人とも幸せではなかったと思う。おそらくホロコースト中つらい経験をしてきたからかもしれない。ときに、満足や充足感を覚える機会は実際にあったろう。安息日やユダヤ教の祝日を祝うことができた。また、子供たちが成功するのを見て喜んでくれた。

公の場でホロコーストの経験を話すとき、私は講演の最後をソ連兵士による解放で締めくくる。自由になったと聞いた聴衆は「解放だ――両手《もろて》を挙げて万歳！」、よかったと思うかもしれない。だが現実には、ホロコーストが終わっても生存者には長く険しい戦後が待っていたのだ。ホロコースト生存者でない人には、そのことを理解してもらえない。

「おまえに、命《いのち》を二度も与えたんだよ」――父の口癖

一三歳という年齢になっても、私はなぜか宗教心がもてなかった。宗教に触れ、宗教を感じ、そして宗教を自分の一部にしたかった。シナゴーグに通って、祈り、触れ、感じようと努力した。宗教心をもっているふりをしていた。しかし、実際には宗教心をもてなかった。両親との最大の相違や壁は、二人が敬虔なユダヤ教信者であるのに対し、私はかなり若いときから信仰心をもたなかったことにある。信じたかったが、信じることができなかった。両親を尊敬していたし、できるだけ意に添うように努力したが、私は両親とは別世界に住んでいた。今になってみれば、もっと努力すべきだったかもしれない、また理解してあげたらよかったのにと思う。

イェシバ高校を下校してから校舎の二、三ブロック先まで行ってから、誰も見ていない所で、ヤムルカ帽（ユダヤ人の男性がかぶる縁なしの小さな帽子）を脱いだものだ。土曜日の朝、両親はシナゴーグに行けと言って譲らなかったが、シナゴーグに行かず、いつも気の合う友だちとカードゲームをして遊んだ。初めはハーツゲー

ムをしていたが、そのうちレベルアップしてポーカーをやった。その結果、父と興味深いやり取りをすることになった。楽しかったので長時間カードゲームをやりすぎて、帰宅時間が遅くなることがよくあった。両親はその日の祈禱時間が長かったのだろうと考えて「礼拝が長かったんだね。どこのシナゴーグに行ったのかね」と訊く。私は「イェシバ高校」という返事をしたと思う。そう答えながら、罪悪感を覚えたものだ。今なら、遅れた理由をきちんと説明しただろうが、当時はそうはいかなかった。現在、私は世俗的《セキュラー》なユダヤ人である。

父は正統派ユダヤ教徒で、戒律を遵守し、ユダヤ教を固く信仰していた。母も同様だった。父の望みは、私が信仰心をもつこと。それが叶わないと気づき始めたときイディッシュ語で「ほとんどの親は子供に命《いのち》を一度だけ与えるが、わしはおまえに、命を二度も与えたんだよ」と言った。そのコメントを聞くのが大嫌いだった。当時はこう考えたのだ。「子供の命を救う、父親だったらそうするのは当然だろう」と。命を救ってくれたことで両親に感謝の気持ちをもてなかった。感謝すべきだったのだろうが、有難いと思っていなかった。私は「今現在」を生きているのだから、と。

ホロコースト生存者の中には「なぜ自分は死を免れたのか」、または「なぜ自分は生き残ったのか」と自問する人がいる。その問いが私の心に浮かんだことはない。何らかの崇高な意図が働いて生き延びたとは考えなかった。今では、それが両親のおかげであることは分かっているものの、当時は親として当然のことをしたのであり、それを父の口から聞かされたくなかったのだ。父はいつも「おまえには感謝の気持ちがないのか」と言っていたが、これは父から聞きたくない最悪の言葉だった。その言葉を聞くのが嫌だった。後ろめたかったし、父の言う通りだと思わざるを得なかったからである。

兄チャーリーにも宗教心がなかった。彼の場合は、便宜上からだったと思う。安息日を守るのは彼にとって都合が悪かった。こんなことを言うと、チャーリーを正当に評価することにならないが、彼の不信心は利便性からだが、私の場合は信念に基づいて宗教心がもてない、そう自分に言い聞かせたものだ。チャーリーにとっては、安息日に煙草を吸う、仕事をする、土曜日に車を運転する、中華料理店に行ってコーシャ以外の料理を食べる、そのほうが好都合だった。

私が初めてコーシャではない料理を食べたときは、わざわざコーシャ以外の料理を出すレストランに行き、自分自身で料理を注文した。コーシャ以外の食べ物が美味しいと思ったからではない。コーシャを食べる習慣は身についていたが、その根底にある宗教的な食事制限を信じなかったからである。そのように、自分の頭と宗教的な習慣づけに折り合いをつけなければならなかった。それは意図的な行為だった。一七歳の頃である。

信心深くあれというプレッシャーは、チャーリーより私のほうに重くのしかかっていたと思う。兄はすでにかなり年齢が上だったから。プレッシャーをかけたのは父のほうで、母ではなかった。母は戒律などのしつけを父任せにしていた。

推測するに、父の「おまえに、命を二度も与えたんだよ」という例の口癖があったから、両親に抱いている現在の感謝の念ほどに、当時は有難いと思えなかったのだろう。ホロコーストの間、両親の行為がいかに勇敢であったかを理解していなかった。父が例の発言を繰り返すごとに心の中でこう思った。「親だったら誰でも同じことをしただろうに」と。当たり前のことをしたのだ、と。耳をふさぎたかった。もし父がこの言葉を口にしなかったなら、おそらくもっとホロコーストに関心をもっていろいろ訊《たず》ねただろう。関心をもったかどうか確かではないが、当時の私は父の言葉にうんざりしていたのである。

モントリオールで付き合っていた多くの子供は、多かれ少なかれ、私と同じような経験をしている。ほとんどがホロコーストの生存者だった。私たちは親世代を時代遅れだとみなしていた。英雄を見るような目で親を見てはいなかった。実際、冷めた目で親たちを見ていた。モントリオールのユダヤ人コミュニティの無関心さを責めているというのに、私自身、ほとんど同じ目線で親を見ていたのである。なかには親のアクセントを真似る子供さえいた。

友だちの中に、シムションまたはサムソンという名前の男の子がいた。彼の両親は宗教に関して私の親よりはるかに厳格だった。サムソンはスケート靴を友だちの家に保管してもらっていた。スケートを親が許してくれなかったから、靴を自宅に持ち帰ることができなかったのだ。私は自分の靴を家に置くことができた。ただ靴を買ってくれとはとても言えなかった。いろいろな仕事をして小遣いを稼ぎ、貯めたお金で中古の靴を買ったが、少なくとも家に置くことは許されていた。私の両親は世間知らずではなかったし、子供のほうも同様だった。

ホロコーストについて、両親は自分から進んで話そうとはしなかった。とはいえ、時々ホロコースト生存者の客が訪れたときなどに、自分たちの経験を話し合っていたから、二人の話を聞く機会があったと思う。

土曜日は両親にとってとりわけ特別な日だった。安息日は金曜日の夕方から始まる。父は仕事を切り上げて家に戻ると、入浴して体を清め、安息日用の服に着替える。母が燭台のローソクに点火する――火を灯す母の姿が今でも脳裏に浮かぶ。その後、父はシナゴーグへ祈りに行く。当時はユダヤ人居住地域という限られた場所に住んでいたので、タルヌフ市で通っていたのと同じタイプのシナゴーグへ行くことができた。いつも数個の硬貨を手にし、ドアの近くの慈善箱《ピシケス》に入れた。父が礼拝から帰ると、部屋の電気を消す。唯一の灯りは安息日のローソクのみになる。父がヘブライ語で聖なる安息日のための宗教歌をうたう。ワインを手に神を賛美するキドーシュの祈りを朗誦し、ワイングラスを母、チャーリー、私の順番に手渡す。それから母が最初のコース料理を出す。ほとんどの場合、魚か、刻み鶏レバー、またはゆで卵のみじん切りだった。食べ終わると、父は歌を数曲うたってから「スープを出しなさい」と言う。すると母が「あと数曲うたってください。それからお出ししますから」と応《こた》える。このやりとりは安息日の儀式だった。そこで父がさらに数曲うたうと、母がスープを出した。チキンスープ、それから鶏のから揚げ、あるいはスープを作るために使ったあとの茹でた鶏肉の料理が出る。食後のデザートはなかった。父が儀式に則って手を洗い、食後の祈禱を唱える。それから就寝。冬には寝る前に、父が『父祖たちの教訓』ピルケ・アボットを読んだ。これは歴史上のラビの教えをまとめて編纂した書である。

土曜日の朝、父はお茶を飲みながらパウンドケーキかチーズケーキ、あるいは母が焼いたクッキーを食べる。母は料理がとても上手だった。食べ終わると、父はシナゴーグへ行く。フェアモント大通りにある大きなシナゴーグに行かずに、ジャンヌマンス通りとサン・ヴィアトール通りの角に建っていた地元のシティベル、大広間くらいの小さな祈禱所へ行った。昼食には家に帰り、主として金曜日とほぼ同じ儀式を繰り返し行う。それから休息をとり、起きてから散歩に出かける。時折、そんな機会はめったになかったが、私は散歩について行くことがあった。冬の時期だったが、歩いていると除雪車が向こうからやって来た。それを見た父は首を横に振って「ポーランドだったら、シャベルであの作業をやるには百人の人手が必要だったろうに」と言った。父は科学技術に驚嘆していた。ATMを見たら、こう言うのではないかとひそかに考えたものだ。「まあ、見てごらん。カナダは何て素晴らしい国なんだ、機械が金をくれるんだよ」と。安息日の終わりには、同じ儀式を繰り返す。ワインとローソクを用いるハブダラの儀式を行って、安息日に別れを告げる。フランスやカナダではこういった一連の儀式を行ったが、ポーランドでやったかどうかは覚えていない。

モントリオール到着後まもなく、三月三〇日に一三歳の誕生日、そしてバル・ミツバ——男の子が宗教的・

個人的な責任を負う成人になったことを象徴する儀式――を迎えた。非常に簡素な式だった。イェシバの校舎で式をやった。フランスを出る前に、バル・ミツバで履くための長ズボン――ニッカーボッカーではないズボン――それに上着の式服一揃いを買っておいた。バル・ミツバでは成人を迎える男の子は、その週に定められたパーラーシャー（毎週唱えるトーラからの抜粋）の箇所を朗読する習わしなので、両親はすでにベルギーの従兄のヒルシュからそれをもらい受けていた。

ヒンダとダヴィド・アンガー、モントリオールにて：1960年頃
（イズラエル・アンガー所蔵）

パーラーシャーとは、私が生まれた日に唱えたトーラの一節である。ヘブライ語聖書は、週ごとの単位に分割されていて、一年かけてすべてを朗読し終える。ヘブライ暦によると、私の生まれは閏《うるう》年に当たったので、一三年後も同じ閏《うるう》年に儀式を行った。私のパーラーシャーは誕生日に則り、タズリア、レビ記12:1–13:59である。冒頭の言葉は「女が身ごもって子を産めば」だった。子供を産んだ女性と誕生にともなう清浄の掟について述べた箇所である。私はパーラーシャーを習得しなければならなかった。従兄のヒルシュは六か月年上だったから、正確には自分のパーラーシャーではない箇所を朗読した。従兄は私より前にバル・ミツバの式を行っており、私は彼の朗読原稿をもらい受けていた。パーラーシャーの文章はイディッシュ語で、しかも学問的な言葉遣いで書かれていた。例えば、アブラハムが初めて自分の割礼をする箇所では、名前の綴りはアブラムで

はなく、アブラハムに変えてあった。なぜなのか。この点については多くの解説書がある。ラシという名の中世フランス人のラビ——聖典タルムードに関する解釈の父と呼ばれている人物——ラシもこの点について自説を述べている。トーラを研究するラビなら誰しも、自分なりの解釈はこうだ、とひそかに考えるだろう。一般的に認められる説としては、割礼する前はアブラムという名にすぎなかったが、自分自身や一族の男子すべてが割礼を行うことで神との契約を結んだ、それ以降、ユダヤ人そして国民の父として、アブラハムを名乗ることにした、という解釈である。アブラムは「父」を、アブラハムは「多くの人々の父」を意味する。バル・ミツバでは、このように学問的に書かれたパーラーシャーの文言を朗読する。現在の子供は立ち上がって、父母に感謝の言葉を述べる、あるいは兄弟・姉妹などについても語る。もちろん、昔も今も、他の人が書いたパーラーシャーの原稿を読む。私のバル・ミツバでは数人の招待客が来て贈り物をくれたが、すこぶる簡素な式だった。両親は盛大な式を催す身分ではなかったのだ。

イェシバ高校とシオニスト組織ブネイ・アキバ

カナダに来た最初の数年間、父は紳士服メーカーの工場で裁断室の床掃除をして週給約二五ドル稼いだが、副収入を得る道を絶えず求めていた。副業の一つは、安息日後の土曜日の夜に、毛皮加工用に動物の足を切り落とす作業だった——これはフランスでやっていたのと同じ仕事である。

また、ケベック州やオンタリオ州の小さな町で開催されるロシュ・ハシャナ新年祭やヨム・キプール贖罪の日に、儀式の先導役をすることもあった。これで七〇ドル相当の収入を得た——当時の週給に比べると大金である。そういった仕事を引き受けた際、私は父のお供でよく出かけたものだ。父は自分の代わりに私に

ショファーを吹くイズラエル、フレデリックトン市のスゴーライ・イスラエルシナゴーグにて：2012 年（イズラエル・アンガー所蔵）

ショファーを吹かせた。ショファーは雄羊の長い角から作られた楽器で、新年祭の儀式で吹鳴《すいめい》する角笛である。トランペットのような音を出す。ヘブライ語の聖書の中にも登場するが、最も有名なのは、エリコの城壁を打ち崩したときに吹いたショファーである。この角笛を吹くのは簡単ではない。不思議なのだが、どうやって自分が上手に吹けるようになったのかは分からない。誰も吹いて見せてくれなかったし、自分も他の人に教えることはできないだろう。いつのまにか吹けるようになっていた。父のために初めてショファーを吹いたのは一五歳か一六歳の頃である。その後二〇〇九年に、再び吹く機会があった。その年フレデリックトンにはラビが不在で、聖歌隊の指揮者がショファーの吹き方を知らなかったからである。私はヤムニ製のショファーを持っている。非常に大きな角笛で、驚くほどの大きな音を出す。翌年も、吹き方を知っているラビがいたにもかかわらず、頼まれて再びショファーを吹いた。腕が鈍ってはいなかったに違いない。

イェシバ高は男子校である。金持ちの子もいれば貧乏人の子もいた。金持ちの子はだいたい定住したユダヤ人、つまり戦前からカナダに住んでいた人たちの息子で、貧乏人の子は最近やって来た移民の息子だった。裕福な子供の中には、普通校では学業成績がふるわずイェシバに転校した子もいた。

友だち付き合いは、宗教的なシオニスト組織であるブネイ・アキバクラブが中心だった。アキバの息子たちという意味のクラブである。アキバはローマ時代の著名なラビで、人生の半ばを過ぎてからトーラ研究にその身を捧げた賢者である。彼は結婚相手の女性から「トーラを学びに行きなさい」と言われたという。そこでトーラ研究に出かけた。戻って来たとき、将来妻になる女性が「もしあの人がもう七年かけてトーラを学びたいのなら、私は喜んでそうさせてあげます」と近所の人に言うのを耳にした。再び彼は出かけて行き、トーラの研究を続けたのである。その頃、ユダヤ人はローマ人に対して反乱を起こした。アキバは捕らえられた。ローマ人は彼の皮膚を剥ぎ取り鞭で打って死に至らしめた。アキバは、自分には差し出す命が一つしかないことが残念だ、そう言ったという。彼は神のために喜んで死んだのだった。シオニストクラブの標語は、トーラとワーク、すなわち「宗教心をもち、トーラを学び、かつ働き人であれ」である。

高校在学中はずっとブネイ・アキバクラブに通った。活動拠点は、サン・ヴィアトールに近くパークアヴェニューの道路沿いにあり、これといった特徴のない建物内の地下にある小さなアパートだった。ほとんどのメンバーは私の年齢かそれ以上、二〇歳くらいまでの子供たちである。年長の子がリーダーになった。集会は金曜日と土曜日の夜に開かれ、ときおり日曜日には特別なイベントがあった。イスラエルやパルマッハについてのヘブライ語の歌をうたった。パルマッハとは、イギリスのパレスチナ委任統治期間、またその後のイスラエル独立戦争中に活動したユダヤ地下組織の突撃部隊を指す。イスラエルの暮らしについての講話があった。もちろん私はイスラエル建国の理念を信じていた。シオニストだったし、今もそうである。タルヌフ市の隠れ家にいた頃から、もっとも当時はシオニズムという言葉を知らなかったと思うが、記憶にあるかぎりずっとシオニストだった。ユダヤ人が他の人たちと平等に接する場所の必要性を認識していて、国家の建設を願った。私にとってのシオニズムは、ユダヤ人が、農夫であれ、兵隊であれ、大工であれ、他の人たちと同じであること、とりわけ、誰からの恩恵も受けず、他の人々に自分の運命を左右されないと感じられる、そういう世の中を意味する。

シオニスト青年会に女の子がいたことは、いわばおまけの特典だった。女子はユダヤ系の女子校か普通女子校に通っており、私たち男子はイェシバ校か普通男子校の生徒だったが、男女とも宗教的シオニスト組織のメンバーだった。ブネイ・アキバクラブへの参加は二種類の情熱を満たしてくれた――シオニスト運動と女の子との出会い！　イェシバ校で会う唯一の女性はフランス語の教師だった。言うまでもなく、私たちは女の子にとても関心があったが、そんなことは口には出せず、ましてや両親や教師に言えなかった。ブネイ・アキバクラブがそのはけ口になったのだ。金曜日の夜、礼拝と夕食をすませてからシオニストクラブに出向いたものだ、女の子たちもやって来た。歌や講話が終わると、男子は女の子を家まで送る。女の子と一緒に歩いて行くのは男子にとっては重大事である。かなり遠くに住んでいる子もいた。モントリオールの冬の平均気温はマイナス一〇度にもなるが――市中の半分ほどを横切って、女の子を連れて意気揚々と送って行ったこともある。いつも決まった女の子と歩いたわけではない。気がありそうな素振りを見せる女の子であれば誰でもよく、その子の家まで送って行った。私は女性には常に思いやりのある態度で接した。今でも、妻のマリーンは世話を焼きすぎると言って私を責める。腹を立て「女性に騎士道的に振舞うのはやめてちょうだい！」と言うのだ。

この頃、女の子の間で誕生会が流行り始めた――一六歳になったことを祝うバースディパーティを自宅で開く――そこにはもちろん親も参加した。仲間がみんな集まってお祝いした。ダンスをやり、女の子がダンスのステップを男の子に教えたりした。私はダンスがからきし駄目だった。フロアを動き回っていただけである。ケーキやソフトドリンクが振舞われたが、瓶回しゲーム（瓶を回して瓶の口が向いた人にキスするゲーム）はやらなかった。もちろんそういうゲームがあることは知っていた。ちなみに私の最初のキスは、この種のパーティでソファーに座っていたときである。実際には仲間同士のカップルは生まれなかったが、その後何人かは結婚してイスラエルに渡った男女もいた。

土曜日の夜、時々、グループの皆と映画を観に行った。もちろん一六歳過ぎてからのことである。その昔一九二七年にモントリオールの映画館で火災が発生し、多くの子供が犠牲になって死亡した。ローリエパレス劇場火災と呼ばれている火事である。子供たちが死亡した原因は、火事そのものよりも、観客が逃げまどい大混乱に陥ったため避難口を見失ったことによる。そこで、一六歳未満の子供の映画館への出入りを禁止するという法律が施行された。私たちは映画を観たあと、皆一緒にレヴィット店のようなコーシャ料理を出すレストランに行って、ホットドッグを食べ、コーラを飲んだ。金持ちの子は燻製肉サンドイッチを食べ、ソフトドリンクを飲んでいた。私にとっては、ホットドッグだけでも贅沢だった。

煙草は、チャーリーと同様、若いうちから吸い始めた。男らしくて格好いいと思ったからだ。もっとも、値段は高かったし、両親から隠しておかなければならなかった。ジャンヌマンスとサン・ヴィアトールの角にタバコ屋があって、そこでは二本五セントで売っていた。当時、一箱はおよそ四〇セント。もちろん、未成年者への販売は許可されていなかったが、私には売ってくれたから、特別扱いしてくれていると感じていた。一六歳で大学に入学したとき、身体検査を兼ねて、勉強中眠らずにすむための薬をもらいに医者に行ったことがある。付き添ってくれた母が、医者に「先生、煙草を吸いすぎないよう、息子に注意してください」と頼んだ。そのとき初めて知ったのだが、吸っているのが両親にばれていたのだ。煙草がいかに有害であるかに気づくまで、二〇年もの間吸い続けた。

イェシバ高校には二種類の生徒が在学していた――ユダヤ教を心から信じる敬虔な生徒と、人数は少なかったものの、他校では受け入れてもらえずに通って来る生徒である。敬虔なほうの生徒にコソワーという名前の子がいた。もう一方の生徒にモリスという名前の子がいた――二人のファーストネームは覚えていない。モリスは一五歳か一六歳ぐらいで、ティーンエージャーにありがちな、ホルモン分泌が盛んな年頃だった。ある日、彼は女の子を二人手配したから、次の日の夜、友だちと「やるんだ」と皆の前で宣言した。そのためコンドームを手に入れて、幾何学の定規セットに入れ、机に鍵をかけてしまっておいた。コソワーはモリスが大罪を犯そうとしていると思い、モリスが席を離れたすきに、机をこじ開けてコンドームを取り出し、家に持ち帰って親に見せた。翌日、コソワー夫人が学校に怒鳴りこんできた。校長の机にコンドームを放り投げ「イェシバ校では、こんな教育をするんですか。生徒たちが今何をたくらんでいるか分かっていますか」と大声で抗議したという。そこで校長はモリスを放校にするほか選択の余地がなかった。モリスは面白くなかった。彼は退学処分を受けたばかりか、コンドームを奪われ、何よりセックスする機会を失ったのだ。モリスは朝の何時限目かの授業のときに、ナイフを手に教師の一人を追い回し、最終的にコソワーの自転車をばらばらに壊すことで怒りの気持ちを爆発させた。コソワーは壊れた自転車の部品を買い物袋に入れて家に持ち帰るはめになった。コソワー氏は一八ドルくらいかけて自転車を修理させた。当時としてはかなりの大金である。噂によると、コソワー氏は請求書をモリスの父親に送りつけたが、二週間後に突き返されたそうだ。モリス氏はその請求書で尻を拭き、丁寧に折り畳んで、送り返したという。

イェシバ校に在学中、必須ではなかったものの、生徒は土曜日と祝日の礼拝に出席することが期待されていた。あるシムハット・トーラ感謝祭のときのエピソードがある。この祭日は文字通りには「トーラに喜びの気持ちを表す」という意味だが、興味深いことに、喜びの気持ちは酒を飲むことである程度盛り上がるのだ。教師はこの祭に備えて、常時ビールをキッチンにため込んで鍵をかけておいた。友だちと私はアルコールがあるのを知っていて飲みたいと思った。キッチンのドアには鍵がかかっていたが、こっそり盗もうと決めていたから、ドアの蝶番を外し、人目につかないようにビールをポーチの下に隠しておいた。その晩はものすごく寒かった。ビールは凍って、瓶がすべて破裂してしまったのだ。盗みの言い逃れをするには、シナゴーグの礼拝に出席するほうがよいと考えた。だがこの戦術はうまくいかなかった。どういうわけか、教師には犯人が誰かが分かっていたらしい。私たちが礼拝に現れると追いかけてきて、逃げる二人をめがけて蹴りを入れたのだった。

カナダの市民権取得

カナダに来てようやく、法のもとで平等な扱いを受けられることになった。他のカナダ人と同等の権利や特権を得て責任を担うのだ。この経験は私の人生で初めてのことである。相変わらず反ユダヤ主義の風潮はあったものの、正式には他のすべてのカナダ人と対等になった。カナダに来た当初からずっとカナダ人になりたかった。カナダの国民になりたかった。市民権取得は私にとって非常に重要だったが、その申請を出すのに五年を待たなければならなかった。

何がなんでもカナダ人になりたかった。ポーランド生まれであることが恥ずかしかった。今でもそのこだわりを捨てきれないでいる。ポーランドと関わりをもちたくなかったのだ。ポーランドに愛着を感じない理由は、ユダヤ人の墓地があまりにも多すぎるからである。カナダ生まれの人を羨《うらや》ましいと思ったし、国外に出たとき、今でも、ポーランド生まれだとは言いにくい。出会う人たちにカナダ人であると思ってほしいのだ。以上、国籍の話はこれでおしまいにしたい。

そうは言っても、ポーランド系ユダヤ人はポーランド人であるとも思う。かつて、シカゴで博士課程に在籍していたドイツ人女性が、面会を申し込んで来たことがある。彼女の研究テーマはゲットーに住んでいた人々の人間関係についてだった。彼女の質問にはこう応《こた》えた。当時は幼かったから話すことはあまりないと。面談の中で、彼女は「ユダヤ人」と「ポーランド人」という両語を使い分けていた。そこで彼女の誤りを指摘して「私はポーランド生まれの、ポーランド人でした、しかもユダヤ人なんです。キリスト教徒のポーランド人もいましたよ」と話した。彼女はすぐに私の意味することを理解し、それ以後は二度と両語を使い分けなかった。非常に気を遣って、ユダヤ系ポーランド人という語に変えたのである。これは心の持ち方の問題である。もちろんユダヤ教徒のポーランド人、キリスト教徒のポーランド人、またおそらく無神論者のポーランド人もいただろうが、私が言いたいのは、ポーランドにいるユダヤ人は、なぜかポーランド人とみなされなかったことである。生粋のポーランド人ではない――つまりユダヤ人は、非ユダヤ人と同様に、一千年以上にわたってポーランドの土地に住みついていたにもかかわらず、ポーランド人だと名乗る資格を持たなかった、という認識である。今なお、ユダヤ人はポーランドの不可欠な構成員ではないと考える人たちがいる。不幸なことに、この考えはホロコースト前のドイツにもあった。すなわち、大多数のドイツ人はドイツ生まれのユダヤ人をドイツ人とみなしていなかった。このことは、疑いもなく、ヨーロッパの多くの国々にも当てはまる、当時も、そして現在も。

またこの話題は、シオニズムは何を意味したか、現在の私にとってどういう意味があるか、その問題を問い直すことにもなる。かつてフレデリックトンのセント・トーマス大学の授業で「あなたにとってイスラエルの国はどういう意味をもっていますか」と尋ねられたことがある。その問いには、イスラエルはユダヤ人が胸を張って歩むことができる国、これが私の答えだった。イスラエルが国家としての地位を得たことは、ユダヤ人が、どの国に住もうと、どの治世下に置かれようとも、もはや忍耐を強いられないことを意味した。大多数のカナダ人は、先祖を誇りに思うルーツをもっている――イギリス、フランス、ハイチなど。しかし、私のルーツはどこなのか。私の伝統文化《ヘリテージ》は何なのか。ポーランドでないのは確かだ。フレデリックトンで「あなたの出自は?」と訊くとしたら、ふつうの場合「祖先は、スコットランド人、ドイツ人、あるいはポーランド人なのか」というルーツを知りたい質問である。しかし私に同じことを訊くときには「あなたはユダヤ人ですか」と尋ねる。私はポーランド人ではない。カナダ人になりきっているのだ。イスラエルという国が存在することで、よりよいカナダ人になることができる。カナダ生まれではないにしても、他のカナダ人のようにルーツをもつことを意味する。他のカナダ人と対等になれるのだ。

私がこれまでに何らかの実績をあげたとすれば、それを可能にしてくれたのはカナダである。カナダが素晴らしいのは、若者にチャンスを与えてくれること。カナダ中にアクセス可能な大学がある。漁師、農夫、木こりの息子や娘が偉大な成功を収めた例は枚挙にいとまがない。この国は私にチャンスを与えてくれた。つらい時期もあった。仕事や勉学のために必死に励まなければならなかった。大学在学中、もちろん反ユダヤ主義を経験した。他の非ユダヤ人の学生に比べて、大学の学費支払いのために一生懸命働かなければならなかったが、なんとかやり遂げることができた。最も大きかったのは、大学教育を受けられたことだ――それはカナダの素晴らしい特色の一つである。もう一つには、国に貢献できる何かをもっていれば、政治の世界であれ、学問の世界であれ、ビジネスの世界であれ、誰にでも門戸が開かれていたことである。他の国がそうでないとは言わないが、カナダではその可能性が存在している。

オクテット則――化学へのめざめ

モントリオールのイェシバ高校に通っていた頃、マックス・パールという名前のクラスメイトがいた。ホロコーストで孤児になってベルギーからやって来た生徒である。彼は私より二歳年上だった。マックスがカナダに来た経緯については分からない。イェシバ高校のバロン校長の家で暮らしていた。非常に利発で、普通の生徒と比べて特異な存在だったが、どう違っていたかはうまく言い表せない。私はマックスに感銘を受けていた。書物などを読み始めるきっかけを与えてくれたのは彼である。マックスのやることなすことすべてが洗練されていて、大人びていたから、私は彼を見習って張り合ったものだ。卒業以来マックスとは音信不通になったが、彼が最終的にラヴァル大学医学部に進学して精神医学を専攻したことは知っていた。その後両親に会いにモントリオールに行ったある日、バロン校長にばったり出会って少し言葉を交わしたことがある。ユダヤ教のラビでもある校長は、マックスがモントリオールにいることを知って「なぜマックスはわしに会いに来ないのだろうか」と尋ねた。答えようがなく肩をすくめるほかなかった。私からすれば少しも驚くことではない。ケベック州に住み、ラヴァル大学の医学部に通い、おそらくフランス語を話すガールフレンドがいただろう。そうであればマックスには葛藤があったと思う。私の知る限り、マックスは敬虔なユダヤ教信者ではなかったから、そのことで後ろめたくてラビに会いたくなかったのだろう。マックスの死を知ることになったのは、ふとした偶然からである。数年後、マリーンと私はニューファンドランドの沖合にあるフランス領の島、サンピエール・ミクロン群島を訪れ、そこでケベックから来た若い夫婦に出会った。二人とも医者で、医科大学ではマックスと同学年だった。二人の話によると、マックスは学生会長に選ばれたことがあるという――これは、一九六〇年代前半にケベック州に住んでいたユダヤ人にしては快挙である。

またマックスが若い頃に自殺したと教えてくれた。ショックだった。彼が深刻なうつ状態に陥る素因があるとは思ってもみなかった。おそらくホロコーストで家族全員を失ったことによるのかもしれない。あるいは、イェシバ校で校長のラビと暮らしてはいたものの、宗教に心の救いを見出すことができなかったからかもしれない。高校時代、とくに仲がよかったとは言えないが、私は彼を大いに尊敬していた。今から考えてみると、彼には親しい友人はいなかったと思う。

ランデル家に間借りしていたころ、困ったのは自分専用の勉強場所がないことだった。部屋はチャーリーと共有だったから、勉強机がない。勉強方法を教えてくれる人もいなかった。再び、独学で学ばざるを得なかった。勉強の場はイェシバ校だった。最終学年のときにランデル家を退去し、ジャンヌマンス通りへ引っ越した。実は、モントリオールに着いてから最初に借りたアパートに戻ったのだ。その家に住んでいた夫婦が引っ越したので、自分たちだけで住むアパートに入居することができた。カナダに来てから初めてである。両親はランデル夫妻とその後もずっと親しく付き合っていた。現に、家を共同購入したのである。ランデル夫妻は、私の両親とは異なり、戒律を遵守するユダヤ教徒ではなかった。このことは、信仰上の相違があるにもかかわらず、互いに寛容な態度で接し、尊敬しあうことが可能であることを示している。新しいアパートはジャンヌマンス通り五九七七番地で、ちょうどバーナードアヴェニューとバン・ホーンアヴェニューの中間にあった。住んだのは三階のアパートである。ここで初めて自分の部屋をもつことができた。

真面目に読書に取り組み始めたのはカナダに来てから、それもマックスの影響を受けたのが大きい。両親はイディッシュ語の新聞を読んでいて、父のほうが熱心な読者だった。私が最初に読み始めたのは新聞である。他の人の影響を受けやすい多感な年頃だったから、マックスがアール・スタンリー・ガードナーの推理小説（『弁護士ペリー・メイスン』シリーズ）を読んでいると聞いて、自分も読み始めた。大学に入ってからは、ドストエフスキーの『罪と罰』や『カラマーゾフの兄弟』、ウィル・デュラントの『哲学物語』、マルクス・エンゲルスの『共産党宣言』やマルクスの『資本論——縮刷版』を読んだが、こういった書物を読まないと、教養のない人間に思われたからである。学識のある教養人になりたかったから、とりわけこの種の本を選んで読んだ。ある時期には第二次世界大戦に関心をもって、そのテーマに関する歴史書を何冊も読んだこともある。

イェシバ高校の宗教のカリキュラムは、トーラをユダヤ教の科目として学習し、通常は週ごとの箇所を朗読してさまざまな解釈を詳しく学んだ。非宗教的なカリキュラムはモントリオールのプロテスタント教育委員会に決められていた。一番好きだった科目は化学である。教師はアーチー・ヘンデル。先生は非宗教系科目の科長で、ユダヤ人だったが、信心深くはなかった。とくに興味を引いたのは、オクテット則だった。

原子には最外殻に八個の電子をもって安定化しようとする性質がある。したがってオクテットは〝八隅子〟を意味する。塩化ナトリウム（NaCl）の例を挙げてみよう。ナトリウムは最初の殻に二個の電子を、次の殻に八個の電子をもっているが、最外殻には一個だけである。その余った電子を放出して外殻を八個にして安定化しようとする。塩素のほうは、最初の殻に二個の電子を、次の殻に八個の電子をもち、最外殻に七個の電子をもつ。そこで電子一個を取り込むと外殻が八個になる。完璧な組み合わせではないか！　ナトリウムは、塩素が必死に求めている電子を放出する。こういう具合に、両方を結合することでオクテット則が成り立つのだ。ナトリウムは激しく反応する金属である。小片でも水に入れると発火して燃え上がる。そこで石油の中に保存しなければならない。一方、塩素は気体で、有毒なガスである。しかしナトリウムと塩素を反応させると、生活必需品の化合物が生成される。例えば、ふだん食卓にのぼる食塩になる。オクテット則は非常に論理的で、しかも興味深かった。これですべて説明がつく——まさに驚異的だった。

化学や科学《サイエンス》全般に魅力を感じたもう一つは、得意科目だったからでもあるが、宗教、肌の色、その他の偏見に関係なく、サイエンスはサイエンスである、そういう理由からだった。科学の法則は、誰が探求しようとも同じである。その時点で、私は教職に就いて研究することに決めた。もっともその頃の研究に対する考えはきわめて浅く、現実の研究とは異なっていた。私が思い描いた大学生活は、いわば「丘の上に立つ（光輝く）街」で、教授は革張りの椅子に座って、価値ある知的な問題に限り、重要な見解について論じる人、というものだった。だが実際の大学生活は、想像していたものとはまったく違っていた。大学の教師は、社会の他の人々と同じ弱点に曝されている。同じ偏見、同じ性癖、同じ欲望、そして同じ自尊心をもっており、同じ過ちを犯す。とはいえ、私はためらうことなくもう一度教師としてやり直すつもりだ。

アーチー先生は、生徒を魅了するカリスマ的教師とは言えないまでも、素晴らしい人物だった。物質が化学反応を起こすのはなぜか、他の生徒への説明を私にやらせてくれた。授業は本当に楽しかった。三角法も難なくうまくいった。設問を簡単に解くことができた。効果的だったのは、サインやコサインの定義を使って問題を解いたことである。数学以外の理系科目も楽しかった。英語の授業では、シェイクスピアの作品を何冊か読んだ――とりわけ『ハムレット』が印象に残っている。アーチー先生とは年の差がさほどなかった。モントリオールを去ってからも先生との友好関係は続いたのである。

肉屋の集金アルバイト

カナダに到着した初日から金欠で困った。衣食住などの生活必需品は賄えたが、その他あらゆる物すべてを自分で支払わねばならない。一三歳のとき以来ずっと、週末、夜間、そして夏休み中も働いた。学校生活を通じて、高校時代、その後大学在学中も、アルバイト漬けで過ごした。小遣いはもらえなかったし、期待もしなかった。イェシバ校には、ホロコースト前にカナダに移住した親の子供たちがいて、彼らは小遣いをもらっている。私はもらうなど思いもよらなかった。

種々雑多な面白い仕事をやった。モントリオールのサン新聞社ビルに行って、新聞が出るといち早く求人欄を読んだものだ。そうすることで仕事を見つけるチャンスが増える。最初に就いたのは縫製工場の仕事である。使い走りや床を清掃するなどの仕事で、時給五〇セントだった。働いた時間数を記録しておいた。最初の給料日に、封筒を開けてみると二〇ドルからいくらか差し引いた金額しか入っていない。実際は四〇時間以上働いていたのに。そこで勇気を奮い起こして、どうして二〇ドルしか支払われないのかとボスに尋ねた。「それがおまえの賃金――週給二〇ドルだ」「時給五〇セントもらえると思って仕事をしたのですが」と抗弁したが「いいや、週給二〇ドルだ」と言われた。選択の余地がなかったから、同じ工場で働き続けた。プリーツ工場にスカートを運んだある日、そこの工場主が、仕事を探している友だちはいないかねと尋ねた。「僕も探しているんですが」と答えると、仕事があるのになぜそれ以上仕事が欲しいかと訊かれた。今の工場は残業を要求するのに、それに見合う賃金を払ってくれないのだと説明した。「そうか、わしは今の雇い主ほど金持ちではない。時給四〇セントしか払えないが、残業を多くすれば、その分の金は支払おう」と言ってくれた。そこでそっちの仕事を引き受けることにした。週給は二〇ドルから一六ドルに減ったが、長時間働くことで週給二〇ドル以上稼ぐことができたのだ。その仕事は過酷だった。スカートにプリーツをつけるには、段ボールの厚紙二枚をひだ幅にし、その間に生地を挟み込む、それを折り畳んで炉の中に入れて三〇分間蒸気に当てる、これが当時のやり方だった。とにかくモントリオールの夏は暑くて湿度が高い。それだけに蒸気の中での作業はきつかった。

一番面白かった仕事はたぶん肉屋の集金である。その頃は小さな肉屋が多かった。家庭の主婦が週に数回肉の注文を出すと、肉屋は代金を帳簿につけておく。休息日が終わる土曜日の夕方、私のような男の子が肉屋に請求書を取りに行き、日曜日に各家庭を回って集金する。肉屋は集金額の一・五％、運が良ければ二％の手数料をくれた。請求額はたいてい三ドルから六ドルの間だった。中にはそれ以上高く、はるかに高額の請求書もあった。初めて集金に行ったとき、高額の請求書の中に一〇〇ドル以上のものが入っていたのですごく嬉しくてわくわくした。大金が稼げる、と思ったのだ。一〇〇ドルの請求書を手にアパートの階段を四階まで駆け上った。玄関の呼び鈴を押すと男の人が出てきた。「肉屋の集金です」と告げると、その人は台所に向かって「サラ、肉屋の集金の子が来たよ。今週は少し払おうか」と叫んだ。この夫婦は結局三ドルくれただけだった。高額の請求書を受け取る人は支払いが滞っている、ということが分かった。日曜日にはたいてい朝の八時から午後三時まで働いた。一五〇ドルから二〇〇ドルを集金したから、三ドルから四ドル稼いだことになる。父も時折この仕事をした。五〇歳の「肉屋の男の子《ボーイ》」は父だけだったろう。集金方法は三通り。家の近くは徒歩で、（兄から借りた）自転車で、ときに肉屋が半トントラックに乗せてくれることもあった。運転は肉屋、集金は私の分担である。最初の頃は、ウルトルモン地区は歩いて集金したが、ユダヤ人コミュニティの範囲が広がるにつれて、集金範囲を広げざるをえなかった。

　自転車をもっているイェシバ高校の生徒たちがうらやましかった。自転車の乗り方を練習した理由の一つは、ドラッグストアや食料品店の注文品を届ける必要があったからである。ある食料品店では一日だけ働いた。店内の床を掃いたり、地下室から野菜や果物を取ってきたり、自転車で食料品を配達した。その仕事を辞めた理由は、週に八ドルしか支払ってくれなかったから。店主になんでそんなに少額なのかと尋ねると「おまえに商売を教えているからだ」というのがその答えだった。

別の食料品店では、スイカを地下室から上の階へ運ぶ仕事をした――オレンジの木箱を運ぶのはまさに重労働だった。店には巨大なかごを取りつけた大型の配達用自転車があった。私は体がかなり小さかったが、前かごに食料品を積み込み、とてつもなく大きい自転車で配達したものだ。この恨めしい自転車に乗って出かけたときのこと。パークアヴェニューからフェアモントアヴェニューへ左折しなければならなかった。車輪が路面電車の軌道に引っ掛かって、勢いよくひっくり返り、野菜や果物などがあたり一面に飛び散る、そんなこともあった。

メスリン兄弟会社はユダヤ系の運送会社である。父はメスリン家の人たちとなぜか知り合いになっていた。亡くなったメスリン兄弟の父親のために、カディッシュを唱えたのがきっかけだったと思う――カディッシュは死者に敬意を表して服喪者が唱える祈禱である。その儀式を行うにあたって、父は運転助手に私を雇うように頼み込んでくれた。メスリン運送会社はモントリオールからニューヨーク、そしてフィラデルフィアまで輸送するトラック隊の車両をもっており、一流ドライバーがその任にあたっていた。そのほかモントリオール市内を回る二流のドライバーがいた。例えば、牛の心臓肉をニューヨークへ運ぶとしよう。メスリン運送会社に電話が入ると、ドライバーが小型トラックで荷物を引き取りに行く。私たちがトラック発着拠点《デポ》で集荷した荷物を受け取り、長距離輸送用の大型トラックに積み込む。私はそのトラックの運転助手に雇ってもらった。重労働で、しかも汚れ仕事である。暑い最中、裏通りでこのきつい仕事をしたのだ。あるとき、大きな樽を、デポから転がしてエレベーターに入れ、エレベーターからトラックに積み込むという作業をしたことがある。一緒にいたドライバーが右足を樽にひっかけて上の部分を掴んで揺らすと、樽は端から転がる。自分も試してみた。ドライバーの真似をして、足を樽にひっかけて手前に揺らそうとした。樽はびくとも動かず、私のほうが樽の上を跳び越えて反対側に落っこちてしまった。樽を転がすどころか、自分のほうが転がってしまう、そんな経験を何度したことか！

フリードマン会社の紳士服工場で働いたこともある。そこでは高級紳士服を作っていた。最初は倉庫内の仕事だった。筒状に巻いた布地《ぬのじ》を受け取って帳簿に記入し、それから防縮加工部門へと送る。戻って来た布地を容器に入れて裁断師のもとへ運ぶ。きつい仕事である。筒状の布地はすごく重かったし、夏はまるで蒸し風呂のようだった。倉庫内には窓がなかった。しばらくして、発送室でのましな仕事に就いた。段ボール箱を準備し、服を入れて箱にラベルを貼った。工場は大学の学部学生が授業を受ける校舎に近かったから、そこでの仕事は非常に都合がよかった。新学期が始まっても、授業の合間に一、二時間働くことができた。

モントリオール証券取引所でも働いた。これまでに就いた仕事の中で一番退屈だった。支給された制服を着て、立ち合い場の一つのセクターを担当した。自分のセクターで取引が行われるとその領収書を受け取って、買い手と売り手の小部屋に運ぶ。それから印字用ティッカーテープ機まで持って行く。一〇時から一一時頃までと三時から四時頃までが忙しかった。その他の時間帯は、ほとんど時計を眺めて過ごしたのである――むろん、できるだけ時計をみないようにしてはいたが、とにかく退屈だった。雑誌の予約販売をして手数料を得たこともある。市の法律に違反していたものの、けっこういい収入になった。金属加工工場では助手としても働いた。騒々しく不潔な仕事場だったが、実入りはよかった。レース製造工場では、レース編み機の糸巻きを取り替える作業をした。夜勤をしたが、その仕事は気に入っていた。昼間は二六台の編み機を担当したが、夜勤のときは一台だけでよかった。

高校一一年生の終わりに、プロテスタント教育委員会の大学入学適正試験、マトリキュレイション、略してマトリックスを受けた。当時、ケベック州の学校制度には（高校三年次にあたる）一二年生という学年はなかった。マトリックスは私にとってまさに試練だった。一〇教科あったが、ぎりぎりの成績で全科目をやっとパスすることができた。これまでの人生で多くの学業の中断があったせいでもある。最初は学校に行く環境ではなかった、戦後はポーランドでポーランド語の授業、いわゆる〝孤児〟になってからは再び学校に行くことができなかった。それからイギリスでは英語の授業、フランスではフランス語の授業、学年の途中でカナダに来てからは英語で学んだ。そのうえ、学年を飛び越えて進級せざるを得なかった。高校、大学の学部、おそらく大学院在籍中もずっと、不合格になるのではないかという恐怖に絶えず慄《おのの》いていたのである。マトリックスに合格できてすごく嬉しかった。

一九五四年、一六歳になり、どの大学に進学するかが問題になった。マトリックスに合格していれば、マギル大学は入学を許可してくれるだろう。さらに、サー・ジョージ・ウィリアムズ大学も選択肢の一つだった。現在、この大学はコンコーディア大学と名前を変えているが、規模が小さく——マギルほどの評判や名声はなかった。入学願書を出す頃、引っ越す前だったので自宅学習する部屋も机も持っていなかった。マギル大学には怖気づいて願書を出さなかった。最終的に、サー・ジョージ・ウィリアムズ大学を選んだ。マギル大学はあまりに畏れ多かったからである。両親は助言を与えるような立場になかったから、自分自身で進学先を決めた。

苦学生時代と反ユダヤ主義

大学の授業はマウンテン通りにあるキリスト教青年会（YMCA）の旧校舎で行われ、近くには講堂があった。ドラモンド通りにある現在のノリス棟は、一年次に在籍した頃はまだ建設中で、二年次になってから使用することになった。当時の化学学部、それに実験室は四階にあった。家からは路面電車で通学したが、電車賃は学生割引で切符三枚二五セントである。学費の調達は在学中ずっと深刻な問題だった。夏季休暇中に仕事をして学費と書籍代を払うだけの金を稼いだ。その他の諸費用、電車賃や個人的な支出などは学期中に働いて稼がなければならない。最初の頃は、フリードマン会社からパートの仕事で週給一〇ドルもらったので余裕があった。ところが、工場が市の中心街から郊外へ移転したので、その仕事ができなくなった。パートで働いた期間、雇用保険を払っていた。払うのは嫌だったが、選択の余地がなかったからである。仕事を失ったので、失業手当の申請をした。あらゆる必要書類を用意して、失業の理由は工場の移転によることを書き添えた。職業安定所の受付で「それなら、バスに乗って移転先の工場へ通えないのか」と訊かれた。「授業に出なければならないので」と答えると、担当官は「学生には失業手当を受ける資格がないんだよ」と言う。「でも、僕は大学に通いながら雇用保険を払っていたんです。資格がないなら、なぜ払う必要があったのでしょうか」と訴えた。この押し問答は職安の上司を巻き込んで数週間続き、最終的に私の事例はカナダの首都オタワにまで持ち込まれた。判決がおり、週九ドルの失業手当が支給されることになった。二〇時間働いて一〇ドルの給料をもらっていたのに、働かずして九ドルもらえるとは！　素晴らしいニュースだった！

ところが、それにはジレンマがともなった。金曜日ごと朝の一〇時に職業安定所に出頭する必要がある。職安のオフィスはかなり離れていて、しかも一〇時には微積分学の上級クラスの講義がある。そこで、妥協することにした。一週めには講義を欠席して職安に間に合うように行く。翌週は、講義に出席して職安には遅れて行く。職安に遅刻した日は、手続きがすごく面倒だった。遅れたのでいつもと違う窓口に行くと「なんで遅れたのか」とまず訊かれる。「授業があったので」と答えると、「学校に行っているなら失業手当の資格がないんだよ。では、上の階に行きなさい」という指図を受ける。二階ではまるで初めて仕事に就くかのような質問を次々に浴びせられる。最終的には、通帳にサインしてくれたのだが、階段を下りて時間外窓口で小切手を振り出してもらい、また列に並んで、やっとのことで九ドルの現金を受け取る。二週間ごとに、この迷路のような複雑な手続きをとらなければならなかった。大学のほうでは、微積分学のクラスは少人数だったので、隔週金曜日に欠席するのに気づいた教授から、なぜ休むのかと訊かれた。理由を説明すると、教授は私の事情に理解を示してくれた。

金曜日の朝、職業安定所の職員に会うのが恐ろしかった。今にして思えば、役人たちとのカフカまがいの、不条理な小競り合いはこっけいだし、ばかげているようだが、当時の私にとっては地獄だった。第二次世界大戦中のことを例にあげれば、身分を認識する証明書は非常に重要だった。戦争末期になると、ユダヤ人のみならず、ドイツ兵すら身分証明書の提出を求められ、書類に不備があると脱走兵とみなされて処刑されかねなかった。降伏した次の日にはドイツ軍は撤退していなくなり、もはやこの種の証明書は必要なくなった。また、国家秘密警察《ゲシュタポ》は誰もが恐れる機関だったが、終戦の翌日には、ゲシュタポ警察官は身を隠す、あるいはゲシュタポのメンバーではなかったと否認しようとしたのだ。

働きながら大学を卒業するためのもう一つの案として、カナダ将校訓練課程（以下ＣＯＴＣ）に参加しようとした。大学に入学したとき、ＣＯＴＣは金銭面の諸問題を解決する最善の答えだと思ったからである。ＣＯＴＣは授業料や書籍のほか、学期中も額は少ないが小遣いをくれる。夏季休暇中は週給五五ドルの仕事を保証してくれる――私がこれまでに得た中で最高額は二五ドルだった。出願手続きを済ませて面接を受けた。年齢を聞かれたので「一六歳です」と答えると、「残念ですが、参加資格の年齢に達していません」と却下された。翌年の秋にもう一度応募した。今回は年齢制限をクリアしていたが、「君はカナダ国民ですか」「いいえ」、「英国民ですか」「いいえ」、「ＮＡＴＯ加盟国の国民ですか」「いいえ」、「どこで生まれましたか」「ポーランドです」と言うと、「採用できないんです。ポーランドは共産主義国なので」と。その年にカナダの市民権を取得したので、その翌年の秋に再度挑戦した。今回は質問すべてをクリアしたが、「今年は何学年になるんですか」と訊かれた。「三学年です」と答えると、「君が参加できるのは一年間だけなので、採用できません」とのことだった。

大学一年次では微積分学の成績はよく、その科目が大好きだった。エドナ・ヴァウルズ教授が「君は、数学に強いですね」と褒めてくれたことがあるが、実は無精者だったからでもある。解法への近道を探ったのだ。微積分学のクラスでは最高の成績を収めたと思う。個人指導というアルバイトがあることを知って、その仕事は自分に適していると思った。当時のサー・ジョージ・ウィリアムズ大学では、就職支援室に年配の男性職員が二人働いていた。求人情報は支援室の外に掲示されており、自分に適した就職口に応募したいと思ったら、その貼り札をとって職員に面接の手配を頼むという仕組みだった。私は五、六回試みたが、面接させてもらえなかった。二年生になったある日、微積分学を手伝ってもらいたいという、一年生の女子学生の掲示が出ていた。自分にぴったりな仕事だと思い、支援室に入って、その学生に連絡を取らせてもらいたいと頼んだ。応対した職員の男性は書類に記入を始めたが、明らかに不快な様子にみえた。それから、もう一人の男性に向かってこう訊いた。「ビル、イズラエル君をこの仕事に行かせたほうがいいと思うかね」と。彼はイズラエルという私の名前をいわば吐き捨てるように言った。相手の男性は椅子に座って落ち着かない様子だったが「いいや、行かせないほうがいいと思うよ。イズラエル君はまだ指導年齢に達していないから」と応じた。「この仕事と年齢はどんな関係があるのですか。ヴァウルズ教授に電話して、僕が一年次の学生に微積分学を個人指導する能力があるかどうかを訊いてもらえませんか」と頼んだが、二人は電話をかけようとしなかった。支援室の職員は教授に電話するどころか、私に指導能力があるかどうかについて、その若い女子学生に決めさせようとしなかったのだ。連絡をとらせてくれなかった。指導年齢のほかに、何か他の要因が二人の職員に影響していたように思われる。

私の考えでは、反ユダヤ主義は、妊娠の場合とは事情が異なり、当事者意識があるなしにかかわらず存在すると思う。いわば釣鐘曲線《ベルカーブ》のようなもので、割合で言うと、ごく一部の人々はユダヤ人に対する固定観念がゼロ、少数の人々は多少の嫌悪感や固定観念をもち、その一方で激しい憎悪を抱く多くの人々がいる。数年前マギル大学の社会学者が行った研究によれば、カナダにおける反ユダヤ主義は全国的にかなり広まっているという。ただ批判に晒されたり、挫折を味わったりしたときに、ユダヤ人自身が反ユダヤ主義のせいにする、そういう場合があることは十分承知している。私にはそういった傾向がないことを願う。反ユダヤ主義は第二次世界大戦後に消滅したと信じたかった。ずっと後になってニューブランズウィック大学で教えていたとき、若くて非常に優秀なユダヤ人教師の同僚とよく一緒に昼食をとったことがある。その際、彼はカナダの反ユダヤ主義を話題にすることが多かった。強迫観念にとりつかれているのではないかと思った。ある日、カルガリーからトロントへ向かう飛行機で遭遇した出来事について語ってくれた。隣の席に座っていた男性と会話を始め、すぐにトロントの住宅事情に話が及んだ。バーニーが「そんな家を買うお金なんかありませんよ」と言うと、「あなたは（ユダヤ）民族のメンバーなんだから、そのくらいのお金はもっているでしょうに」と、隣の席の男性はそう言ったという。私はバーニーに訊いてみた。「君だけが反ユダヤ主義のそういったコメントを受けるのは、どうしてなんだろう？　私にはその経験がないけど」と。「自己紹介であなたの名前がイズラエルだと言うと相手は即座にユダヤ人であることが分かって、ユダヤ人に対する感情を表に出さないいんですよ、イズラエル君」というのが彼の答えだった。

ユダヤ人への差別・排斥は歴史を通して行われており、二千年以上前にまで遡《さかのぼ》る。仮にヒトラーやナチスがドイツ以外の国で武力行動を起こしたならば、その国でもホロコーストが起きていただろう。ナチスはあらゆるヨーロッパの国々に協力者を得ていた。ホロコーストが行われていた間、大きな悲劇の一つは、カナダやアメリカを含む大半の国々が黙殺したことである。その事実は一九三八年七月開催のエヴィアン会議によって証明されている。アメリカ大統領フランクリン・D・ルーズベルトが招集した国際会議がフランスの避暑地エヴィアン・レ・バンで開かれ、ナチスの迫害から逃れるユダヤ難民の増加について話し合われた。三一か国の代表が出席した。事実上、どの国もヨーロッパのユダヤ人の窮状に対応しようとはしなかった。この会議は後に「ヒトラーの大量虐殺への青信号になった」と呼ばれている。カナダはヒューム・ロングを代表として送ったが、彼は難民受け入れにまったく協力しなかった。実は、カナダは反ユダヤ主義の厳しい移民政策をとっていた。そのことはアーヴィング・アベラとハロルド・トローパー共著の『一人といえども多くなし――カナダとヨーロッパのユダヤ人、一九三三～一九四八』に詳細に描かれている。ユダヤ人難民を何人カナダに受け入れ可能かと訊かれたとき、当時のカナダ移民局の審査官は「一人でも多すぎません」、そう答えたという。私の場合に話を戻すと、支援室の職員が個人指導のチャンスを与えようとしなかったという意味で、反ユダヤ主義が関係していたかもしれない。

三年次になると事態は改善した。化学学部の物品管理室の仕事に応募して採用された。ついに化学実験室の職に就けたことが誇らしかった。器具や薬品を学生やインストラクターに渡す、溶液を事前に準備するといった仕事で、日中パートタイムで働いた。四年次になって地位が上がり実験インストラクターの職を得た。俸給はよくなったし、自分が以前より価値ある人間のように思われ、自尊心を満足させてくれた。夜には夜間学部コースの学生相手に化学実験のデモンストレーションを行った。実験室での仕事が午後一〇時頃に終わると、仲間のインストラクターと連れ立って近くの居酒屋へ飲みに行ったものだ。

一九歳になり、やっと大人になったような気分だった。ある晩のことだが、マギル大学の物理学の教授と同席したことがある。ビールを一緒に飲んでいると自分が教師として一人前になったような気がした――しかもマギル大学の教授と同席したのだ。そのうち、マギル大学の医学部にユダヤ人学生を受け入れる割当枠《クオータ》に話が及んだ。学生数一〇八人のクラスに五パーセントだけユダヤ人を入学させることにしたという。その教授は真面目な口調でこう言った。「しょうがないよね。ユダヤ人は優秀だし、勉強を頑張る。だから成績を基準に入れたら、クラスの半分がユダヤ人学生になってしまうから」と。その場にいたにもかかわらず、その教授に向かって「あなたには人種問題に強い偏見がありますね」と言い返せなかった。このエピソードを思い起こすたびに、反論しなかったことを恥ずかしく思う。病気になったら、彼はおそらく優秀で一生懸命取り組むユダヤ人医師より、さほど優秀ではない非ユダヤ人医師に治療してもらいたいのだろう。

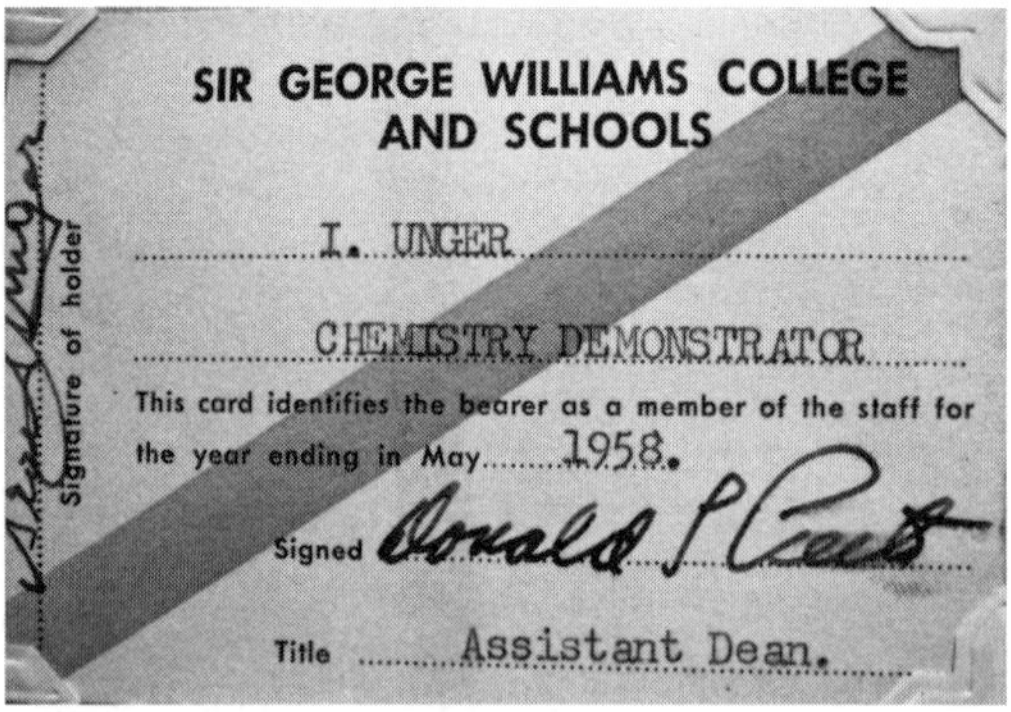
SIR GEORGE WILLIAMS COLLEGE
AND SCHOOLS
I. UNGER
CHEMISTRY DEMONSTRATOR
This card identifies the bearer as a member of the staff for the year ending in May 1958.
Signed Donald P. Peets
Title Assistant Dean.
Signature of holder

化学実験助手の身分証明書、サー・ジョージ・ウィリアムズ大学：1958年（イズラエル・アンガー所蔵）

化学系の会社に職を得ようとしたが、うまくいかなかった。とりわけ、同級生や個人指導した学生の大半は化学系の仕事に就くことができたから、すごく残念だった。カナダ工業株式会社にアルバイトの口を求めて応募したことがある。この会社はイギリスに本社をおく大企業で、カナダに子会社があった。採用してもらえなかった。化学工業系の会社に職を得るのが難しいのはなぜなのか、教えてほしいと面接した担当者に訊いてみた。「君はユダヤ人ですね。これまでの経験から、ユダヤ人は優秀でよく働く、でもしばらくすると退職して自分の会社を立ち上げて、我々の競合相手になってしまう。だから雇わないんです」というのが答えだった。当時の私は一九歳、しかも夏のアルバイトの仕事を探していただけである。この自分がいつの日か、カナダ工業会社の競合相手になるのを恐れているとは！　二年後、カナダ工業会社は大学院生への研究奨励金を出してくれることになり、しばらく考えた末にもらうことにした。贈呈式に会社から来た人は「いいですか、この奨励金には付帯条件はありませんが、君たちが博士号を取得したあかつきには、サーニアにある我が社の工場へぜひ見学にきてもらいたいのです」と言った。工場を見学したが、就職しなかった。

初めてのデートは大学に入学したての頃である。土曜日の夜、映画を観る、そのあとレストランで軽い食事をする、それから女の子を家まで送って行く、これが定番のコースだった。タイミングよく思い切った行動に出るとしたら、三回目くらいのデートのときに「お休みなさい」のキスができるかもしれない。デートの約束が決まると、土曜日が待ち遠しくてならなかった。ガールフレンドは沢山いなかったが、ある女性のことを思い出すと今なお赤面の至りだ。仮に名前をアビーと呼んでおこう。結婚式に出るのでエスコートしてほしいと頼まれた。大喜びでその役を引き受けた。アビーの家は遠く離れており、結婚式場はモントリオールの私の家の近所だった。バスを三回乗り継いで一時間かけて彼女を迎えに行き、我が家の近くまで戻り、結婚式が終わってから彼女の家まで送って行った。アビーの両親は小さな食料雑貨店のオーナーで、店の二階に住んでいた。家に入る前に階段のところで抱き合ってキスした。さらに先に進めようとしていた矢先に「ここで、ストップ」と彼女は言った。「なんで？」と訊くと、「父が付き合いを認めてくれないの。あなたのお父さんが工員だから」と言う。そこで、私の父が工場で働いているからといって、付き合いに反対するのはおかしいと言って説得しようとした。実は、父が工場の床掃除人であることすらアビーは知らなかったのだ。それなのに彼女を諭《さと》そうとしたなんて、そのことを思うと大人げなくて恥ずかしく思う。

アビーのエピソードで興味深く思ったのは、彼女の両親が人柄や価値の判断を職業に置いたばかりでなく、父親が工員であればその息子も工員になると決めつけたことである。おそらく経済問題が娘の求婚者にとって唯一の尺度であると考えたのだろう。さらに興味深いのは、娘のアビーが親の決断を受け入れていたにもかかわらず、結婚式が終わるまで私に付き添いを頼み、デートの男性を確保したこと！　ところで、私の両親はデートの相手はユダヤ人であることを期待していた。ユダヤ人以外の女性とデートするとは思ってもいなかっただろう。

三年次のとき、人柄がとても温かく、知的で、しかも魅力ある女子学生、スザンヌ・デトロワメゾンに出会って付き合った。スザンヌを好きになったばかりでなく、彼女の母親や父親にも好意をもった。本当に素晴らしい人たちで、私はお二人に対して深い敬愛の念を抱いた。デートは、ほとんどの場合、サン・ランベールの彼女の家で過ごした。スザンヌの父親はフランス系のユグノー教徒だったが、完璧に英語を使いこなしていた。最初はカナダ国有鉄道の測量に携わる、いわゆる「チェーン組」の一員として働き始めた。チェーン組と呼ばれた理由は、六六フィートの長さのチェーンの一端を支えるのが仕事だったからである。彼は大きな夢を抱いていて、仕事熱心だった。夜間に勉強して測量技師になり、ついに地区の測量責任者に次ぐ地位にまで昇りつめたが、フランスの名前だという理由でその役職につけなかった。そこでカナダ国有鉄道を辞めて、ほぼ同じ役職を得て連邦政府で働くことにした。その後、カナダ国有鉄道は考えを改め彼に地区責任者として戻ってくるよう要請、そこで再び働くことにしたという。私たちのデートはほとんどスザンヌの両親とブリッジをして過ごすことが多かった――ちなみに、ブリッジを教えてくれたのは彼女の両親である。二、三回、サー・ジョージ・ウィリアムズ大学の向かい側、ドラモンド通りにあるパムパムという名前のレストランへ食事に行った。そこはハンガリー料理を出す地下レストランで、グーラッシュが美味しかった。また、スザンヌを連れて大晦日のパーティに行ったこともある。

卒業写真、サー・ジョージ・ウィリアムズ大学：1958年（イズラエル・アンガー所蔵）

男子学生の友人も数人いた。その一人ハンク・シソフスキーは、私より一学年上のクラスにいた。アメリカの大学院に入るために間もなくカナダを出発するというので、二人で繁華街に繰り出し、そこでビールを数杯飲んだ。真夜中頃に歌をうたいながら街中を歩いていたところ、その時間帯はかなり騒然としている場所だったにもかかわらず、治安妨害のかどで逮捕されてしまった。その晩、泥酔者用留置所に入れられ楽しいどころかひどい目にあった。それ以来、公の場では絶対に歌をうたわないことにしている。

一九五八年にサー・ジョージ・ウィリアムズ大学を卒業。卒業式は、金曜日、イートンセンター近くのサン・キャサリン通りにある教会で行われた。出席したが大した式典ではなかった。他の学生たちが卒業式をことさら大げさに祝う、そのことに気づかなかった面もある。そのときは、卒業式が重要な行事であるとは思わなかった。私の家族は誰も出席しなかった。卒業後はニューブランズウィック大学の大学院に行くことに決めてある。スザンヌとはその後も付き合いを続けると思っていた。

兄チャーリーとの兄弟関係

カナダに来てから、チャーリーと私はまったく異なる人生を歩んだ。性格もまったく異なっていた。どちらが良い悪いではなく、ただ兄弟でも人それぞれという意味である。兄は危険をものともせず、太っ腹で思い切ったことをするタイプ。私のほうは捕まる、あるいは辱めを受けるのが怖かった——人目を気にするタイプである。兄は権威に逆らうのが好きだった。人生において何に重きを置くかの視点がまるで違っていたのだ。兄はビジネスで成功することを望んでいた。

チャーリーは短期間にせよ、学校教育を受ける機会に恵まれなかった。屋根裏部屋から出たのは一一歳。それからポーランドの学校にはせいぜい一年通い、ロンドンでもほぼ同じ期間学校に通っただけである。兄の教育は一四歳のときイギリス滞在中、伯父の衣料品工場で働き始めたときに終わりを告げた。それ以来働き続けた。カナダに来たときは一七歳で、衣料品メーカーのフリードマン会社に職を得て、三、四年間、工場の機械オペレーターとして働いた。

チャーリーはカードゲームやピンボールゲームをやるのが好きだった。ほかには趣味がなかった。スポーツはやらなかった。女の子と付き合い始めたか、出会いを求めたのは、一四歳のときである。うらやんだわけではないが、私も早く大人になって兄のように女の子と付き合いたいと、心からそう思った。年上の男の子たちにガールフレンド（恋愛関係にある女性）がいるのがうらやましく、その年になるまで待ちきれなかった。兄はいわゆる〝性の実態〟について語ることはなかった。彼はハンサムだったと思う。もっとも私には男性や女性はほとんど皆ハンサムに見えるから、どの人がよりハンサムなのかをはっきり見分けるすべを知らない。兄が誰をヒーローとみなしたかは分からないが、私にとって兄は相変わらずヒーローの一人だった。

少なくとも一回だけ、兄と殴り合いの喧嘩を始め、父がその現場に居合わせたことがある。二人は体のサイズがほぼ同じだった——私は徐々に体が大きくなっており、兄はすでに成長が止まっていたので私のほうが勝ち始めていた。喧嘩の原因が何だったかは覚えていないが、ひどく腹を立てた父は二人を引き離そうとした。その勢いで床に転倒し痛みのあまり悲鳴をあげた。殴り合いはそこで収まった。父には狭心症の既往があったが、実は演技だったかもしれない。

一六歳から二〇歳頃まで兄弟関係はまあまあよかった。兄は小型の黒いヴァンガードを友人と共同で所有していた。トランスミッションが故障して修理に五〇ドル必要になったことがある。頼まれたわけではなかったが、私はそのお金を用立てた。およそ二週間半働いて得た金額である。気の毒に思ったのだが、もしかすると兄の愛情を買いたかったからかもしれない。

チャーリーはカナダに来てすぐ遠距離早期警戒線（DEWライン）の倉庫管理人の職に就いた。遠距離早期警戒線とは、冷戦期に、侵入してくるソ連の爆撃機を探知し警報を発するために、アラスカとカナダ北極圏に設置された一連のレーダー基地局である。兄は一年ほど働き、当時としては大金、週に一〇〇ドル稼いだ。その間一度だけ、アメリカの煙草を何箱も持ち帰って私にくれたこともある。二人はつるんで遊び回り、本当に楽しかった。二、三回ダブルデートもした。自分が大人の仲間入りをしたような気持ちだった。おそらく兄弟仲が一番よかった時期である。

兄チャーリー：1956年頃（イズラエル・アンガー所蔵）

モントリオールに戻って暮らすようになったチャーリーは、最初の妻であるリリー・ミズラヒに出会った。一目惚れだった。リリーはユダヤ系エジプト人大家族の出身である。家族内で未婚だったのはリリーと一歳年上の姉ミミの二人だけだった。リリーはチャーリーより一歳年上の二四歳になっており、結婚を急いでいた。そこで二人は六か月後に結婚したのだ。そのとき私は一九歳だった。

チャーリーは金物卸売業を営むリリーの父親のもとで働き始めた。会社が破産したため、その仕事は長くは続かなかった。兄の話によると、その会社では書類整理箱をダース（12個）単位で売っていたという。モントリオールの小売金物店パスカルへ行き、整理箱を一ダース二ドルで売ろうとした。義理の父親が決めた価格である。しかし別の卸売業者は同じブランドの商品をダース一ドル五〇セントで売っている。そこで兄が「価格を下げる必要があります。一ドル五〇セントに値下げしましょう。しかも五〇セントの儲けがでます」と言ったが、義理の父親は聞き入れようとはせず「いいかね、相手は一ドル五〇セントで売っているが——そのうち在庫切れになるさ。そうなったらうちの商品を二ドル五〇セントに値上げしよう」と応《こた》えたという。驚くなかれ、そう言った本人のほうが破産してしまったのだ。

結婚後一年くらいで最初の子供が生まれた。チャーリーとリリーにとって幸せな時期だった。兄の人生の中で最良の年だったと思う。当時私たちは親しく付き合っていた。ときには兄夫婦のアパートで食事を共にしたこともある。最初の年が過ぎた頃から二人の関係は波乱含みになり、夫婦喧嘩が絶えなくなった。

リリーは自分が上品で、教養があると考え、体裁にこだわるタイプだった。チャーリーはその反対である。リリーが求めた夫像は、洗練され、読書を好み、詩を読むようなタイプ。ところがチャーリーは稼ぎのいい野心的な商売人である。素晴らしい家に住み、家族を支えて不自由な思いをさせなかった。いわゆる〝親父〟的な存在で、物事を自分で決めるのが好きだった。三人の子供に恵まれ、ユダヤ人として育てた。しかしリリーは、二〇年経ってからも、そんな兄が変わるのを期待したのである。

破産後、チャーリーは服地問屋に勤め始めた。仕事ぶりを見に会いに行ったことがある。店に入ってチャールズ・アンガーに会いたいと言うと、床のはね上げ戸から降りて地下室に行きなと教えてくれた。天井には電球が一個だけぶら下がっており、壁から水滴が垂れていた。チャーリーだけがたった一人で服の仕分けをしていた。気の毒に思った。しかしその後、頑張って働いたかいがあり、間もなく地下から上の階の仕事に回され、セールスマン、さらにはバイヤーにまで昇進した。問屋のパートナーにしてほしいと頼んだところ、経営者は了承したが、わずかな歩合しか与えてくれなかった。そこでチャーリーは自分の店を持つことにしたのである。

チャーリーは担ぎ屋と知り合いになった。問屋から買った生地を鞄に入れて持ち歩いて小売店に売りさばく商人である。二人は提携して、小さな店舗を開いた。そこが軌道に乗り、大きい店舗に、さらにもっと大きい店舗にと商売の規模を拡大していった。金銭面ではうまくいっていたし、リリーとの間に三人の子供、全員女の子にも恵まれた。しかし夫婦喧嘩は相変わらず続いていた。

チャーリーとリリーが結婚したのは一九五七年である。その際、母はフランスから持ってきた銀食器セットを結婚祝いに贈ろうとしたが、リリーは磨くのが大変だからという理由でやんわり断っている。結局、母

兄チャーリー、妻リリー、娘ロージーとジョーシー（イズラエル・アンガー所蔵）

は解放直後に食料を送ってくれた、ハイファにいる親戚の息子にそのセットを贈った。イスラエル船の船長をしていた人である。その銀食器は美しかったから、家に置いておけばいいのにと思った。

一年後、私はモントリオールを離れた。それ以降、チャーリーと私は離れ離れになったが、それでも良好な兄弟関係は続いた。

第四章

化学者になって

実家を離れてニューブランズウィック大学へ

家を出たのは一九五八年。二〇歳でサー・ジョージ・ウィリアムズ大学を卒業した。フレデリックトン市にあるニューブランズウィック大学（以下ＵＮＢ）の大学院生として研究を行うことになる。自立したのだ。フレデリックトンはモントリオールと程よい距離にあって、その上、大学は化学の分野で評価が高かった。私は期待で胸を膨らませた。生まれて初めて自分から進んで家を離れた。フレデリックトン、ここは村だなというのが最初の印象だった。フレデリックトンに住む前は、パリ、ロンドン、そしてモントリオールなどの大都会に住んでいたからである。しかし、考えてみれば、街のサイズはタルヌフ市と同じくらいである。とはいえ、ＵＮＢで学べるのは嬉しかった。まさしく本物の大学キャンパスだ。ＵＮＢは一七八五年に創立された、北米で最も古い大学である。何年もかけて造られたジョージ王朝時代風の赤レンガの建物が立ち並び、フレデリックトン市の丘の上に立つキャンパスを彩っていた。もっとも学生食堂の食事はひどかった。パンですらまずい――薄くスライスした精白パンをセロファンに巻いただけだった。両親は食料品の小包を送ってくれた――クッキー、パイ、ハンバーガーなど。大学院生の友人ができたが、当時はフレデリックトンが友好的な土地柄には思われなかった。

ユダヤ人コミュニティにはシナゴーグを通して連絡をとった。ラビがグレイザー家に最初の下宿先を見つけてくれた。グレイザー夫妻の息子ウエルドンは当時スポーツキャスターをやっていたが、後にＵＮＢ法科大学院に進学し、その後法律家としてフレデリックトンで立派な業績をあげ、最終的にはセントジョン市の裁判官にまでのぼりつめた人である。大祝祭日にはスゴーライ・イスラエル・シナゴーグの礼拝に出席した。反ユダヤ主義については、フレデリックトンに着いてすぐ奇妙な経験をした。グレイザー家に住んだあとで、

イズラエル［右］、ニューブランズウィック大学の大学院生時代：1959年（イズラエル・アンガー所蔵）

非ユダヤ人の女性から部屋を借りた数か月後のこと、家主の女性がこう言って誉め言葉をかけてくれたのだ。「あんたはとってもいい人だから、友だちに教えてあげたの。ユダヤ人に部屋を貸しても大丈夫よって」と。私の記憶では、これ以外フレデリックトンであからさまな反ユダヤ主義の偏見を経験したことはない。

UNB在学中の学費は、教育助手として賄った――実験助手の報酬、それにカナダ工業会社の研究奨励金をもらった。もう一人の大学院生と新校舎に共有の実験室をもらい、研究課題が与えられた。しかし最初の頃の興奮はすぐに冷めて、精神的に落ち込んでしまった。

フレデリックトンに来て三か月くらい経った頃、スザンヌから、交際を続けないことにする、という連絡があった。私たちはすでに二年間も恋人同士として付き合っていた。それなのに一通の手紙で別れを告げられたのだ。私は完全に打ちのめされ、痛手を乗り越えるのに長い時間がかかった。意外だったのは、スザンヌは後にプロテスタントの牧師と結婚している。牧師との結婚は私と付き合ったことに関係があるのだろうか。うつ状態に陥ったもう一つの理由は、家を出てから最初の一年間は、研究が行き詰まり苦しんでいたからでもある。研究の指導教授は人柄の点では申し分なかったが、指導は得意ではなかった。

下宿の酒飲み連中とつるんで、羽目を外したばか騒ぎをやった。夜になると森へ行って大酒を飲んだものだ。あるときには、盗んだ工業用ダイナマイトで小さなダムを爆破するという事件を起こしたこともある。私は実際には手を下さなかったが、その場に居合わせていたのだ。空いた時間はほとんど実験室で過ごすか、仲間の大学院生とビールを飲みに、カナダ空軍の第二五二倶楽部に行った。会員になるにはコネが必要だったが、会員同伴であればゲストとして入館でき、知り合いがいたのでサインで入れてもらった。

自動車の運転を覚えたのは大学院生のときである。運転を始める年齢としてはかなり遅かったが、両親の考えでは車は贅沢品だったし、モントリオールにいたときには自分で車を買う余裕がなかった。大学院の友人が二、三回レッスンしてくれたが、いつものように、ほとんど自力で運転の仕方を覚えた。最初の頃は徒歩圏内で行動していたが、中古の一九四九年型スチュードベーカー車を五〇ドルで買ってからは、フレデリックトン周辺を車で乗り回した。

フレデリックトンで暮らした最初の一年は、研究するか、仲間と付き合うか、それ以外にはほとんどやることがなかった。レディビーバーブルックスケート場でスケートをしたこともある。ホームシックにかかっていた。マリーンと付き合うようになって初めて、

1949 年型スチュードベーカー、自分名義の最初の車、フレデリックトンにて：1958 年（イズラエル・アンガー所蔵）

スザンヌとの別れを本当に乗り越えることができたのである。マリーンがいなかったら、大学院を退学していたかもしれない。

自己流に工夫した気泡測定器《バブルカウンター》

マリーンとの出会いは、私の車が、化学棟の駐車場に停めてあった彼女の車をブロックしたことによる。「女の人が車をブロックした人を捜しに来ているよ」と、同室の院生ラリー・ホートンが教えてくれた。外に出て車を動かさなければならない、いささか腹が立った。車の持ち主を――マリーンだったのだが、おそらく睨《にら》みつけたかもしれない。もちろん、車を移動させた。それ以来、マリーンが実験室の外側にある公衆電話を使うのを見かけたから、彼女のことが気になった。近くの電話を使うのは、自分に対する嫌がらせだろうか、と。

それから間もなく、ユニヴァーシティアヴェニューを走行中に車が故障した。通りかかったマリーンがクラクションを鳴らして手を振っている――まるでキャンパスで車をブロックしたから「バチが当たったのね」とでも言うように。その夜、友人に修理の手伝いを頼んだのだが、巡り合わせだったのだろうか、その友人が車にはねられた――なんとマリーンが運転する車で！　その後、ほとんど間を置かずに私たちは付き合い始めたのである。

マリーンと私は同い年である。彼女は一九三八年、ニューブランズウィック州フレデリックトン市から西へ四五キロ離れたミント村で生まれた。同じＵＮＢの学生だった。マリーンに出会った頃には、私の精神状態はかなり改善し始めていた。彼女が士気を高めてくれたのは確かである。仲間と飲みに行くより、彼女と一緒に過ごすことが多くなっていった。もっぱらキャンパス周辺でデートした。大学のブリッジクラブの会員になり、二人で協力してマスターポイント賞を取ったこともある。映画同好会に所属して、フレデリックトンで上映されるアメリカなどの外国映画を観に行った。毎月一回、実験指導の給料をもらったときにはサングリルにスペアリブを食べに行った。郊外に行きドライブを楽しんだ。私は車マニアである。車に乗ると一種独特の居心地よさを感じる。車はいわば身を守ってくれる閉じた甲羅のようだった――雨が降っていれば、いっそうその感が強い。とはいえ、私たちはほとんど化学実験室の周辺で過ごすことが多かった。同室のラリーと三人で一緒に過ごしたものだ。ラリーは後になって結婚式当日にベストマンとして付き添ってくれた友人である。

デートを始めてから五、六か月たった頃のある日、私はマリーンのもとを訪れて、これ以上デートを続けるのはやめにしたいと告げた。両親に紹介してくれないので悲観していたのだ。マリーンはすぐにミントにいる両親に電話をかけ、挨拶に連れて行くからと知らせた。そこで初めてアルフレドとウオリー・パーカー夫妻にお会いしたのである。それ以降、毎週金曜日の夜にミントに出かけた。ミントはニューブランズウィック州の田園地帯に位置し、フレデリックトンからは車で一時間ほどの距離にあり、住民二〇〇〇人ほどの小さな土地である。ミントに住んでいる人がみんな親戚なのかとマリーンに訊いたことがある。マリーンの父親は兄弟・姉妹一二人、母親は八人の大家族で、ほとんどの家族は近隣に住んでいた。これほど親族の多い大家族と知り合うのは私にとって初めての経験だった。マリーンが言うには、母親は私を気に入ってくれたそうだ。いつも腹ペコなのを知って、喜んで食べさせてくれた。父親に好かれた理由は、私が教育を受けていたからである。私は最初からマリーンの両親を尊敬し、親近感を抱いた。

私の両親にマリーンを紹介したのは、父が心臓病で入院していたときである。父を見舞いに行きたかった。

マリーンが車で送ってあげようと申し出てくれた。礼儀知らずと思われたくなかったので「君のご両親が承諾するなら、お目付け役の友人を一緒に連れて行くから大丈夫、そう言ってほしい」とマリーンに頼んだ。ミントに帰宅したマリーンが母親にモントリオールまで送って行ってもいいかと訊くと、母親は五〇ドルくれて「お父さんにも訊いてみるね」と言い、「お見舞いにイジーをモントリオールに送って行きたいそうよ」と父親に話してくれたという。父親は「いくら渡したのか」と訊くので「五〇ドル」と答えると、「ケチなことは言わずに、もう五〇ドルあげなさい」と言ってくれたそうだ。

マリーンの両親が注文をつけたわけではなかったが、モントリオールにはマリーンのルームメイトとそのボーイフレンドに付き添いとして来てもらった。母の家に泊まってモントリオール総合病院に父を見舞いに行った。病院にはコーシャ食を出すキッチンがなかったので、母は家で食事を作り病院にいる父に届けていた。実際のところ、ほぼ終日、母は病院で過ごしていたことになる。私たちが見舞ったときには、父の病状はかなり回復しており心配なさそうに見えた。「お目付け役」の二人は、モントリオールで過ごした二日間をあちこちのバーを飲み歩いて過ごしたようだ。ついには日曜日の午前二時にナイトクラブから強引に連れ出さなければならなかった。フレデリックトンに向かう途中、当時は車で一四時間かかったが、二人はずっと眠り続けた。マリーンと私は家に着いたときにはくたくたに疲れていた。

実を言うと、モントリオール滞在中、私は試験に落ちるのではないかと気が気でなく、そんな思いを引きずりながらフレデリックトンに戻った。いたたまれない気持ちだった。大学では物理学コースを受講しなければならなかったが、物理は以前から最も苦手とする科目である。私が筆記試験を受ける同じ時間帯に、しかも同じ試験場で、マリーンも試験を受けることが分かった。彼女には前もって、不合格だったら退学してモントリオールに帰るつもりだと言ってあった。試験中ずっと、マリーンは自分の試験はそっちのけで、私の方を見ながら出来具合はどうかを心配していた。なんとか無事に、合格できた。

マリーンとはほぼ一年付き合ったが、その間、自分がホロコーストの生き残りであることは黙っていた。モントリオール生まれだとは明言しなかったものの、マリーンにそう思わせるように仕向けていた。嘘はつかなかったが、本当のことを言ってなかった。ポーランドで生まれたことを誰にも知られたくなかったのだ。長い付き合いになることが確実に分かってから事実を告げた。大学で公演された『アンネ・フランクの日記』を観に行った夜のこと、大学の演劇クラブが上演した劇で、たしか一九六〇年だっただろう。劇場から出ると、マリーンが「気持ちがかなり動揺して涙もろくなってるみたいね、私もそうだけど」と言った。「アンネの隠れ家はまるで宮殿だ」と言うと、マリーンはむっとして「いったい何ばかなことを言ってるの」と訊いた。そこで初めて、モントリオール生まれではないこと、自分自身ホロコーストを生き抜いたことを話した。自分たちが過ごした隠れ家について、そこでは腹ばいで進むほどの狭い空間に九人が暮らしていたことを話した。アンネ・フランクの隠れ家は自分たちの隠れ家に比べてはるかに立派で宮殿のようだ、そう思うことがよくある。しかし私は生き残り、アンネは生き残ることができなかった。

理学修士号取得、マリーン、マリーンの父アルフレッド・パーカーと、ニューブランズウィック大学キャンパスにて：1960 年（イズラエル・アンガー所蔵）

一九六〇年の春、研究を指導していた教官が故郷のオランダへ帰国することになった。それまでアスコルビン酸の酸化・光酸化作用の研究に取り組んでいたが、ほぼ二年を費やしていたにもかかわらずまったく成果が出なかった。すんでのところで投げ出すところだった。マリーンの支えがなかったら研究を続けることができなかったろう。何とかしなければならない。そこで解決策として、三つの実験を並行して行う、つまり一度に四八時間休まず一五分おきに測定することにした。部屋にこもって実験にかかりきりだったから、この頃からマリーンが洗濯をしてくれるようになった。実験室にサンドイッチや飲み物を運んでくれ、精神的に支えてくれた。遅くまで実験室に残り、実験の手伝いをしてくれたのだ。

反応容器内へのガス流量を測定する必要があったが、流量計がなかった。購入するのは問題外、値段が高すぎる、それに時間がかかる。お粗末ではあったが、自分で流量計を作ることにした。一リットルのフラスコに水を満たしてガスを吹き込み、中身を空にする。気泡の数を測定した。結果として、気泡数が多いか少ないかが流量を表してくれることが分かった。マリーンが気泡の測定を担ってくれている間、私は実験台の反対側で他の作業を行った。これが二人のデートだった。マリーンがどうして結婚する気になったかは、今でも謎である。

テキサス大学で光化学の研究

理学修士の学位を授与されて誇りに思った。UNBでの学位授与式は、モントリオールのサー・ジョージ・ウィリアムズ大学での式典よりはるかに感動的だった。マリーンと彼女の両親が参列してくれたが、モントリオールからは誰も来なかった。出席は叶わなかったろうし、私も来てくれとは頼めなかった。ただしモントリオールの両親も喜んでくれたと思う。

最初の指導教授の後任となった教授は気分を一新してくれた。若くて、しかも非常に優れた知性の持ち主だった。専門は光化学で、この分野は修士課程のときに取り組んでいた研究よりはるかに面白い。そこで博士課程に進むことにした。マリーンは卒業して高校教師になり、最初はミントの家で暮らしながら、ニューブランズウィック州のチップマンで教えた。週一回くらいマリーンがフレデリックトンに来て夜を過ごし、週末には私がミントに出かけて両親の家に泊まるという生活が続いた。

博士号取得が視野に入った頃、博士研究員《ポスドク》に応募することにして、著名で誰もが高く評価している、ロチェスター大学のW・アルバート・ノイス教授に手紙を出した。教授は私を受け入れてくれるという。嬉しかった。しかも年に六三〇〇ドル払うと言ってくれたのだ。受諾してもらえたこと、そしてポスドクの上限であるその金額を見て胸がわくわくした。一、二か月後に教授は再び手紙をくれ、テキサス大学に移籍することになったとある。一緒に行くつもりがあるか、その場合新しい職場での給料は六八〇〇ドルになると書いてあった。もちろん即座に、オースティンに喜んでご一緒しますという返事を出した。博士論文の審査を終え学位取得の要件をすべて満たしてから、一か月あまりフレデリックトンにとどまり、入学したばかりの学生を訓練して実験機器の引継ぎを行った。博士論文を指導してくれた教授への感謝の気持ちを表したかったからである。

一九六三年九月、オースティン市に到着。すぐにその土地が気に入った。自分のアパートをもち、給料はよかったし、知識・人格の両面で素晴らしく、国際的に名声のある指導者に恵まれた。一切の責任がなく

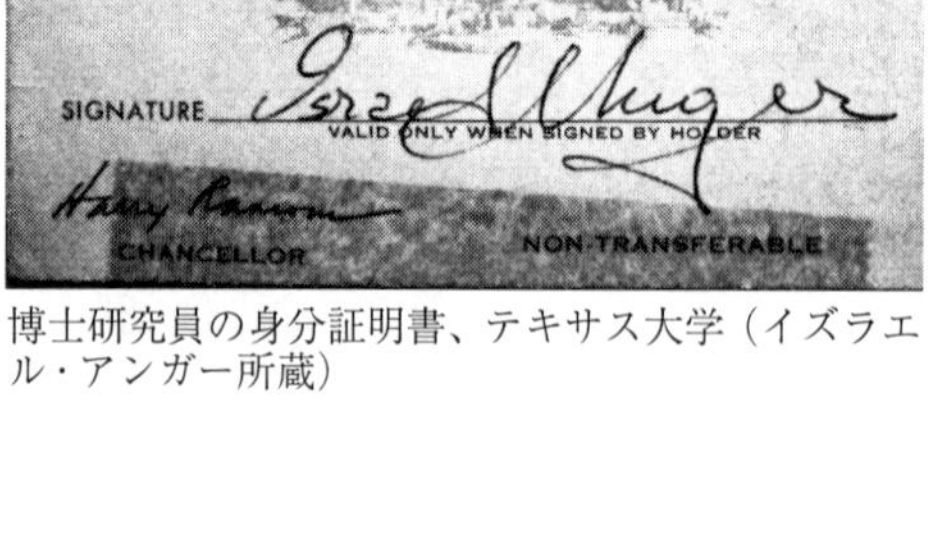

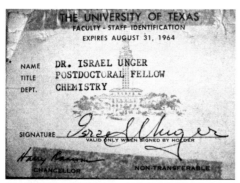

博士研究員の身分証明書、テキサス大学（イズラエル・アンガー所蔵）

なった。試験問題を作らなくてすむ、講義のために準備する必要はない、実験指導を行わなくてもよい。ついに自分独自の研究を行うことができるようになったのだ。研究プロジェクトにフルオロベンゼンに関する研究を選んだ。

光化学とは、可視光線や紫外線が分子に及ぼす作用を調べる学問である。色と関係があり――何が見えるか、なぜなのか――またレーザー光や超高速プロセスとも関連している。光化学者は一〇億分の一秒で起こるプロセスを測定する。なぜオゾン層の破壊が起こるのか、なぜ農薬は長期にわたって自然環境中に残留するのか、光合成はどのようにして起こるのか、太陽光パネルはどういう仕組みで動くのかなど。博士論文では、光分解――光化学的分解――それにクロロホルムの光増感分解の研究を行った。博士号取得後の研究として、ノイス教授はある研究テーマを勧めたが、私は別のテーマを提案した。教授は私が選んだテーマでやりなさいと言ってくれた。そこでフルオロベンゼンの研究を行い、最終的には、その成果を発表した。

オースティンでは友人が数人、それに親友が一人できた。仲間とポーカーをやったが、それはあくまで付き合い上の理由からで、一つのセッションで二〇ドル負けてからはやめることにした。負けたことで気が動転した。自分は潔く負けるタイプではない、そのことを悟ったからである。

カルフォルニア州サンタバーバラで開催される招待研究者限定の会議に、ノイス教授が招聘され、自分は行けないが、君は出席したいかと訊いてくれた。むろん大喜びで承諾した。ノイス教授は事務局宛てに、注目に値する若手の博士研究員が代わりに出席するという手紙を書いてくれ、さらに諸費用までも払ってくれるという。素晴らしい会議だった。三〇人ほどの光化学分野の第一人者が集まった。マンハッタン計画の初期のメンバーであるエドワード・テラーも、彼は物理学者だったが出席していた。ノイス教授は二、三日休みを取って、ついでにサンフランシスコに行ってはどうかと勧めてくれた。サンフランシスコに行ったが、マリーンが一緒だったらどんなに楽しいだろうかと、ひたすらそのことばかり考えていた。テキサスにいて唯一物足りなかったのは、マリーンが一緒でなかったこと。すごく寂しかった。

ケネディ大統領がテキサスを訪れた日、私は大学で友人と昼食をとっていた。「ケネディが撃たれた」と女の人がヒステリックに叫びながら駆けこんできたのだ。私たちは皆ショックを受けて言葉を失った。仲間の一人が「談話室へ行こう。テレビがあるから」と言う。一五分ほど経ってから、談話室のテレビでケネディが死亡したことを知った。自分を含めて全員が身近な親戚の人を失ったかのようだった。誰も何も言わなかった。大学構内は人っ子ひとりいなくなり、私は家に帰った。ケネディが大統領に選ばれたとき胸を躍らせたものだ。そしてケネディが暗殺されたとき、その悲報に胸がつぶれる思いがしたのである。

ケネディが暗殺された金曜日から月曜日にかけて、私はずっとアパートで過ごした。日曜日の朝、マリーンに電話をかけながらテレビを観ていた。当時の遠距離電話は料金が高かったから、私たちは毎週一度だけ電話をかけあっていた。突然、マリーンと話している最中に、ジャック・ルビーがリー・ハーヴェイ・オズワルドを射殺する画面が見えた。すぐにマリーンにそのことを伝えた。ニュースがカナダに届くには二、三分かかる。彼女はカナダでその情報を最初に知った一人だったということになる。

天蓋《フッパ》の下で挙げた結婚式

一九六四年冬の終わり頃、ダイヤモンドの婚約指輪を買って、空路ニューブランズウィックへ向かった。別の飛行機に乗り換える必要はなかったが、出発の時間になるまで機体を降りて、しばらくニューオーリンズの空港内で待つことになった。背広を機内に置いてニューオーリンズ空港を散策することにした。ゲーム用娯楽室があったので、時間をつぶすためにピンボールをやった。いつもはピンボールなどしないし、その経験もない。試してみると高得点が出たので何回か無料でリプレイできた。出発時刻がくればアナウンスがあるだろうと安易に考えてプレイを続けたのである。アナウンスがないので、無料リプレイをすませた後で電光掲示板をチェックに行った。背筋が凍った。搭乗機は五分後に出発予定とある。全速力で走った。当時はセキュリティチェックがなかった。搭乗口に行くとデルタ航空のダグラスDC-8旅客機が一列に三機並んで停まっている。自分の飛行機がどれか分からなかったが、真ん中の飛行機を選んだ。地上整備員はすでにエコノミークラスの搭乗トラップを外していたが、ファーストクラスのタラップはまだそのまま開いていた。そのトラップを駆け上り、後ろのエコノミークラスへと戻った。座席にある背広を見てどんなにホッとしたことか。ポケットにはマリーンに渡すダイヤの結婚指輪が入っていたのだから。ニューオーリンズでピンボールをやって指輪を失くしたなら、マリーンにいったいどんな言い訳ができただろうか。

プロポーズはしなかった。お互い結婚するつもりなのが分かっていたから、その必要はなかった。結婚前マリーンはキリスト教からユダヤ教に改宗したが、これは現実的な理由からでもある。彼女はユダヤ教を理解するために学んだ後に改宗した。私たちは二人とも信仰心が厚いわけではなかったが、私の両親にとっては信仰のあるなしが重要だったからである。マリーンが改宗したことで宗教問題は解決した。法律上、結婚式に聖職者が立ち会う必要はあったが、宗教とは無関係の式を挙げることにした。バプティスト派のハロルド・モーガン牧師に会いに行って挙式をお願いした。モーガン牧師は私がユダヤ人なので気を遣ってくれ、宗教色のない式になるよう取り計らってくれた。フレデリックトン在住のラビにはコンタクトを取らなかった。ユダヤ教の結婚式はテキサスでやることにしたからである。

私の両親は式に出席しなかった。そのときすでに父は病気療養中で、腎臓の摘出手術を受け、狭心症の既

天蓋（フッパ）の下で結婚式、マリーンの両親ウオリーとアルフレッド・パーカーと、ニューブランズウィック、ミントにて：1964 年（イズラエル・アンガー所蔵）

往があり、さらに心臓に問題をかかえていた。当時、飛行機での移動は一般的ではなかったし、モントリオールからフレデリックトンへの列車の旅は悪夢そのものだ。両親が出席できなかったので、式を済ませてから二、三日後に、マリーンと二人でモントリオールに結婚の報告に行った。

一九六四年七月六日、ニューブランズウィック州ミントで結婚式を挙げた。式の直前マリーンの従兄弟《いとこ》がマリーンの家の台所で私のネクタイを直してくれ、父親のアルフレッドは妻ウオリーにネクタイを締めるのを手伝ってもらっていた。ふだんは口数の少ないアルフレッドが「イジーが初めて来たとき門前払いしようか、そう言ったよね、ウオリー。今となってはもう手遅れだがね」とつぶやいたのだ。

結婚式はアルフレッド家の前庭で挙げた。木の枝を這わせたあずま屋が天蓋《フッパ》（ユダヤ教徒の結婚式で使われる覆い）になった。マリーンの父親が造り、地元の花屋が枝葉を刈り取って形を整えてくれた。教会で挙げない結婚式はミントでは初めてだったかもしれない。私の付き添い《ベストマン》は大学の実験室を共有していた友人ラリー・ホートンが務めてくれ、マリーンにはミント出身で長年にわたる友人テディ・バクストンがベストウーマンとして付き添ってくれた。オルガンで結婚式の曲を演奏してくれたのは隣に住む人である。マリーンの友だちにカナダ騎馬警察官《マウンティ》と付き合っている看護師が何人かいた。そのうちの一人が結婚式に出席できなくて残念だと言うので、それを聞いたマリーンが「うちの家はミントとチップマン間の幹線道路に面してるから、みんなに来てもらい車両を別ルートに迂回させてくれれば嬉しい」と冗談半分に言った。驚いたことに、彼らはそう取り計らってくれたのだ。騎馬警察官の職務の一端としてやって来て車両を誘導してくれた。赤いチュニックを着て、全長八メートル以上にもわたる道路を！フランスにいた頃カナダと騎馬警察官に抱いていたイメージさながら、まさに現実のものとなった、そう考えると愉快になる。すばらしい結婚式だった。

結婚式後ニューブランズウィックで数日を過ごし、それからモントリオール経由でオンタリオ州ウィンザーに行き、そこで一夜を過ごした。デトロイト川に架かる橋を歩いて渡りアメリカに入る、これが私たちのハネムーンだった。オースティンにいたとき、前もってフォード・マスタングを予約しておいて、デトロイトでその車を引き取った。自動車販売店に行くと、ちょうど洗車をしている。フォード社製のマスタングで、車の色はシルバー。価格の二七〇〇ドルを現金で払った。新車を持つのは初めてだったのですごく嬉しかった。

新車をデトロイトからオースティンまで走らせた。途中のオクラホマは蒸し暑く息苦しくなるほどだったが、車にはエアコンが付いていなかった。「冷暖房完備」という看板のモーテルを目にするたびに、マリーンは停まってほしいと言い続けたが、私は車を停めたくなかった。というのは前の年にそこを通ったとき、テキサスとオクラホマの州境の北側に素敵なモーテルを見つけてあって、そこにはエアコンばかりかプールがあったからである。やっとのことでそのモーテルに到着して、フロント係に、以前泊まったことがあって、気に入ったから戻ってきたんですと伝えた。受付係の人は「お気に召してくださって有難うございます。ただ今日は満室なんです」とのこと。マリーンに空き室がないことを伝えると「数マイル戻った所にエアコン付きのいいモーテルがあって部屋が空いていたから、そこまで戻りましょう」と言う。私はその案を拒否した。

後戻りしたくなかった。そのあと走り続けたがテキサスに入るまでモーテルはなかったし、やっと見つけた宿はエアコン無しのみすぼらしいモーテルだけだった。これまでにもマリーンの言うことが正しく、自分のほうが間違っている、そういう経験を何度もしているが、モーテルの件はそのうちの一例である。

私たちはテキサスで楽しい時を過ごした。マリーンと一緒に暮らしたのは初めてである。その当時はもちろん、結婚前は恋人同士でも同棲することはなかった。研究は非常にうまく進んでいたし、指導教授のノイス先生は素晴らしい人だった。親しい友人もできた。マリーンはテキサス州立特別支援学校で簿記係としての職を得た。クリスマスには彼女の両親が会いに来てくれた。二人にとって民間航空機に乗るのは初めての経験だったろう。テキサス中を旅行し、一度はメキシコにも足を延ばした。メキシコから帰る途中、国境の街ヌエボ・ラレドで、テキサスロングホーン牛の角一揃いを一八ドルで購入した（ロングホーンはテキサス大学オースティン校のマスコット）。同じような角をテキサスで買えば三五〇ドルしただろう。その角を持って橋を渡りテキサス側に入ったとき、マリーンが手にしていた角を見て、ベンチに座っていた老人がすごいじゃないかと褒めてくれ、どこで手に入れたのかねと訊いた。マリーンが「メキシコで」と答えると、その男性はさらに続けて、どこへ持っていくのかねと。故郷のカナダに持って行くつもりだとマリーンが言うと「カナダではメキシコで買ったと言わないで、テキサス産だと言うんだよ」と教えてくれた。その頃、操縦免許を持っていた友人の一人が、飛行機を借りてテキサスにいる私たちに会いに来た。旧式の飛行機で翼は布張りだから、翼の下に角を縛りつければニューブランズウィックまで持っていってあげられると、請け合ってくれた。だがもしそういう形で角を運んだとしたら、飛行機が乱気流に巻き込まれたとき角の先端が帆布製の翼を突き破るかもしれない。破らないまでも、着陸するたびに飛行場でさぞ珍妙な光景を呈したことだろう。結局、角を二つに解体すれば飛行機に乗せられることが分かった。こうしてフレデリックトンにやっとのことで運ぶことができた。角の長さは先端から先端までほぼ二メートルあった。

テキサスにいた頃、世界的に著名な光化学者が何人もノイス教授に会いに来た。実験室を見せるときに、教授はいつも決まってこう言ったものだ。「こちらはアンガー博士です。研究については私より詳しく知っているので彼に案内させましょう」と。その結果、イギリス、オーストラリア、ソ連など数か所から博士研究員職のオファーがあった。すべて興味深かったが、私は教師として人生のスタートを切りたかった。セントジョン市に新キャンパスを開設したばかりのニューブランズウィック大学が教員の口を提供してくれ、私は感激してそのオファーを受けることにした。学長から採用通知を受け取り、そこには講師のランクに任命すると書いてある。講師として教えるには準備不足だと思い、学部長に電話でその旨を伝えた。数日後、学長から再び手紙が来て、助教授にすると書いてあった。私は助教授になれるほど化学全体を網羅する研究を行ってはいなかった。ニューブランズウィック大学で一番早く助教授に昇進した記録保持者だったかもしれない。

テキサス大学在籍中は週に六日半研究するというパターンで仕事をした。化学学部にはトップレベルの図書館があったので、日曜日の午前中はそこで化学分野の最新の文献を読む。ある日曜日の朝、ノイス教授がたまたま部屋に入って来て「君、何しているの」と訊いた。私は冗談を言うのが好きなので「妻に追い出されたので」と答えると、教授は何も言わずに部屋から出て行った。その数か月後、大学の任期が切れて二、三週間後にテキサスを離れる前に、ノイス教授に面会に行き、何かアドバイスをもらえませんかと頼んだ。「数か月前図書館で会ったことを覚えているかね？　日曜日の朝、君を図書館に行かせてくれるワイフがいるんだから、私のアドバイスなどは必要ない」と教授はおっしゃったのである。

一九六五年にマリーンと私は二回目の結婚式を挙げた。今度はオースティン市のシナゴーグでラビによって式が執り行われた。マイロンとパット・フランクマン夫妻が付き添ってくれた。二人はモントリオール出身の友人で、テキサス大学で博士研究員として働いていたのだ。ささやかではあったが、ユダヤ教の式だったので伝統に則って、私はワインを飲んだあとのグラスを靴のかかとで踏み潰した（p.178の写真では義理の息子リーがワイングラスを足で踏み潰している）。カナダへの帰途、テキサスを離れドライブしながらラスベガスを通った。途中に「キューピッド結婚式用チャペル、料金五ドル、花嫁に無料の贈り物あり、二四時間営業」という看板を見かけた。贈り物って何だろう、それに一九六五年でも五ドルはたいした金額ではないから、冗談半分としても面白いと思った。しかしマリーンは「もうすでに二回も結婚式をあげたのだから、もう一度やるのはごめんだわ」と相手にしてくれなかった。

若手の助教授——テキサス大学からセントジョン校へ

テキサスに二年滞在してからニューブランズウィックへ戻った。一九六五年の秋、ニューブランズウィック大学（以下ＵＮＢ）の最年少教師の一人としてＵＮＢセントジョン校でスタートを切った。赴任したのはちょうど二七歳のときである。セントジョン校はまったく期待外れだった。ＵＮＢの分校で開校したばかりで、規模は非常に小さい。アメリカの一流大学——当時の学生数は二万八〇〇〇人、四〇の学部があり、化学学部だけでも博士研究員《ポスドク》四〇人、大学院生二〇〇人、学部に特化した図書館があり、（機械を扱う）マシーンショップ、ガラス制作ショップ、それに購買部などをもつテキサス大学から——学部数は一七、博士号をもっていたのは二人だけという所帯の小さな大学へ移ったのだ。私以外は誰も研究助成金をもらっていなかった。学生は一三〇〇人ほど——それも大学全体の学生数である。

講義はＹＭＣＡの建物で行った。大学には実験室はなかったし、図書館の設備もない。実験室のスペースが絶対に必要だと強硬に要求して、以前は裁判所として使われていた建物の一室をもらったが、そこには巨大な金庫のほか何もなかった。なんとしても研究を続けたかったし、助成金があったので、かつての指導教授と共同研究をすることにした。自分から進んで毎週フレデリックトンの本校へ行って、図書館を使い、また研究セミナーに参加した。悪天候のため運転条件が悪いときには隔週に行くこともあった。木曜日の夕方出発してミントのマリーンの両親の家に泊まった。マリーンはセントジョンの高校で教えていたので、金曜日にミントに行き、日曜日の夜二人でセントジョンに戻るという生活が続いた。暗闇の中で車を走らせるのは恐ろしかったし、道路状態が悪いときにはのろのろ運転せざるをえなかった。

教職に就いた初年度は誰にとっても困難な時期であるが、こういう状況下でスタートしたので私にとってはいっそう深刻だった。アドバイスを求める同僚は近くにいない。私ひとりで学部を担っていたようなものだ。最初の年は非常につらく、ストレスで胃がキリキリ痛んだ。辞めることを決意し、他大学または仕事の口があるなら化学工業会社でもよいと思って職探しを始めた。そのとき、思いがけなく幸運な出来事が起こった。私がセントジョンの教職に就いたちょうど同じ時期に、フレデリックトンの本校では化学を教えるためにテオファニデスという名の教師を雇った。しかし彼の妻がフレデリックトンの環境に馴染めなかったためマギル大学に移ったのである。学年の終わり近くになるまで、彼は移籍することを誰にも明かさなかった。そのためフレデリックトン大学本校の化学学部に教員の空きポストが一つできた。フレデリックトンに来ないかと言われ、私は喜んでその申し出を受けた。一九六六年の春、学年度が終わるとすぐにフレデリックトンに引っ越した。ただしマリーンは高校の学期終了までセントジョンに留まらざるをえなかった。

ＵＮＢに移籍した当時、化学学部には助教授以上七人の教員がいた。現在は、少なくともその二倍の人数がいる。化学学部は先駆的な研究を行っており、誇りにたる業績をあげ、それを維持しようと努めていた。博士課程の指導教授と共同研究を行った。これは双方にとって都合がよかった。私にとって有利な点は、定評があり、設備がかなり整った実験室で研究を行うことができたこと、かつての教授にとっての利点は、論文件数が大幅に増えたことである。不利な点は、自分独自の研究だとみなされないこと。それに、フレデリックトンの本校に採用されたのは、私の業績が高く評価されたからではなく、秋の新学期に化学の授業をする人材が急きょ必要になったという理由からだった。

教職に就いてから数年後、学生に授業評価をしてもらったことがある。当然高い評価をしてくれるだろうと期待していたところ、私は言葉に詰まると、話の合間に〝えー、あー（eh）〟という語を乱発する癖がある、との指摘を受けた。その評価にがっくりしたが、気持ちを切り替えて学生の指摘は当たっていることを認めた。その口癖を直そうと一大決心をした。およそ二週間かかったが、その癖を克服することができた。

その後の授業は楽しかった。私は授業中に実験を入れることで有名だった。最初の頃は、大人数の学生相手のクラスで基礎化学を教えなければならなかった。例えば、工学部の学生四〇〇人のクラスでは、二五分間講義をし、それから五分間実験をし、また講義に戻ることにしていた。例えば、テルミット反応の実験を実際にやって見せるとしよう。テルミットは酸化鉄とアルミニウムの酸化還元反応で、この反応は急激に多量の熱を発生させる。その激しい反応後に真っ赤に溶けた鉄金属ができるが、その現象を学生は間近に見ることができる。学生同士で話し合っているのをたまたま立ち聞きしたことがある。「アンガー先生の講義に出る？」と一人の学生が訊くと、相手の学生は「もちろん、今日は何が爆発するか分からないからね」と答えていた。またあるときには、マリーンの高校の卒業生がマリーンに「アンガー先生、今日ご主人がもう少しで大講義室を全焼させるところでしたよ」と教えてくれたそうだ。実は、ある反応の説明をしている最中に試薬が漏れて、教壇に火がつくという事故を起こしたことがあった。もっともすぐに消し止めたから大事には至らなかった。

当時のUNBは学年末に、学長の名前で二ページの文書を全教員に配った。最初のページにはその年度に起こった素晴らしい出来事が書かれており、二ページめの最後に「あなたの給与はこれこれしかじかの昇給額になる」と書かれていた。昇給は五〇〇ドルから五〇〇〇ドルまでの幅があり、学長がどう評価し金額を決めるのかは誰にも分からなかった。私の最初の昇給額は五〇〇ドル、その年度の最低額だった。次年度も同じく最低の昇給を得た一人である。政治学の同僚がその理由を説明してくれた。彼によると、私（ユダヤ人）の名前が原因だという。そう聞いた時点で教員組合に加入することにした。業績によって昇進する望みが叶わないと悟ったからである。自分自身でステータスを上げる機会が与えられないならば、組合への加入が、自分ばかりでなく教員全体のためにも、昇給への唯一の道であり、ひいては昇給、昇進、テニュア（大学教師などに与えられる終身在職権）などの合理的な仕組みを作ることになる。一九六八年、私はニューブランズウィック大学教員組合の組合長に選ばれた。当時は、やる気さえあれば誰でもその役職に就けたのだ。

教員組合のために、経済学部の福利厚生委員会の新委員長ハロルド・シャープと一緒に、長時間を費やして給与についての報告書を準備した。そのためには判断材料となる論点とさまざまな書類を作成する必要がある。秘書がいなかったから、すべて自分たちでやらなければならなかった。提出すると、学長が良い報告が書けたねと褒めてくれたので勇気づけられた。家に帰ってマリーンに給与が大幅に増えることになるよと告げた。学長からの手紙を受け取ってみると、昇給が報酬委員会の勧告には遠く及ばないことを知って、どんなに落胆したことか。そのとき、学長が良い報告だねと褒めてくれたからといって、実行に移すつもりはなかったのだと悟った。

研究をないがしろにしたくなかったので、講義の準備と実施、研究、大学院生とのディスカッション、研究論文の執筆、研究企画書の作成などに取り組む必要があった。その上、組合の仕事もあったから長時間を費やさねばならない。ほとんど毎日、朝八時から夜一〇時まで仕事をした。その後も在職中ずっと、すべての手紙に返事を書き、電話を受け、Eメールに返信する、自分自身ですべてをやるのが私の習慣の一部になった。学部長になってからも秘書にこう頼んだものだ。誰からかかってきた電話であろうと、面会中でない限り自分に回すようにと。メッセージには受け取った順番どおりすべてに返事をした。学生であろうと、教授であろうと、大学外の人であろうと、スタッフであろうと、電話やメールの相手が誰かは問題ではなかった。

ニューブランズウィック大学と大学教員組合は一九六〇年後半に深刻な危機に見舞われた。アメリカ人の物理学の教員ノーマン・ストラックスは、ベトナム戦争の抗議活動に積極的に関わっていたが、一九六八年には大学で別の抗議行動を起こした。大学図書館が本を貸し出すにあたって、新たに教職員と学生用に写真付き身分証明カードを導入したが、ストラックスはそれが気に入らなかった。そこでカードを提示せずに本を借り出し始めた。そのため貸出用カウンターに本が山積みになったのだ。何度か話し合いを重ねた後、彼は停職処分を受け、キャンパスへの立入りを禁止された。その禁止令を破って拘置所に入れられたりもした。学生の支援者が数週間にわたって彼のオフィスを占拠。教員も加担したため、カナダ全国大学教員連盟が関わる事態となり、ついにUNB大学教員組合は厳しく非難された。教員は、ストラックスを支持する者、支持しない者に分かれた。多くの教員が教員組合を脱会した。ストラックス事件は、最終的に彼が大学を去り、マッケイ学長が職を辞したことで収束したのである。

大学に勤め始めた最初の頃、学内には異論のある諸問題があり、教授会は白熱した議論で紛糾していた。

ある委員会が教授会の一組織として設置されることになった。その際、一人の教授が立ち上がって「(お金を扱う)会計担当者に、〝ユダヤ人〟を入れたくないですね」と叫んだ。これは会計士を揶揄する発言であると、あとで知った。数年後、大学が名誉学位を授与した人からも同様の発言を聞いたことがある。またアメリカの大学にいるユダヤ人の同僚から聞いた話だが、ドイツ人の教授と親しくなって、夕食に招かれたとき奥さんがこう不満を口にしたそうだ。「戦争の間はすごくつらかったわ。暖房用の石炭が手に入らなかったので、ピアノを弾くのに手袋をはめたんですのよ」と。大学に勤めて数年後のこと、化学学部に新しく配属された教員が私のオフィスに研究課題について話しに来た。研究の話が済んでから別の話題になったとき、突然「ダウンタウンに住むユダヤ人の奴ら(Jews はユダヤ人をさす蔑称)」というようなことを口走った。会話はそこで唐突に打ち切られ、彼は部屋を出て行った。一〇分くらい後になってから、彼は戻って来て、ユダヤ人の私の前であのような発言をしたことを謝った。発言そのものについての謝罪ではなく、ユダヤ人を前にした発言だったから謝ったのである。高学歴の人たちからはもっとましな態度を期待していたのだが残念である。

父の死——筋萎縮性側索硬化症

マリーンに出会った頃から父にさまざまな病気の症状が現れ始めていた。家族はみな精神的に大きな痛手を受けた。初めは腎臓の摘出手術。医者の推測では、腎臓の損傷はタルヌフ市にいた頃ゲシュタポから蹴られたことが原因だろうとのことだった。それから心臓が悪くなった。ある日チャーリーがひどく取り乱した声で「親父はもうすぐ死ぬよ」という電話をくれた。ショックだった。あの恐ろしい難病に罹っているとは。その上、治療法はないとのことだった。一九六七年後半の頃である。

父を診察したモントリオールの神経内科医のリブマン医師は「お父さんは筋萎縮性側索硬化症（以下ＡＬＳ）に罹っていると思うのですが、確かなのかどうか分からないんです」と言う。ＡＬＳとは、筋肉が徐々に萎縮していく不治の運動ニューロン疾患である。また、一九三九年にこの難病の診断を受けた有名な野球選手にちなんで、ルー・ゲーリック病とも呼ばれている。随意筋をコントロールする神経細胞が脱落していく中枢神経系の難病である。ＡＬＳ患者の生存率はおよそ三年から五年だが、物理学者のスティーヴン・ホーキング博士は、奇跡的に、それをはるかに超える年月を生きた。今は地元のファミリードクターでも見つけられる疾患だが、当時この病気はあまり知られていなかった。そこでリブマン医師はボストンのラヘイ病院へ検査に行くようにと勧めてくれた。

チャーリーと父は飛行機でボストンへ飛び、私がボストンの空港で出迎えて病院へ連れて行った。ラヘイ病院では二日間にわたる検査をした。患者の接し方や効率の良い手順など、絶賛に値する病院であると思う。病院に到着するとすぐ一般的な検査、神経内科医の問診、それからさらに詳しい検査、レントゲン写真など、一連の予約を組んでくれた。神経内科医の話によると、モントリオールの病院では、ＡＬＳの症例は年におよそ一例であるから診断の経験が少ないだろう。一方、世界中から患者が集まるラヘイ病院では年におよそ六〇症例あり、そのため確定診断はさほど難しくないとのことだった。父はＡＬＳの診断を受けた。私は少しでも希望をもちたいと思って、治療に結びつく研究が現在行われているかどうかを尋ねた。「治療法が見つかるまでこの先一〇

ダヴィド・アンガー、パスポート写真：1951年頃（イズラエル・アンガー所蔵）

年はかからないでしょう」との答えだった。ラヘイ病院のスタッフは非常に優秀だった。プロに徹していて、患者に苦痛を与えるようなことは言わなかったが、一方で、現実に即してはっきり真実を告げてくれた。あのときからすでに四〇年以上経つが、いまだに治療法は見つかっていない。

三年半が経った後に父は亡くなった。診断を受けたのは六五歳のときである。生涯を通じてほとんど働きどおしで、病魔を得て亡くなったのだ。父が病気になってから、私は年に数回見舞いに行った。すでに仕事を辞めていたが、モントリオールのユダヤ公立図書館に出かけてはいつも四、五冊の本を借り出していた。ヘブライ文字で書かれたイディッシュ語の本を読んでいたという。返却する際には本が山積みのようだったらしい。父がこれほどの読書家であるとは知らなかった。正規の学校教育をほとんど受けていなかったが、書物を大切にし、死が間近に迫っているにもかかわらず膨大な量の書物を読んでいたのだ。当時は、そのことが強く印象に残った。

一九七〇年八月、父は再び入院。モントリオールに会いに行った。実は、フランスで開かれる会議に出席し、それから初めての訪問となるイスラエル行きの予定を組んでいた。父の担当医に旅程を話して、スケジュールを変更したほうがよいかどうかを訊いた。呼吸はかなり苦しそうだが、症状はコントロールできているので旅行しても大丈夫だと、医師は保証してくれた。私は出かけることに決めたが、イスラエル行きは中止することにした。フランス滞在の最終日、飛行場へ行く途中、車を停めてガソリンを入れていたとき、別の車の運転手が近づいて来て「あなたのご家族に緊急事態が起こったというラジオのアナウンスがありましたよ」と言う。マリーンがレンタカー会社に連絡し、ラジオで放送して、私が乗っている車のナンバープレートを探すよう頼んでくれたのだった。その運転手が気づいて教えてくれたのだ。すぐ家に電話をかけてマリーンの母親と話をした。父は危篤状態にあるが、まだ亡くなってはいない、とのことだった。父の死を実際に知ったのは、カナダに戻ってからである。モントリオールへ行き、翌日父の遺体をイスラエルに運んで、オリーブ山の墓地に埋葬した。

私は複雑な心境でイスラエルに向かった。悲しかったし、私より深い悲しみに沈んでいる母のほうが気がかりだった。しかし同時に、イスラエルをついに訪れることになって興奮してもいた。現在のベン・グリオン国際空港から車を走らせた。車中から見る畑や野原は印象深かったし、また一九四八年のエルサレム封鎖を破る際に破壊された、錆びたままのトラックの残骸に心を打たれた。現に、イスラエルの土地を踏んでいることに感動した。だが何にもまして、母はどんなに悲しいだろう、という思いがあった。それで少し信仰に即したことを言って元気づけようと「お父さんは、今、天国で正義の人たちと一緒にいるんですよね」などと言ってみた。しかしこれは慰めにならなかった。「あともう少し一緒にいたかったのに」というのが母の応《こた》えだった。

葬儀に参列している間に頭をよぎったのは、自分と父は互いに相手のことをどう思っていただろうか、ということである。私は業績をかなり残したが、宗教に関しては父の期待に背いていた。両親を失望させていたのだ。成功したことは喜んでくれたと思う。カナダ薬品会社の研究奨励金を授与されたとき、私の名前がモントリオールの新聞に載ったことがある。地元選挙区の下院議員が両親に祝福の手紙を送ってくれた。両親は誇りに思ってくれたはずである。学部長になったこと、カナダ大学教員連盟の会長職やカナダ科学系学部長連盟の会長職についたこと、またカナダユダヤ人会議のホロコースト記念委員会の共同議長を務めたことなどは、父が生前に知ることは叶わなかった。母はまだ生きていたが、そのときすでに息子の業績を理解することはできなかった。両親にとって、宗教は、私が成し遂げた他の何よりもはるかに重要だった。私が教授になって、土曜日にシナゴーグに行き安息日を守っていたら、それこそ両親が望むことだっただろう。

葬儀が終わってから、エルサレムからハイファの母方の従姉妹《いとこ》であるシェズフィーニの家へ行って一夜を過ごした。シェズフィーニはウイッテンシュタイン名のヘブライ語の呼び方である。解放直後タルヌフ市にいたとき食料品を送ってくれたのはこの親戚の人たちだった。従姉妹《いとこ》の小さなアパートは遠く離れていたので時間がかかり、着いたときには、疲れきってソファーで眠り込んでしまった。帰りの飛行機に間に合うには、翌朝は早く起きてテルアビブ行きのバスに乗らなければならなかった。ホテルに泊まり直接エルサレムから空港に向かったほうが、距離も短くずっと楽だったろう。チャーリーは三〇〇〇ドルの大金を持ち合わせていたからお金の問題ではなかった。兄と私は疲れていて頭がまともに働かなかったし、母は父の死のことで悲しみに浸っていたのだ。

フライトアテンダントが飲み物をトレイに載せて持ってきたとき、彼女が横を向いたすきにチャーリーはトレイからウイスキーの小瓶を二、三本くすねて得意そうだった。チャーリーらしいエピソードである。モントリオールに着いたときの荷物は、機内持ち込み用の小さなスーツケースが一つだけ。税関でくまなく調べられた。イスラエルに旅行した三人が小さな鞄をたった一つしか持っていない、係員は不思議に思ったのだろう。モントリオールに戻ってから私たちはシヴァに入った。身近な家族で七日間喪に服したのである。最悪だったのは、その間、髭を剃ることができなかったこと。喪が明けて真っ先にやったのは、髭剃りだった。

一九三九年、タルヌフ市には二万五千人のユダヤ人が住んでいた。ホロコースト後に生き残ったのは二、三〇〇人である。両親は自分の子供二人の命を救い、その他のユダヤ人五人、そして自分たち自身をも救ったのだった。父はユダヤ人警察に加わるようゲシュタポの拷問を受けたが、その命令を拒否した。パルチザンのメンバーから、ゲットーに留まれば死を待つしかないのだから闘争に参加しないかと勧誘されたが、家族を置いて参加することを拒否した。経営者として成功していたが、すべてを失った。仕事を失い、両親、兄弟・姉妹、伯(叔)父・伯(叔)母、甥姪みな亡くなった。母についても同じことが言える。カナダに来てゼロからスタートしなければならなかった。新しい言葉や新しい文化を学ばねばならなかった。しかも仕事は低賃金。父は週給二〇ドルで縫製工場の床掃除の仕事をし、母はお針子として働いた。しかし二人は不満の言葉を口にすることはなかった。

私は今でも深く後悔していることがある。両親に「父さんと母さんは、僕たちにとって素晴らしい、理想的な親だったよ」、そう言ってあげられなかったことが悔やまれる。

兄チャーリーの夫婦間トラブル

マリーンと結婚してからはモントリオールへしょっちゅう出かけた。母に会うのが主たる目的だったが、チャーリーの家族の住む家にも立ち寄った。リリーとチャーリーには三人の娘がいた。長女ロージー、またの名はライセル、それにジョーシー、末娘はキャロラインである。チャーリーは昔のことを家族に話さなかったと思う。私もかつてポーランドなどで体験したことをチャーリーと話し合わなかったし、家を訪れたとき彼がその話をするのを聞いたことはない。フレデリックトンには、一度だけ、チャーリーが家族を連れて会いに来たことがある。次女のジョーシーが一人で来て一週間泊まったこともある。ただし、家族づきあいの面で親しい交流があったとは言えないだろう。

チャーリーとリリーは彼女の両親と共同で二所帯住宅を購入したが、それは大誤算だった。チャーリー夫婦は二階に、リリーの両親は一階で暮らした。結婚当初から二人は夫婦喧嘩が絶えなかった。初めての子供が生まれてから、リリーはチャーリーを置いて、両親の住む階下に行く、チャーリーはベビーベッドを下に運んで両親と一緒に住めるように準備してやる。その間の別居生活は二、三日続くこともあった。リリーの両親は、チャーリーがいかにひどい男であるかを、私の両親に電話で知らせてきた。そこで私も兄夫婦のトラブルの経緯を知ることになったのである。父は事をうまく収めるためにどう対処すべきかを考えた。解決策として、ランデル夫妻のような第三者に仲介を頼むことにした。数日経つとリリーから戻ってもよいという許可が出て、チャーリーが花束を持って迎えに行く。そこでリリーは二階へ戻り、チャーリーがベビーベッドを運び上げる。このサイクルが再び始まるのだった。

二人の結婚生活は活火山のようだった。噴火し、沈静化し、ふたたび噴火を繰り返していた。チャーリーが気に入らないことをするたびに、リリーがしかけた泥試合のようなものである。誠実かどうかは問題ではなく、むしろ生き方《ライフスタイル》の違いだった。リリーには気取ったところがあった。上品な女性《レディ》であろうとした。読書クラブに入り、紅茶をたしなみ、社交界で活躍したかった。一方、チャーリーはまったく洗練されていなかった。しごく平凡な男である。

結婚して二〇年経った頃、二人は大喧嘩をした。結局チャーリーが家を出て、パークアヴェニューのさびれた建物の地下にアパートを借りることになった。実はリリーに追い出されたんだと、彼が電話で言ってきたときには、気の毒に思った。最後となったこの喧嘩のあとチャーリーは私の助けを求め、話を聞いて同情してもらいたかったのだろう。アパートに会いに行ったが、兄のそんな姿を見るのはしのびなかった。すっかり落ち込んでいた。収入に相応しくないアパートに住んでいたが、まさしくその住居は彼の当時の気分を表していた。チャーリーとリリーは二人とも、一、二週間、あるいは一、二か月も経てば、また仲直りして元のさやに収まると思っていたのだろう。

私たちは夕食を共にし、しこたま酒を飲んだ。チャーリーを笑わせて励ましたかった。しばらく経ってモントリオールに行ったときも、彼は同じアパートで暮らしていた。だが、そのときすでにヒルダに出会っていた。私の知る限りでは、彼女はエルサルバドル出身で、エルサルバドル人の家でメイドの仕事をしていたと思う。妊娠したため、雇い主の家から追い出されて、安アパートに移った。小さな赤ん坊を抱えており、自活するのに困っていた。隣のアパートに住んでいたのがチャーリーだった。二人はエレベーターで出会ったという。チャーリーは乾物問屋の店主だったから、赤ん坊のためにちょっとした品物をプレゼントし、それが事のきっかけになった。

チャーリー、母ヒンダ、息子マイケル、モントリオールにて：1980年頃（イズラエル・アンガー所蔵）

仮にヒルダに出会っていなかったら、リリーとチャーリーは元のさやに収まっただろうと思う。それが二〇年間いつものパターンだったのだ。私はリリーと話し合いをもった。彼女は友だちから「二〇年間も結婚していて、なんでこうなるのを許したの」と言われたそうだ。彼女はまた一緒に暮らしてもよいという確かなサインを出していた。いつもだったら、チャーリーは悔い改める行動を起こしただろう。だがその間チャーリーはヒルダと知り合い、彼女はオーバーなほどチャーリーの機嫌をとっていた。出会って間もなく二人は一緒に暮らし始めた。チャーリーはこの上なく幸せで、人生に新しい意味を見出したのだ。さびれた地域を出て新しいマンションに引っ越し、ヒルダに店の仕事を与えてやった。一緒に暮らし始めてからすぐ、フレデリックトンの我が家を訪れたことがある。ヒルダは二〇代前半で、可愛い小さな娘を連れてきた。家に着いてチャーリーがソファーに座ると、ヒルダは即座に駆け寄って、靴を脱がせ、スリッパを持ってきてやった。チャーリーがこんな扱いを受けるのはまったく初めてのことである。

リリーは、子供たちがチャーリーに反発するよう仕向けた。これは予想されたことで、チャーリーが子供を利用して仕返しをしたからである。例えば、リリーが娘の歯の治療代が必要だと電話をかける、しかしチャーリーはすぐには支払おうとしない。お金をだしにリリーに罰を与える手段としたのだから、子供たちが父親に対しても同じような行動に出るのは当然のことだった。もちろん、父親が家族を置いて出て行ったことは悲しかっただろう。チャーリーが養育費を出したかどうかは分からない。話し合いの末、リリーが家をとり、それで決着をつけたのだと思う。リリーは一緒に住んでいた家にその後も住み続けた。チャーリーが娘たちの面会権を得たかどうか、あるいはどうでもよかったのかは分からない。後味の悪い離婚だった。その後私とチャーリーの付き合いは続いたが、彼の娘たちとの関係はほとんど途絶えた。向こうから縁を切ったのだ。ただし、チャーリーの最期のときには、よりが戻って父親に会いに来てくれた。

離婚後、チャーリーとヒルダは結婚し、まず高級マンション、それから一軒家を買って移り住んだ。チャーリーはヒルダの娘マドレーヌを養子に迎え、その後ヒルダとの間に息子マイケルが生まれた。マイケルは父の名前モルデカイにちなんでつけた名前である。しかしチャーリーの幸せは長く続かなかった。

カナダのおかげで得た活躍の場

ニューブランズウィック大学（以下ＵＮＢ）に話を戻すことにしよう。在職中は大学内のさまざまな委員会の委員はもとより、学外では学術・行政・研究・専門に関連する諸活動に携わり、理事会の役員も務めた。また、教育現場を離れ、社会貢献の一環として地域の委員会にも参加した。

自分に何ができるか、それを証明する必要があったのだと思う。他の人に受け入れてもらいたい、有用な人材であると認めてもらいたい、私は承認欲求が強い。これは自分のマイナスの側面である。とはいえ、幸運に恵まれたからこれだけの業績をあげることができた――謙虚を装うつもりはない。国中の幅広い分野の知的で興味深い人々に出会うことができ、共に仕事をするという機会に恵まれたことは、自分の力で得た評価というより、むしろ懐の深さを示すカナダが与えてくれた評価である。

例を挙げると、大学の学長選考委員会の委員長を務めたことがある。役職についていない平教授が委員長になるのは非常に珍しく、おそらく前例がなかった。貴重な経験になったが、それにもましてよかったのは、生涯の友人エルドン・トンプソンに出会ったことである。彼はあらゆる点で素晴らしい人物である。私たちは出会った当初から気が合った。互いの人生において有意義な時を過ごすことができた。

エルドンはニューブランズウィック州南部の小さな町で生まれ育った。UNBで電気工学の学位を取得し、ニューブランズウィック電話会社の社長になり、その後オタワに移って、カナダ衛生通信事業会社（以下テレサットカナダ）の社長になった。この会社はテレビや電話の衛星通信を行う国際的な企業である。エルドンは、賢明かつ温厚で、思慮深く、しかも知性豊かな人物である。

ある日、エルドンから「君の名前を推薦しておいたよ」と彼特有の穏やかな調子の電話がかかってきた。当時テレサットはカナダ全土にわたる高校生のためのコンテストを開催していた。米国のスペースシャトルに乗せて宇宙に送る実験のアイディアを募ったのである。私は審査員の一人になるよう依頼された。なぜテレサットが声をかけてきたのか。エルドンの推薦によったのは明らかである。私は審査員に選ばれた。

テレサットの審査員の中にジョン・コルダがいた。彼はテレサットの打ち上げ責任者で、衛星を軌道に乗せる専門知識をもっており、テレサットのためカナダはもとより、他にも五、六か国に技術を提供していた。コンテストで優勝した若者のアイディアを実行に移すプロジェクトをテレサットが担当したのだ。ジョン・コルダとは何度か電話で話し合いをもった。テレサットが装置を作り、光栄にも、私はケープケネディ宇宙センターでスペースシャトルの発射を見守るよう招待されたのだ。チャレンジャーの爆発事故が起こる前年である。

米国航空宇宙局《ナサ》の本部へはホテルからバスで行った。ある日そばに座っていたコルダが自己紹介し話しかけてきた。彼はハンガリーの政変後、一九五六年にブダペストからカナダにやって来たという。「戦時中はどこにいたんですか」と訊くと「ビルケナウ」と答えた。ユダヤ人であるから一〇代の頃は修道院に身を隠していた。両親を助けようと隠れ場所から出たところ、捕らえられてアウシュヴィッツ・ビルケナウ強制収容所に送られた。両親がガス室に連行される現場を見ざるを得なかったそうだ。

ジョン・コルダのようなホロコースト生存者で、カナダ人となりさまざまな分野で社会貢献している人は大勢いる。およそ四万人のユダヤ人がカナダに移り住んだ。明らかに私の体験談もそのうちの一例である。

エルドンの指名によって私は公共政策研究所（以下ＩＲＰＰ）の理事会の理事に就任した。オタワで開かれるカナダ大学教員連盟の会議に出席するたびに、エルドンに電話をかけて夕食を共にしたものだ。食事中、多くの社員がレストランにやって来て「お邪魔して申し訳ありませんが」と言いながら書類を渡すと、エルドンはその重要書類に署名していた。エルドンを通して、さまざまな分野の人と知り合う画期的なドアが開かれることになったのである。

ＩＲＰＰの議長は、カナダ進歩保守党の党首を数年にわたって務めたロバート・スタンフィールドだった。実際、彼は「カナダがこれまでに輩出した中で最高の首相」と呼ばれている。ＩＲＰＰの所長は枢密院の書

カナダの総督ジャンヌ・ソーベと面会、リドー・ホールで開かれたIRPPのリセプションにて：1987年（イズラエル・アンガー所蔵）

記を務めたゴードン・ロバートソンで、そのほかの理事はみな同等の地位のある人たちである。理事になってしばらくしてから、スタンフィールドから電話があり、指名委員会の委員長をやってくれないかと依頼された。最高裁判所の判事ロザリー・アベラも理事の一人だった。研究所は名だたる理事が多くいたので、ミーチレイク合意（ケベック州を含めカナダ全体の合意を得ようとした憲法修正案）の折衝の最中には、ケベック州の知事ロベール・ブラッサが昼食会に来たことがある。知事は修正案の可決を支持するよう求めていた。通常であれば、大学の一教師がこのような人々に会う機会はめったにないが、幸運にも、エルドン・トンプソンのおかげで知り合うことができた。

ロバート・スタンフィールドは、温厚かつユーモアのある素晴らしい人物である。彼とは小さなグループで偶然知り合った。ロバートにまつわる逸話がいくつかある。お互い当意即妙に応答しあったものだ。ある年のこと、彼の議長職が任期切れになった。もちろん、委員会としてはもう一期やってもらうよう熱心に彼を推薦し、私が推薦書を読み上げることになった。おもむろに「非常に困難な選定作業でした。私たちは、議論を重ね、熟慮し、じっくり考えて…」と話を切り出し、それから一息間を入れて「およそ半秒でロバート・スタンフィールド氏に決定いたしました」と言った。彼のほうでも、次回の会合で委員会の新メンバーを紹介する際「こちらはバンクーバーのどこそこ銀行の頭取だれそれ氏です」、さらにその人物の業績を挙げてから「もともとフレデリックトン出身の方ですが、イズラエル・アンガーが引っ越してきたのでやむなく町を離れたのです」と言ったりした。また、ＩＲＰＰの会合をレジャイナで開いたときにはこんなやり取りがあった。サスカチュワン州副知事の主催で歓迎会が開かれた。出迎える側には副知事、副知事の妻、それにスタンフィールドが立っており、会場に入ってくる理事会と委員会のメンバーを、彼が一人ひとり紹介していった。私の番になったとき「こちらはイズラエル・アンガー氏。彼はニシンのチョーカー（チョーカーという語にネックレスと絞首刑執行人の両方の意をかけて）なんです」と言った。副知事がけげんな顔を見せると「ニューブランズウィック州のスラングです」と。ノバスコシア州出身のスタンフィールドはすかさず「私たちはブルーノーズ水夫と呼ばれているんですよ（カナダで有名なスクーナー帆船にちなんで）」と言った。副知事が「それではプリンスエドワード島出身の人たちは」と訊くと、ためらうことなく「ロブスター・スナッチャー（海底をさらって、ロブスターを捕る漁師）ですかな」と応《こた》えたのである。

ロバート・スタンフィールドと：1981年頃（イズラエル・アンガー所蔵）

　最後にユーモアのある彼の逸話をもう一つ――フレデリックトンでＩＲＰＰの会合をもったことがある。会の前日、空港に駐車違反ステッカーが貼ってあることに腹を立てた男が、正面入り口に車を突っ込んだのだ。空港ではガラスドアの代わりに急きょベニヤ板を取りつけた。その夜、空港でスタンフィールドを出迎えた。ターミナルビルのドアがなぜ板張りになっているのか、その理由を説明したところ、彼は「ニューブランズウィックの人たちは自己主張を

〝力づくで〟するんですね」と言ってのけた。

私が出会った政治家はスタンフィールドに限らない。ニューブランズウィックの元知事フランク・マッケナとは今でもメールのやりとりをしている。私は彼に対し深い尊敬の念を抱いている。シャーロットタウン合意を目指してカナダ憲法を修正するか否かについての議論が紛糾していたとき、マッケナ知事は、市民委員会を立ち上げ、合意文を検討し立法府に報告することにした。委員会は立法院で会合を開き、合意について一般市民の立場を政府に助言したのである。これは単なる見せかけの会合にすぎなかったと思う。それでも、マッケナは委員会の座長として二人を任命した――ニューブランズウィック大学の当時の法学部長と、もう一人は私だった。カナダが国として一つにまとまるために若干にせよ貢献できたのは誇らしく、またそのことを光栄に思った。

ガンブルトン司教と、ニューブランズウィック大学にて：1980年中頃（イズラエル・アンガー所蔵）

ユダヤ人コミュニティが、世俗的《セキュラー》なユダヤ人あるいは厳格に戒律を守る正統派ユダヤ教徒を問わず、クリスチャンコミュニティとの交流をもつことは双方にとって重要であると思う。例を挙げると、私が平和科学連盟のニューブランズウィック支部長のとき、ガンブルトン司教に講演を依頼した。彼は米国のパックス・クリスティ（カトリック国際平和組織）の創始者である。私にとって重要なのは、カトリックであるか否かではなく、彼が平和にとってきわめて重要な理想を促進していたことである。

数年後の一九九〇年代に、カナダ合同教会の沿海州会議の「福音・教会統一《エキュメニズム》・神学」委員会から招請され、会議の草案文書「真実の証《あかし》」についての意見を求められた。私は喜んで招聘を受けた。草案文書に感銘を受けたからである。委員会では一日半をかけて草案にともなうさまざまな問題点を話し合った。委員会のメンバーは合同教会の聖職者と沿海三州（ニューブランズウィック州、ノヴァスコシア州、プリンスエドワードアイランド州）からの一般人だった。二、三か月後、二年間の任期で委員会に参加してほしいとの要請を受けた。自分には神学の専門知識がないし、ユダヤ人なので会の目標の一つである福音の伝道を支持することはできないとの旨を伝えた。それでも任命され、さらに数回再任された。一〇年以上にわたって委員を務め、今では最古参のメンバーである。他のメンバーと出会い、彼らの真剣さ、そして人類のために働こうとする熱意に触れるのは嬉しい。さらには、クリスチャンコミュニティとユダヤ人コミュニティ双方にとっての懸案事項について、ユダヤ人である私の率直な意見を述べてほしい、そう心から願っていることを知って有難く思う。

カトリックのダン・ボアン司祭は、私が合同教会の会議に初めて出席したときの委員の一人だった。二、三年後、ダンは司教の聖職授与式に招待してくれ、私は喜んで参列した。後に、彼はレジャイナの大司教に任命された。また、シャロンとリーの娘ソフィーの命名式にゲストとして立ち会ってくれた。もっとも、ここで娘や孫の話をするのは先走りすぎるので控えることにしよう。

シャロンとシーラ

娘のシャロンは一九六七年生まれ。その年はちょうどカナダ百周年にあたっていたので、私たちはシャロンのことを百周年《センテニアル》ベイビーと呼んだ。出産したのはフレデリックトンのビクトリア公立病院。今でも覚えているが、マリーンが分娩室に入り、病院の外廊下で待っている間、こんなことを考えていた。「どんな態度でいればいいんだろうか。落ち着かなくて当然なんだ」と。当時は分娩室に出入りできたのは医療従事者に限られていた。出産に立ち会いたかったのだが、付き添いはできなかった。

その頃はまだアパート住まいで、リジェント通り沿いのロス・ミレイに住んでいた。マリーンによると、シャロンが生まれた後、世界中の女性すべてが賢くて、自分より子育てが上手だと感じていたそうだ。妻が育児に不安をもっているとは思いもよらなかった。女性が子供の世話をし、男性が職業をもつ、残念ながらそういう時代だった。今になってマリーンを十分に手助けしなかったことを悔やんでいる。彼女は妊娠中もフルタイムで働いた。フレデリックトン高校で妊娠しながら教え続けたのは、彼女が最初の教師である。出産後に休みをもらえたのは一七日間だけ。今ならカナダの女性は一年までの産休をとることができる。

私たちは昔ながらの役割分担をした――マリーンがおむつ替えをし、風呂に入れるなど。私もときにはおむつを替えることもあったが、安全ピンを赤ん坊の肌に刺してしまいそうで恐ろしかった。紙おむつが市場に出回り始めた頃である。フラッシュ・アイ・バイ《流してバイバイ》という名前で売られていた。丸ごとトイレに流せるという意味である。マリーンがありえないと警告したが、とにかく試してみた。二階に住んでいたので、アパート全戸半分のトイレを詰まらせてしまった。

シャロンはマリーンの祖母の誕生日に歩き始めた。ミントのマリーンの実家の台所にいたときのことである。かなり大勢の人たちが集まっていた。何がきっかけだったのかは覚えていないが、マリーンの父親へ向かって歩いたのが、シャロンの第一歩だった。おじいちゃんの所に行きついて声をあげて泣いた。シャロン一三か月のときである。まさにその一瞬は真剣そのもの。シャロンは成功したことにショックを受けたのだろう、思わず泣きだしたが、それは喜びの涙だった。

シャロンは幼い頃から控えめで大人しい子だった。一歳のとき、アパートから新築の家に引っ越した。フレデリックトンに居続けることは確かだったし、これ以上賃貸アパートに住みたくなかった。一九六八年に

シャロンとシーラ、ユダヤ教のヘデル校の卒業式にて、フレデリックトン：1976年頃（イズラエル・アンガー所蔵）

三万二〇〇〇ドルで土地つきの家を購入した。平屋建ての家で数年かけて建て増し、今でもこの家に住んでいる。引っ越した当初は、家が完成していなかった。親子三人でシャロンの子供部屋に寝たのだが、私は歯がひどく痛むし、可哀そうにシャロンは一晩中泣き続けた。見知らぬ場所に連れて来られたのが嫌だったのだろう。急な変化に拒否反応を起こしたのだ。何年ものあいだお気に入りの毛布を指先でもてあそび手放さない、そんな娘だった。

一九七四年、シャロン七歳のとき、宗教教育を行うヘデル校に通わせた。ヘデルとはヘブライ語で「教室」を意味しており、そこではユダヤ教の基礎やヘブライ語を教えた。その頃、私とマリーンはシナゴーグの会員になっていた。シャロンは小学校の授業が終わってからシナゴーグに歩いて行ったものだ。その後、次女シーラがシャロンと一緒に通い、マリーンが仕事帰りに車で二人を迎えに行った。娘たちはバット・ミツバ（女子が一二歳になったことを祝うユダヤ教の成人式）で成人を祝わなかった、当時のラビは女の子の儀式を行わなかったからである。

シャロンは学校の成績がとてもよかったが、それでも高校にあがる頃になると試験のことでくよくよし始めた。「試験はぜんぶ不合格だよ」などと言うが、戻って来た結果を見ると高得点を得ていた。フレデリックトン高校の卒業時には、数学とフランス語で賞を取り、大学への高額な奨学金を獲得した。

シャロンが医師を目指すきっかけになったのは、祖父の死である。アルフレッドが亡くなったとき私は中国にいた。しばらく前から心臓に問題を抱えていたが、彼の死は突然だった。皆がコテージに集まっていたとき、〝発作〟が起きたのだ。マリーンが病院に連れて行ったが、その夜、亡くなったのである。マリーンが中国に連絡を寄越し、私の帰国まで葬儀を待とうかと訊いたが、できるだけ早く済ませた方がよいと考えて、待たないようにと伝えた。急きょ帰国し、葬儀の翌日フレデリックトンに戻った。マリーンが空港の搭乗口で出迎えてくれ、シャロン、シーラ、そして祖母ウオリーは外の車で待っていた。私が車に乗り込むと、シャロンがすかさず「わたし、おじいちゃんのためにお医者さんになる」と宣言した。シャロン一六歳のときである。

一七歳になったシャロンは、モンクトン市の新生児科医を訪れて一夜を過ごし、実際の診療現場を見学した。新生児学とは小児科の副専攻科で、新生児の診療・治療にあたる分野である。シャロンは新生児に関わる仕事を専門にしようと決めた。その秋ニューブランズウィック大学に入学。初年度の大学の成績指標値（GPA）では四・三の満点中、四・三のスコアをとった。英語以外の科目はすべてAプラスで、英語でもAマイナスの成績である。夏休みには医学大学院進学適性テスト（MCAT）の試験勉強をし、有機化学は自己学習をして備えた。その年、ニューブランズウィック大学で試験を受けた約三〇人の学生の中でシャロンが最高得点をあげた。他の学生は三年生、四年生、あるいは大学院生で、シャロンだけが二年生だった。医学部三校に出願し、すべての大学から入学許可をもらう。彼女が選んだのはハリファックスのダルハウジー大学で、フレデリックトンに近いという理由からである。医学部卒業後、各診療科を回るインターンを一年経験してからダルハウジー大学病院小児科のレジデントになり、小児科専門医の免許を得た。その後、トロントのマウントサイナイ病院で新生児学の専門研修《フェローシップ》を受け、一年間研究を行った。フレデリックトン空港で決意を語った日から一五年後に、シャロンは一人前の新生児科医となってマウントサイナイ病院に就職したのだ。シャロンは、昔も、そして今も、信じられないほど決意が固く、ひとたび目標を定めると、どんな障害にもめげず乗り越えようとする。目標達成のためには最大限の努力を惜しまない娘である。

祖父のために医師になるんだと宣言した後、シャロンは医学の専門知識を生かして祖母の命を救う手助けをしたことがある。ウオリーは鼻血がなかなか止まらないためミントの病院に入院した。小規模の病院である。

血圧が非常に高かったので、強力な薬剤を処方され、経鼻バルーンの挿管治療を受けた。経鼻バルーンとはバルーンが先端についたカテーテルで、圧をかけて鼻血を止める器具である。伯（叔）父から電話を受けたマリーンは、すぐにウオリーの様子を見にミントに駆けつけた。見たところ、症状は落ち着いていて心配なさそうだった。フレデリックトンに戻ったマリーンはトロントのシャロンにそのことを報告した。シャロンが入院中のウオリーに電話をかけると、具合があまりよくない、それに血痰が出るという。鼻血は止まっておらず、血液が経路を変更しているにすぎない、シャロンはそのことに気づいた。血液が鼻から出ないで、喉に流れ落ちている、それで血痰が出るのだと。シャロンはミントの病院に電話をかけて、ウオリーのバイタルサインを教えてほしいと頼んだ。その病院では入院時の測定後はバイタルサインを測っていなかった。「電話を切らずにおきますから、すぐに祖母のバイタルサインを測ってください」と頼んだ。測定してもらった数値は、危険なほど血圧が低く、心拍数が高かった。これは心臓発作を引き起こしかねない症状である。そこでシャロンは血圧の薬を中止するようミントの医師に頼んだ。それからマリーンに電話して、一刻も早くウオリーをフレデリックトンのチャーマーズ病院へ連れて行くようにと指示した。マリーンがミントに到着するまで、シャロンは祖母との電話を切らないでいた。マリーンによると、ミントへこんなに速く車を走らせたことなどこれまでになかったそうだ。チャーマーズ病院に連れて行ったあと、鼻血は止まった。その後、我が家で数日を過ごした。ウオリー八四歳のときである。シャロンが医学的に介入してくれなかったら

かったら、おそらくウオリーはその夜亡くなっただろう。年なんだから発作を起こして死んだ、みんなはそう言ったと思う。

シーラは一九六九年生まれ。シャロンより二歳年下である。当時ニューブランズウィックでは幼稚園教育が必須ではなかった。戸外で遊びたがるシーラをベビーシッターに頼み面倒をみてもらったことがある。そのときマリーンが「シーラは幼稚園のドロップアウト《中途退学生》だね」と冗談半分にからかったという。シーラを車に乗せていたある日、「パパ、ドロウバウトは、悪い子なの?」と訊く。「ドロウバウトって、一体何だい」と訊くと「わたしがそうだって、ママが言ったんだもん」とのこと。シーラは面白い子だった。

ヘデル校では毎年恒例の卒業式が行われ、ウオリーとアルフレッドがいつもその行事に出席してくれた。娘たちはよく賞をもらっていた。式典が終わってから、卒業生のためのパーティが開かれた。シーラが九歳の頃のことだが、他の子供たちと部屋の中をはしゃいで走り回っていたが、片方の腕をわき腹にぴったりつけている。どうしたのと訊くと、洋服についたチョコレートミルクの染みを見せてくれた。何としても、他の人に見られたくなかったのだ。

シーラが通っていた小学校、セント・ダンスタン校で授業参観があり、帰宅したマリーンはひどく気落ちしていた。他の子供たちはみんな「よくできました」という星印《スター》を沢山もらっているのに、シーラの名前にはほとんど付いていなかったという。それからはマリーンが家で勉強を見てやることにした。マリーンによると、シーラはエンジンがかかると止まらなくなるという。彼女はフレデリックトン高校を首席で卒業した。

一〇代の頃から、シーラは世界情勢に関心をもっていた。私と一緒にミーチレイク合意についての講演会に出席したことがある。公共政策研究所の理事会がケベック市で開かれた最中のことで、ミーチレイク合意について議論していた。ケベック州を委員会に迎え入れて、カナダ憲法の修正に持ち込もうとする試みは結局失敗に終わった。シーラをケベックに連れて行ったときのこと、一七歳の頃である。昼食会ではケベックの知事ロベール・ブラッサが講演者だった。彼はミーチレイク合意案を可決することがいかに重要であるかについて語った。講演が終わると質問を受けつけ、そのほとんどが合意に関するものだったが、シーラは手を上げてこう質問した。「サグネ川のシロイルカを救うために何をしているのですか」と。知事は他の質問と同じくらい真剣に答えて、ミーチレイク合意とはまったく無関係な、シーラのこの質問に狼狽する様子を見せることはなかった。

一九八九年、ロザリー・アベラ判事に名誉学位を授与する式典がニューブランズウィック大学セントジョン校で催され、その席にシーラを連れて行った。ロザリーはドイツの難民キャンプで生まれ、一九五〇年にカナダに移って来て、法律専門家となり、最終的に最高裁判所判事に任命された――最高裁判所判事という栄誉を担う最初のユダヤ人女性である。シーラと私は学位授与式に出たが、式典が夜に行われたので前もってセントジョンのモーテルを予約しておいた。授与式が終わったあとの晩餐会にも出席した。ロザリーと同じテーブルに座りたかったのだが、会の責任者はすでに席順を決めておりそれは叶わなかった。晩餐会はデルタホテルであり、ロザリーはそこに滞在していた。晩餐会が終わってからホテルのレストランでコーヒーを飲む約束をして、九時頃にお会いした。興味深い話のやり取りが続いて、会話に夢中になって時の経つのに気づかなかった。ウエイトレスが来て「申し訳ありませんが、店を一二時に閉めることになっております。今一二時半なんです」と言う。ロザリーが自分の部屋に来るよう誘ってくれたので、そこで話を続けた。ホロコーストの間に、ロザリーの両親が経験したこと、それに私が経験したことなどを話し合ったと思う。ロザリーの父親はクラクフ市出身だった。ロザリーの話によると、彼は戦前ヤギエウオ大学の法学部に通っていたが、講義室の後ろに立って講義を受けなければならなかった。ユダヤ人は他の学生との同席が許されなかったからである。またカナダでは、司法試験に通っていなかったため、弁護士として働くことはできなかった。娘のロザリーが法律職に就いたことを、ことのほか喜んでいたそうだ。ロザリーには戦前に生まれた兄がいたが、ホロコーストの間に命を落としたという。午前三時頃になって、ロザリーが早朝の便で出発することから、もうお暇しなければと思った。シーラとモーテルに戻ったのは三時半頃である。その晩中ほとんど一言も話さなかったシーラが初めて口をきいた。「パパ、ソフトドリンクを買ってきてくれる? 興奮していて眠れそうにないんだ」と。

ちょうど同じ頃、シーラが大学一年次か二年次だったが、ホロコースト否定論者がフレデリックトンへ講演にやって来たことがある。マリーンはモントリオールの母の見舞いに行き、シャロンはハリファックスにいて不在だった。ふだんからシーラと私は毎朝一緒に大学に行き、一緒に帰宅することにしていた。イギリスのホロコースト否定論者デイヴィッド・アーヴィングがフレデリックを訪れて、その週にリジェント通りのシティモーテルで講演するというアナウンスがあった。ユダヤ人コミュニティの誰かがアーヴィングの講演を抗議するデモを計画していた。シーラがパパも参加するつもりかと訊いたので、行きたくない口実をいろいろつけて返事をしておいた。アーヴィングの講演は金曜日の夕方行われる予定だった。金曜日の朝、シーラが「パパ、早めに迎えに来てね。パパが行くかどうかは分からないけど、私はデモ行進に参加するから」と言う。もちろん自分としては行くのが恥ずかしかった。シティモーテルの前、雪の中を二〇人ほどの人たちがデモ行進していた。カナダ放送協会が抗議集会の様子を取り上げてテレビ報道している。レポーターが私のところへやって来て一つ二つ質問してから、アーヴィング氏は歴史学者ですよね、というようなことを言った。そこで、私はこうコメントした。「アーヴィング氏が歴史学者というなら、蠅の羽をむしり取る(残酷なことをする)人は生物学者ということになりますかね」と。シーラは満面に笑みを浮かべていた。

シーラ、ニューブランズウィック大学卒業。理学士の卒業証書を父親のイズラエル学部長より授与される：1989 年（ジョイ・カミングズ提供）

そのコメントは映像クリップとしてカナダ放送協会のテレビで放送されたのである。

シャロンとシーラに、私がホロコーストを免れて生き残ったことを、面と向かって話した覚えはない。ことさら腰を据えて話そうとはしなかった。二人はホロコースト記念行事の際、私が講演するのを聞いている。一〇代の頃も、そして大人になった今も、二人はホロコースト否定論者との闘いを支援している。ニューヨークへ連れていったことがあって、ワシントンでは博物館めぐりをした。もちろん、ホロコースト博物館も訪れた。館内にはタルヌフ市のユダヤ人墓地の鉄門の現物が展示されている。これは一九九一年ポーランドの大統領レフ・ワレサが寄贈した墓地の門である。

娘たちは学問や職業の面で大いに成果を上げてきた。二人とも医師である。シャロンはトロントで新生児科医として働き、トロント大学医学部の助教授である。シーラはスイスのローザンヌ大学病院で遺伝学専門医として勤めるかたわら、ローザンヌ大学医学部の専門分野の役職に就いている。二人とも英語以外の言語を学んだ。ハリファックス

次世代の結婚式。イズラエルとマリーン［左］が長女シャロンとリー・ハインリヒの結婚を見守る。ユダヤ教の伝統に則り、花婿のリーが幸運を願ってワイングラスを足で踏み潰している写真、ナイアガラ・オン・ザ・レイクにて（イズラエル・アンガー所蔵）

の医学生だったシャロンが、循環器科をローテーションで回っていたとき、男性患者がニューブランズウィックから搬送されて来たことがある。彼はフランス語しか話せず、翌日心臓手術を受ける予定になっていた。スタッフは誰も手術前後の処置などについて説明することができない。シャロンはチームの最年少だったが、フランス語で話しかけて彼の不安を和らげることができたという。シーラはトロントの小児病院で働いたあと、夫と共にスイスに転居し、フランス語を用いて仕事をした。夫の転勤にともないドイツのフライブルクへ移ったが、ドイツ語集中コースを受講し、三か月後にはドイツ語で患者を診察することができた。シャロン、シーラともにそれぞれの分野のエキスパートとして国際的に認められている。

子育てには大きな責任がともない、容易ではない。子供を作るのは簡単だが、その子をまともな人間に育てるには多くの資質を要する。よく思うのだが、何かをやるには免許がいる——車の運転、飛行機の操縦、それに多くの専門的な職業など。だが、子育てに関しては、その道に精通しているという免許は必要とされないのだ。

私自身はいわゆる普通の子供時代を過ごしてこなかった。幼い頃ポーランドを出国したときは、両親と別行動でまた会えるかどうかも分からなかった。パリで再会したときは両親が見知らぬ他人のように思われた。その後、再び両親の元を離れてイギリスの伯父夫婦の家に預けられた。両親が私たち兄弟のために住む場所や食べ物を与えることができなかったからである。他人の子供の世話など本当はしたくなかっただろう高齢の伯父夫婦に育てられたから、いわゆる世間並みの生活ではなかった。これまでの経験を考えると、私が親としての役割を学ぶ機会などあっただろうか。幸い、マリーンにはそのことがよく分かっていた。私が子育てについてばかげたコメントをすると、その場で良い方向へと誘導してくれた。

娘たちが医学部に通うようになってから、毎月一定額をそれぞれの口座に預け入れた。それ以上要求されることはなかった。シャロンが医学生のときには食器洗い機を買ってやった。どうしたら娘たちの生活を快適にしてやれるか、そういう面では常に気を配ったつもりである。

マリーンと結婚したときに合意したことがある。子供は親の期待に沿う義務はない、親を幸せにするのではなく、自分たちが幸せになるような人生を送ってほしいと、そう子供に伝えようと決めた。その合意に沿って暮らすよう努力した。子供は成長が速いから、今を楽しみなさい、とよく言われる。マリーンと私は娘たちが産まれた瞬間から子育てを楽しんだ。これまで「時がこんなに速く過ぎるのが分かっていたら、もっと別なやり方をしたろうに」と言ったことはない、そう悔やむ理由などないからだ。

最高のおばあちゃん

娘二人とミントの祖父母の関係は非常に良かった。アルフレッドとウオリーには三つの優れた特性があった。賢明で、心が広く、しかも私が出会った人の中で最も無私無欲である。

マリーンの両親は二人ともミントの大家族出身で、両家は半マイルほどしか離れていなかった。アルフレッドは一九一三年、ウオリーは一九一六年生まれである。アルフレッドは一三歳のときにミントの炭鉱で働き始めた。熱心に働いてW・B・エヴァンズ鉱業会社の職工長になり、炭鉱が売却されてからはA・W・ワッソン鉱業会社に勤めた。マリーンが幼かった頃、連邦選挙のことで上司との関係が険悪化した。アルフレッドは根っからの保守主義者で、選挙日にはトーリー党の選挙民を渡し船に乗せて投票所へ連れて行ったという。上司はそれが気に入らなくて注意を与えた。言うまでもなく、彼はそんなことで思いとどまることはなかった。そこで会社を辞め自分で採炭の仕事を始めた。その後、私がマリーンに出会った頃には道路建設に手を広げていた。ここで彼の経歴を述べるのは、結果がどうあれ自分が正しいと思う行動をとる、個人の意見・主張を重視する、自立心に富む、アルフレッドのそういう人物像を示したかったからに他ならない。マリーンは父親のこの性格を受け継いでいると思う。

一九六四年に私たちが結婚した頃、マリーンの父親は失職していた。しかし次の仕事に就けるかどうかで狼狽したり心配することはなかった。数週間も経たないうちに、エイボン鉱業会社が、ミントのショベル系掘削機《ドラグライン》を扱う職場の責任者になってほしいと電話で要請してきた。ドラグラインとは露天掘りに用いる巨大な重機である。故障した重機を再稼働させるのが仕事の一部だった。

マリーンの母親は、当時としては一般的ではなかったが、いわゆる仕事を持つ母親《ワーキングマザー》だった。二二年間、雑貨店を開いていた。マリーンは「子供の頃は店を中心にその周辺でほとんど過ごしていたの」とよく話してくれたものだ。マリーンは両親から思いやりをもつことの大切さを学んだという。母親は冬の期間は店の石炭をたく炉の火を絶やさないように気を配っていた、子供たちがスクールバスを待つ間に体を暖められるようにしてやるためだった。とても心の優しい人だった。両親は二人とも家族や周辺地域の人たちを愛しており、ひとり娘のマリーンに無条件の愛情を注いでいた。マリーンは愛情あふれる幸せな子供時代を過ごしたと言う。

ミントの葬儀場を運営していた老夫婦が亡くなり、アルフレッドとウオリーはフレデリックトンのマクアダムズ葬儀場と業務提携してミント葬儀場を購入した。防腐処理を除いて他の業務すべてをミントで行った。アルフレッドは鉱山から退職後そこで働き、ウオリーは七五歳で引退するまで葬儀場を経営していた。

マリーンと私は週末になるたびにミントへ出かけた。ベビーシッターが必要なときはマリーンの両親がいつも手伝ってくれた。学校休みになると娘たちはミントへ行き、グランド湖にあるコテージで祖父母と過ごしたものだ。シャロンとシーラを預かったある日のこと、ニューカッスルの葬儀に呼び出されたので、子供たちを連れて行った。手配がすべて終わり家路に着いたときには夜遅くなっていた。アルフレッドが疲れ切っていたので、ヌーナンで車を停めてウオリーが運転を交代。シャロンはその頃八歳くらいだったが、どこへ行くにもお気に入りの毛布を手放さなかった。ミントに着いたが、シャロンの毛布が見当たらない。シャロンは泣き始めた。ヌーナンで運転を代わったときに毛布が外に落ちたに違いない、そう気づいたウオリーは「泣くんじゃないよ、シャロン。わたしが戻って見つけてあげるからね」と言った。アルフレッドとシーラは家に入り、ウオリーはシャロンを連れてヌーナンまでわざわざ戻って毛布を見つけたのだ。ミントに帰り着いたとき、シャロンは「おばあちゃんは、世界一のおばあちゃんだよ」と言ったそうだ。シャロンはウオリーの葬儀の際にもこのエピソードを披露して「今でもおばあちゃんは世界一です。大好きなおばあちゃん」という別れの言葉でスピーチを締めくくった。実は、シャロンは知らなかったのだが、ウオリーが生前この話をしてくれたことがある。そのとき「幼いシャロンのあの言葉を聞くためだったら、わたしは中国までも運転して戻るよ」と言っていた。

シャロンとシーラは祖父から毎週お小遣いを二ドルもらっていた。マリーンの両親はもともとバプティスト派の信者で教会に献金をしていたものの、定期的に教会に通ってはいなかった。葬儀業という仕事の関係もあって多くの聖職者と親しい付き合いがあった。実際、マリーンの父親が病気で入院していたある午後、カトリックの神父、バプティストの牧師、合同教会の牧師、それにユダヤ教のラビも見舞いに訪れている。同室の患者が「いったい、あんたの宗教は何なの?」と訊いたという。

祖父母が生活の一部になっていたのは、娘たちにとって大きな意味があった。私自身には祖父母がいなかったから、とりわけそう思う。シャロンはトロントの自宅の各部屋にウオリーの写真を飾っている。

私の母は、ウオリー相手に「孫たちにしょっちゅう会えてお幸せですね」と言ったそうだ。学校が休みのときや私がモントリオール経由で旅行に出かけるときには、シャロンを連れて行き、母に預けて帰宅途中に迎えに寄ったものだ。イスラエルに行ったとき母は娘二人に宝石をお土産にくれたが、泥棒に入られたとき盗まれてしまったのが惜しまれる。

モントリオールを訪れた際、母が婚約したときに刺しゅうを施したマツア袋をマリーンが褒めたことがあった。母はさりげなく贈ってくれ、マリーンは今でもそれを大切に持っている。それにもましてよかったのは、家族の歴史を思い出すようにと、そのマツア袋をいずれはシャロンにやるつもりだと母に告げたことである。いつのまにか母は生地を買いに行って、マツア袋をもう一つ作ったのだった。シーラのために刺繡をしたマツア袋を。母は生きている間ずっと針仕事をしていた。自宅や湖のコテージには母の美しい作品の写真が飾ってある。

母は、婚約後に作ったとき以来初めて、シーラのためにマツア袋を縫い、刺繍してくれたのだった。

第五章

ホロコーストの語り部——妻マリーンと二人三脚

アンガー学部長就任

大学での教師生活は非常に楽しかった。幅広い分野にわたる一生の仕事である。もちろん、大学教師の主たる職務の一つは、研究論文の執筆であることは言うまでもない。私はこれまでに研究論文を約五〇本書いた。執筆を始めるにあたっては、まず助走期間に身を置く。参考文献を集め、何週間にもわたって準備を整える。研究成果を論文にまとめるときが来たと覚悟を決めて、ようやく書き始める――いったん始めたら書き終えるまで途中で止めることはしない。私は書き終えると快哉を叫びたくなったものだ。あるクリスマスの夜、マリーンと子供たちはすでにミントの両親の家で過ごしていた。私は研究室で論文執筆に取り組んだ。論文を書くにはまさに好都合な時間帯である――休暇中なので学生はいない。周囲にはほとんど人っ子一人いない。マリーンからは「今晩は街にいないで、ミントに来てね」と前もって言われていた。執筆を始めてから夢中になりすぎて、顔を上げたときにはすでに日が暮れて暗くなり、外を見ると雪が降っている。その日は終日降り続いていた。マリーンの指示を思い出し、論文の最後の仕上げを済ませてミントへ向かった。距離にして四五キロの運転である。猛吹雪の中を走った。森林地帯わきの丘を下っている途中で、車が横にスリップして制御不能になった。幸い、対向車線に車が来なかったので助かった。ミントにたどり着くのに三時間もかかったのだ。道路は最悪の状態だったから、吹雪の中で運転するなんてばかみたい、とマリーンに言われた。

学術分野以外でもさまざまな職に就いた。ストラックス事件が起こったあと、ニューブランズウィック大学教員組合の新組合長に選出された。大学の新学長は、前工学部長だったジェイムズ・ディニーンである。常識があり、聡明で、思慮深い人物で、いわば調停者でもあった。ニューブランズウィック大学の給料はかなり低い。給料を上げることで士気が高まることに気づいたディニーン学長は、経済学部の報酬委員会の委員長と私を呼んで「君たちはオンタリオ州のクイーンズ大学と同じ給与と同じ授業負担を求めていますね。そのうち一つは可能ですが、両方は無理です。どっちがいいですか」と訊いた。ハロルド・シャープはためらうことなく「金額を上げてください。長時間、働きますから」と答えた。ニューブランズウィック大学は、カナダの他の大学と同様、その規模を急速に拡大していた。ディニーン学長のもとで、一年に昇給が二回あった――もっとも、最初の一年だけだったが。これでディニーン学長は教職員に評判が良くなったが、州のお役人たちには不評を買うことになった。

その他、大学の委員会の会合に出席し多くの時間をさいて、「雇用契約と条件」の修正に向けて取り組んだ。この文書には、昇進、大学教授の終身在職権《テニュア》、給与調整、不当な扱いに対する苦情処理法、教員の義務と責任など、詳しい説明が載っている。ジョージ・マカリスター法学部長が大学経営陣を代表し、ハロルド・シャープと私は組合を代表し、会合の場には他にも数名のメンバーが同席した。ある会合で私はこのような反論を行った。「教授Aと教授Bは業績が同じであると仮定して、Aは五年後に昇進し、Bは四年後に昇進したとする。Aに対する処遇が適切であったにしても、Bが優遇措置を受けたことは明らかであり、Aには苦情を申し立てる理由があります」と。ついにマカリスター法学部長は譲歩して、君はいい弁護士になれるよ、と言ってくれた。

アンガー学部長、ニューブランズウィック大学の化学実験室にて：撮影年不詳（ジョイ・カミングズ提供）

さらに、州の組合であるニューブランズウィック大学教員連盟を立ち上げた。連盟にはニューブランズウィック大学、フレデリックトンのセントトーマス大学、サックビルのマウント・アリソン大学、それにフランス語系のモンクトン大学が加入した。この組織を成功させるためには、モンクトン大学が違和感を覚えないようにする必要があると考えた。そこで会議の席では、たとえモンクトン大学の代表がフランス語を使わないにせよ、私は努めてフランス語を話すよう心掛けた。そのときフランス語を学び直す努力をしたのである。この組織を二か国語併用の会にし、同時通訳はつけないことを提案した。会員は公用語のどちらを使ってもよく、それで意思疎通ができるものと考えた。モンクトン大学の教授に会の規約の草案作成を頼んだ。彼はしり込みして、フランス語でしか作れない、英語版の正確さを保証できないと言う。そこで私は「まったく問題ありません。フランス語を公式版とし、両方の版を作りますから」と説得した。規約はフランス語話者がフランス語で作成したから、これは道理に適う方法であるように思われた。モンクトン大学の人たちは「本当に可能なんですか」と驚いたものだ。

州の教員連盟の会長に選ばれ、成り行きとしてカナダ大学教員連盟の理事の一人になった。何年にもわたって理事を務めたので、私を辞めさせるには昇進させるしかないと考えたのだろう。連盟の執行部のひとりに選出され、それから副会長、ついに会長に就任することになった。

副会長の任期中、ダルハウジー大学の著名な哲学者で、会長のデイヴィッド・ブレイブルックと共に、ケベック連盟のカナダ全国連盟への加入に向けて交渉した。ケベックの組織はケベック大学教員連盟と呼ばれており、それまでは別団体だった。当時はルネ・レヴェック党首が率いるケベック党の全盛時代だったことを思えば、カナダ全国連盟への加入は素晴らしい成果だったと思う。ケベックの大多数の教員は熱烈な分離主義者だった。最初の会合をモントリオールで開き、フランス語で会議を始めたのがよかったのだろう。ケベックの代表の考えでは、我々は英語を話し、彼らはフランス語を話す、それで互いに意思疎通を図ることができるという。それで良しとしたが、交渉だけはフランス語で行った。彼らの言語であるフランス語とケベックの人たちに敬意を表したい、そういう気持ちを知ってもらいたかった。また、最初の会議終了後、ケベックの代表が次回の会合をオタワ（カナダの首都）で開催してはどうかと提案したが、会合はオタワよりモントリオールで続けたほうがよいだろうと応《こた》えた。理由は、私はフレデリックトンから、会長はハリファックスから出席するのでモントリオールのほうが好都合だったからである。投票や委員会の役員について、ケベック大学教員連盟に「特別なステータス」を与えることで意見が一致した。これはきわめて理に適っていると思われたが、時の連邦政府を困惑させる結果になった。政府は何であれケベックに「特別なステータス」を与えることに断固反対していたからである。全国的な組織がいかに国の政治や国内の対立状態を反映するかは驚きである。

カナダ大学教員連盟の会長に在職中、より広い地域社会に働きかけるようにと力を注いだ。財界、政府、そして報道機関との対話は重要であり、大学や大学の教員は居住する地域社会の一部であるべきだと思った。この目標を達成するために、「財界、行政、大学」についての会議を主催して、トロントのロイヤルヨークホテルで会合をもった。また大学の管理運営にも積極的に関わり、何年もの長い間、大学評議会で理学部の代表を務めた。さらに、公共政策研究所の仕事も続けた。この仕事をして一番よかったのは、学内および学外の人たちと交流がもてたことである。

一九八四年理学部の学部長に立候補した。現職の学部長が五年を経て任期切れになるので、もう二年延長してその職に留まることを申し出た。彼に異存はなかったが、私は学部長になりたかったし、他の教授たちも、五年の任期満了まで責任をもつ学部長が必要だと考えていた。現学部長に会いに行って、私の立候補は一期のみでよいと話した。しかし、私は選出されなかった。結果を聞いた後、学部長に電話で教授会は正しい選択をしたとの祝意を伝えた。彼とはその後も良い関係を保っている。理学部が科学見本市を主催した際、学部長は私に実行の任にあたるよう要請。私は即座に承諾した。その後も科学見本市を通して理学部がより広い地域社会と関わりを持つようにした。ニューブランズウィック教育省、コミュニティカレッジ、ニューブランズウィック学術研究会議、それに多くの経済界にも呼び掛けて、審査員を出してもらった。リチャード・ハットフィールド知事にも名誉審査員を数回お願いしたこともある。見本市の行事はマスコミに取り上げてもらった。

一九八四年の学部長選に落ちたとき、いわゆる諺でいう意味の「缶を蹴った（一石を投じた）」からもう二度とチャンスはこないだろうと思った。だがチャンスは巡ってきて、一九八六年に五年間の任期で理学部学部長に選出された。学部長を選ぶにあたっては、まず選考委員会が、当該人物の業績評価を関連する専門分野の教授に打診し、それから候補者を推薦するか否かを決める。一九九一年、さらに一九九六年にも学部長に選ばれた。信任してもらえて非常に光栄に思った。

理学部長の任期を通じて、多くの興味深い人々に出会う特典が与えられた。ノーベル賞受賞者数人にもお目にかかった。その一人はゲルハルト・ヘルツベルグで、彼は何十年にもわたりカナダにおける最も著名な物理学者だった。私がとくに興味を覚えたのは、博士がナチスの迫害から逃れて一九三五年にドイツを脱出してカナダに移住したことである。妻である物理学者のルイーゼ・エッツティンガーがユダヤ人だったからだという。

ニューブランズウィック大学は「ブライアン・プリーストマン講演」という名称で一連の講演会を主催していた。ブライアン・プリーストマンは、溺れかかった少年を助けようとして命を落とした物理学教授である。学部長として講演会を企画する任にあたり、講演者を招待し、ホスト役を務めた。アメリカの科学者E・O・ウイルソンとも連絡を取り合った。彼は〝社会生物学の父〟として有名で、二度ピューリツァー賞を受賞している。直接お会いしたことはなかったが、メールや手紙のやり取りをした。学部長としてこのように非凡で素晴らしい人たちと知り合う機会をもてたことは光栄であり、私の人生を豊かにしてくれた。

ジャーナリストで政治戦略家でもあるダルトン・キャンプがディスカッションのための小グループを企画し、毎週火曜日にフレデリックトンのロード・ビーバーブルックホテルに近い、ビクトリア・アンド・アルバートレストランで意見交換の昼食会を開いていた。ハットフィールド知事の首席補佐官で次官のウィン・ハケット、それに大学からは数名の教授が出席し、私も参加するよう求められた。ケンブリッジ・ナロウズにあるキャンプの自宅で開かれたパーティに二回ほど招かれたこともある。その場での話題は常に政治がらみだった。政府の内幕のさまざまな話をダルトンから訊くのは非常に興味深かった。

私は大学生活を大いに楽しんだ。もっとも、かつて思い描いていた大学とは、実情が異なっていた。最初の頃は、大学はいわば〝丘の上の街（理想社会）〟であるというイメージを持っていた。奇妙な偶然だが、ニューブランズウィック大学は文字通り「丘の上」に立っている。大学は偏見とは無縁の場所であり、そこで教授はさまざまな意見を出し合って議論し、人類の安寧と幸福を促進するために研究を行う場所である、と。実はそこで見たものは、想像通りではなかった。しかし私は人生のさまざまな側面を経験し、学内・学外を問わず他領域の魅力的な人々に出会うという素晴らしい機会に恵まれた。教えかつ学ぶことにより社会は進歩する、私は心からそう信じている。教授人生のハイライトは、研究助成金を得たこと、研究論文を発表したこと、また昇進したことであり、さらには学部長名簿に載っている優秀な学生や奨学金授与対象の学生たちに会うことができたことだ。学生のために表彰晩餐会を設け、その後、教職員のための表彰晩餐会も開いた。また、アメリカ、ヨーロッパ、イスラエル、そして日本で開催された学術会議に出席した。一九九九年に退職して、名誉学部長の称号を授与された。

自分が予想した通りではなかったにせよ、私はためらうことなく、生涯の仕事として、再びこの職業を選ぶであろう。

学部長になってから、理学部に所属する秘書の皆に感謝をこめて昼食会を主催した。毎年、その会で、秘書は学部の仕事を支える重要かつ不可欠な一部であるという話をした。退職した際、理学部の秘書が餞別の贈り物として我が家の裏庭に野生のリンゴの木を植えてくれた。毎年五月下旬には見事な花が咲く。ニューブランズウィックでは五月が一年で最も素晴らしい季節である。ここでは春の訪れは遅いが、ひとたび春になるとすべてが美しく彩られる。木々の葉が出始め、リンゴの木は華やかなピンク色の花をつけ、ライラックの茂みには色とりどりの花が咲く。すべてが緑色に染まり、穏やかで過ごしやすい気候になる。

チャーリー――父親と同じ病魔に冒されて

兄チャーリーは非常につらい最期を迎えた。四六歳で筋萎縮性側索硬化症（以下ALS）に罹った。シャロンをともなって、大学関連の仕事でプリンスエドワード島へ出かけていたとき、チャーリーから自宅に電話があり、私と直接話をしたいとのことだった。マリーンが私の居場所を突き止めて、やっと連絡がついたが、シャーロットタウンでカナダ公共放送の取材を受けている最中だった。折り返し電話をすると、ALSの診断を受けたという。チャーリーが病気について打ち明けたのは、私が最初である。手を貸してもらいたかったのだ。

セカンドオピニオンが欲しい、ただしモントリオールではない別の場所で受診したい、との相談だった。ブリティッシュコロンビア大学には、医学部教授で非常に親しい友人ジム・フォルクスがいる。そこで彼に電話をかけてアメリカの神経内科医を探してくれないかと頼んだ。ジムは医学部で同期だった医師、ニューヨークのコロンビア・プレスビテリアンメディカルセンターの著名な神経内科医に連絡し、予約を取ってくれた。アメリカでは金さえあれば予約がすぐに取れる、そのことを初めて知った。友人のおかげで手配がスムーズにいって有難かった。チャーリーのために手助けができてほっとした。彼をニューヨークの病院へ連れて行った。

最初のニューヨーク行きは最悪の旅になった。診察した医師はALSという確定診断をくだし、チャーリーを退院させた。ALSは父親が罹ったのと同じ病名で、彼にとっては残酷な告知である。言うまでもなく、ひどく取り乱したから「どうやって家まで連れて帰ろうか」と不安だった。バーに連れて行って、一緒にジンを二、三杯飲んだ。それとなく落ち着かせようとしたのだ。死刑宣告を受けた直後、自分だったらどう振舞うかの想像はつく。予約した便より早く、早朝、ラガーディア空港から帰途につくことにした。やっとのことで飛行機に乗せて、中でカードゲームをし、酒を何杯も飲んだのを覚えている。できるだけチャーリーがゲームに勝てるようにした。フライトアテンダントが通りかかったとき、彼がいかさまをしてるんだと冗談めかして訴えて「飛行機の中でいかさまを許していいんですか」などとふざけて訊いたりもした。

その後、五、六回、医師の診察を受けにサンフランシスコの病院に連れて行った。飛行機に乗るのが難しくなったときにはボストンに車で出かけた。できる限りのことをして、彼に希望を持たせたかった。治療に望みを託している、そう察したから、最善を尽くす覚悟で希望を叶えるための努力をしたのだ。医師を、そして治療薬を探しまわったが、病気の進行は速かった。病院巡りの旅行は容易ではない。思い通りの動作ができなくなったからである。トイレに行くときには、便房（仕切りブース）にも一緒に入って介助した。飛行機の乗り降りも思うに任せなかった。機内の通路を通って降ろさなければならなかったからである。チャーリーに付き添いながら脳裏に浮かんだのは、ポーランドを出国したとき、またエクス・レ・バン孤児収容施設やロンドンの伯父の家に居候していたとき、私はチャーリーに大きく依存していたこと、今やそのサイクルが閉じて、今度はチャーリーが私に頼っているのだと。彼と一緒の時を過ごすために、有給休暇は取らず、一度に何週間も仕事を離れた。それだけ多くの時間を割くので、我ながら不甲斐なく落ち込んでしまったこともある。

ＡＬＳに罹ってからチャーリーは一〇年間生きたが、その病気がいわば死刑宣告であるという事実は、彼にとっては立ち直れないほどの衝撃だった。父の場合より兄のほうが打撃は大きかった。父の最期を身近に見ていたからである。

忸怩《じくじ》たる思いがするのは、ＡＬＳを患った期間中チャーリーのためにいろいろ尽くしたにもかかわらず、必ずしも常に優しい気持ちで接しなかったから。サンフランシスコに滞在していたとき、朝早い時間帯、車のフロントガラスが霧で曇っていた。チャーリーがフロントガラスを何とかしろよと言う。腹を立てた私はかっとして「うるさい！」と怒鳴って走り続けたことがある。またあるときには、チャーリーの頼みで事態がより煩雑になり、さらに厄介になった。サンフランシスコに出かけるためフレデリックトンからモントリオールへ彼を迎えに行った。出発の朝は着氷性の雨が降っていて地面が凍り付いていた。ヒルダや子供たちと住んでいたチャーリーの家はガレージが地下にあり、道路から車庫への私道は下り斜面になっている。空港へ行くのにタクシーを呼んだ。チャーリーは外階段を使うことができない。私がまずガレージに連れて行き、そこから道路に出るのだ。ガレージのドアを外部から開けるために、家の外に出て、凍った私道を壁伝いに滑るように降りて行かなければならなかった。車庫のドアを開けて、なんとかチャーリーを連れ出し、タクシーに乗せた。それから戻ってスーツケースをタクシーまで運んだ。その時点でタクシーの運転手は、チャーリーだけを乗せて空港へ連れて行き、空港では自分が介助しなければならない、そう不安になったのだろう。私に向かって「いったい何やってるんですか⁈」と訊いた。「大丈夫。私も一緒に空港へ行きますから」と運転手をなだめ、やっとのことで車に乗り込みチャーリーの隣に座ったとき、今度はチャーリーが「戻ってガレージのドアを閉めてくれないか」と言う。「空港からヒルダに電話をして閉めてもらおうよ」と応《こた》えたのだが、「いいや駄目だ、今すぐ閉めてくれ」と言う。ヒルダの手を煩わせたくなかったのだ。私は車を降りて、ふたたび家の壁伝いに凍結した私道を滑りながら下って車庫のドアを閉め、またタクシーに戻った。まさに悪夢だった。

もっとも悪い時ばかりではなかった。サンフランシスコに初めて行ったときには、ＡＬＳ研究センターという施設へ行って、そこにおよそ一週間滞在した。退院後、帰りの飛行機まで二日間待機しなければならない。チャーリーが病気のことを忘れるにはどう過ごすのがよいだろうか。彼はギャンブル好きだったから、ネバダ州のリノへ連れて行った。サンフランシスコから車で三時間ほどの距離である。うまくいって、彼は大喜びしてくれた。サンフランシスコの医師が処方してくれた薬が効いている、病気は快方に向かっていると、チャーリーは思ったのだ。また、マリーンとモントリオールを訪れたときにはステーキハウスで夕食をおごってくれたこともある。体調がいいので、私たちも嬉しかった。最初のサンフランシスコ行きの頃、チャーリーは私への感謝の気持ちを何とか形に表そうとした。私はトヨタのランドクルーザーを持っており、車に載せるルーフラックを探していた。カナダでは手に入らないか、あるいは値段がすごく高い。チャーリーは私を連れて店を何軒か回り、私がルーフラックの品定めをするのを興味深そうに見ていた。これというラックに決まると、チャーリーがプレゼントとして買ってくれたのだ。また別の旅行のときにはスキューバダイビングのウェットスーツを買ってくれたこともある。

サンフランシスコ行きを諦めた理由は、長時間の飛行機での旅行が不可能になったからである。その代わりボストンに行くことにした。旅行の間、チャーリーが病気を忘れるようにと冗談を言って笑わせようとしたものだ。その間、アムステルダムの医師のところにALSの進行を止める薬があるという情報を見つけた。一般に知られている薬で、ALS患者用ではなかったのだが。その医師に連絡したところ薬を多量に送ってくれるという。顆粒を水で調合する薬である。薬剤を提供する際、調合方法を記した説明書を添付してくれるとのことだった。私は調合に関わりたくなかったので、アムステルダムの薬局で調合した後で送ってもらうことにした。支払いを済ませてアムステルダムからフレデリックトンへ調合薬を輸送してもらった。薬がフレデリックトン空港に着くと、税関職員が電話をくれ、品物が何なのかといろいろ質問し、引き渡してよいものかどうかをオタワに問い合わせたものだ。最終的には、通関許可を出してくれた。

モントリオールへ薬を届けると、チャーリーが自分で注射を打った。私に注射をしてもらいたいと言ったが、それはやらなかった。その薬のことがよく分かっていなかったし、安全性に確信がもてなかったからである。薬が症状の改善に役立っていると兄が考えたので、骨を折ったかいはあった。

病気に罹った最初の頃は、二種類の薬剤バクロフェンとリチウムを使った。バクロフェンは中枢神経系に作用する薬である。チャーリーはその薬が関節の動きをよくしてくれるという感触をもった。ALSに罹るとまず体がこわばり始めるが、チャーリーはバクロフェンがこわばりを少し和らげてくれると感じていた。例えば、医師の処方では一〇ミリグラムの薬を、彼はその二倍、さらに三倍の量を使ったものだ。リチウムを服用していたが、これは一般には気分変動を調節するための薬である。気分のむらをコントロールするために、サンフランシスコの医師がこの薬を何人かの患者に処方したところ、ALSの症状に改善がみられることを知って、自分の患者すべてに処方し始めたのだという。

チャーリーはアメリカで処方薬を補充してもらいたかった、バクロフェンはカナダより高用量で手に入れることができたからである。会議でモントリオールへ行ったとき、アメリカに一緒に行ってくれないかと頼まれたことがある。バーモント州のバーリントンへと向かった。いつも大金を持って旅行する、それが彼の旅のスタイルである。国境で車の座席の下にその金を隠しておいた——なぜそんなことをしたのかは分からない。運転していたのはチャーリー。国境警察官が彼に質問を始めた。

「どこに行くんですか」「友だちに会いに」

「友だちはどこに住んでいるの」 答えなし。

「友だちとどこで会うの」「レストランで」

「レストランはどこですか」 答えなし。

警察官は怪しいと思い、車から降りて税関と移民局のある建物に行けと指示した。車は徹底的に調べられ、もちろん、隠し金は見つかった。これで警察官はいっそう不審感を抱いたのだろう。テロの時代になる以前の話である。それまで私は一言も口を挟まなかったが、とうとうこう釈明した。「兄には病気があるので、アメリカ人医師の処方薬をもらいにバーリントンに行くところなんです」と。するとアメリカの医師やサンフランシスコの病院などについても詳しく訊いてきた。私はすべての質問に正確に答えた。税関の係官は、

「お兄さんはなぜ最初にそのことを言わなかったんですか」と訊く。

「病気のことを話すのは恥だから、隠したかったんです」

「嘘をついて捕まるほうがもっと恥ずかしくはありませんか」

係官はそう言って税関を通してくれた。車から降りたときのチャーリーは、見るからに体調が悪そうだった。病気のことを恥じたのか、それとも以前と同じように物事の処理ができない、そういう自分を認めたくなかっただけなのか、本当のところは分からない。薬を処方してもらった後、バーモント州の国境検問所に戻りたくなかったから、ニューヨーク州経由で帰途についた。チャーリーは申告に反対したが、私はニューヨークの検問所では処方薬を申告すると言い張った。バーモントでのやりとりの後で怖気づいていたからである。

兄の様子を見ると胸が締めつけられ切なかった。ボストンの定評のある神経病センターに連れて行ったことがある。事前にコプリープレイスホテルに予約をとっておいた。そのときすでにチャーリーは歩行器なしに歩くことができなかった。ホテルに到着してから、兄より先にスーツケースを持ってフロントへ記帳しに行った。ところが予約が入っていないという。実は、コプリーホテルには、コプリープラザとコプリープレイスという二つのホテルがあったのだ。もう一方のホテルは道路を隔てた反対側にある。ちょうど兄がフロントに向かって来るところだった。ホテルを間違えたらしい、と私が言うと、一言も口をきかなかった。覚悟を決めた険しい表情を浮かべ、一八〇度向きを変えてドアの方へ歩き始めた。道路の反対側のホテルに行くのにタクシーに乗らなければならない。兄の表情を見て申し訳ないと思った。かつては精力に溢れ強靭な体力をもっていた人が歩行器を使うまでに衰え、目の前の道路を渡るのにタクシーに乗らざるを得ない、その姿を目《ま》の当たりにした。あまりにも痛ましかった。

妻のマリーンによると、目を見ることで感情を読み取ることができるという。それは難しいと思う。なぜなら物理的には目は目にすぎないからだ。しかし、ホテルを間違えたときチャーリーが浮かべた覚悟の、あの険しい目の表情に、彼がどんな思いでいるかを読み取ることができた。

サンフランシスコで朝食を食べにレストランへ出かけた。歩行器を使っていたチャーリーには私の介助が必要で、レストランに入るのはかなり大変だった。彼は周りを見回し、とりわけ若者たちに目を向けている様子だった――彼の頭の中をよぎっていたのは、こんなことではなかったかと思う――「ほら、あの若い奴ら、金はないかもしれないが、健康がある。俺にはたっぷり金があるのに、病気なんだ」と。チャーリーの商売は繁盛していた、妻ヒルダもいた、息子が生まれたばかりだった。「病気の進行をくい止めるには神経を切り取ればいいじゃないか、なぜそれができないのか。今持っているものだけでいい。今のままの自分でいさせてくれ」と考えたのではないだろうか。

最後の数年間、オランダから薬を取り寄せるなど、チャーリーのためにできる限りのことをやったが、医者詣での旅はすでに終わっていた。その期間は五、六年続いたろうか。ALSに罹ったとたんヒルダとの夫婦仲は悪くなり、電話で私の助言を求めてきた。彼はいろいろな場所に現金を貯め込んでいた。ヒルダは、その金は夫婦のものだから、当然彼女に渡すべきだ、そうすれば問題は解決する、と主張した。金を渡せば、彼女はチャーリーとの縁を切ってしまうだろう、私にはそれが分かっていた。もちろん彼にもそのくらいの分別があるものと思った。「よく考えなよ、金を渡せば家を追い出されるよ。世話をしてくれるなら全部やる、世話をしてくれないなら何もやらない、そういう契約書を作ったらどうか」と助言した。しかし私が気づいたときには、すでに現金をヒルダに渡した後だった。ヒルダに放り出されたのか、あるいはあまりにも惨めなので自分から家を出たのかは分からない。最終的に、ヒルダは家を取り、商売を取り、そして現金を取ったのである。私が思うに、ヒルダはチャーリーから取れる物ほとんどすべてを取ってしまうと、彼が重荷になったのだ。その後、もともとはチャーリーの持ち家――彼が自分とヒルダのために買った家――へ行ったことがあるが、ヒルダは家の中に入れてくれなかった。他の男が一緒に住んでいることが分かった。

チャーリーとヒルダの結婚の絆は、病気を乗り越えられるほど強くなかったのである。

その後、チャーリーは母と住み始めた。ユダヤ人地区からコート・セント・キャサリンとマウント・ロイヤル地区へ引っ越した。チャーリーはそのときすでに車椅子になっていたので、エレベータ付のアパートが必要だったからである。それから二、三年間母が面倒をみた。世話をするのが無理になってからは、モントリオールのマイモニデス老人病センターに入院し、そこで最期までの二年ほどを過ごした。私は頻繁に見舞いに行けなかった。マイモニデスは余生を過ごす最期の場所であり、モントリオールでは最高の老人病センターであると言われている。患者のほとんどはユダヤ人である。

モントリオールに用があるときは必ず見舞いに行ったが、一五分か三〇分くらいしか側にいなかった。見舞いに誰が来ようと関心がないようにみえた。いつも自分一人で会いに行った。最後の二回ほど見舞ったときだったろうか。「俺、もう死にたいよ、イジー」とつぶやいた。この時点でどうにか口はきけたが、ろれつが回らなかった。家に帰ってからマリーンにその様子を話した。きっと気持ちを分かってほしかったのだろうと。チャーリーは手の指の爪で崖っぷちにしがみついている、そんな印象をもった。

最期のときにはチャーリーの娘たちが会いに来てくれた。一九九〇年に死亡。ＡＬＳとの闘いは長期にわたったが、その死にはショックを受けた。フレデリックトンにいたとき、彼の娘婿が電話で知らせてくれた。モントリオールでは本来の意味での葬儀は行わなかった。チャーリーはイスラエルに埋葬されるようにとの段取りをすでにつけていた。ユダヤ人の死体は二四時間以内に埋葬されなければならない。母は遺体を入れたお棺に付き添ってイスラエルへ行くと言い張ったが、私たちは何とか思いとどまるよう説得した。母は体力があまりに弱っていて旅行には耐えられないと思ったからである。ラビや他の人にも頼んで、行くのは無理だと引きとめてもらった。最終的に説得は功を奏したが、埋葬のためイスラエルに行かないことで、母はひどく取り乱した。ユダヤの葬儀を執り行う組織へブラー・カッディーシャーと母方の従兄弟《いとこ》ヒルシュ・フィッシュとカルマン・フイッシュがイスラエルの葬儀に参列してくれた。

モントリオールでシヴァ（遺族による七日間の服喪）を行った。チャーリーの子供たちも列席した。母のアパートで、母のために喪に服したのである。そのときすでに母はアルツハイマーを発症していたのだが、そのことは知らなかった。シヴァに来たラビに「遺体に付き添ってイスラエルに行かなくてもよかった、埋葬はユダヤ法に則って執り行われた」と、そう説得してもらった。しかし母にその説得は通じなかった。たった一日の埋葬のために、あの老いて弱った体の母を無理にイスラエルに連れて行くなど、危険だっただろう。母はすでに八〇代半ばだった。チャーリーはエルサレムのオリーブ山に埋葬されている。

私はチャーリーの遺言執行者として死後の手続きを行った。彼は末娘のキャロラインに保険証書を残していた。ロージーとジョーシーの生活基盤はほぼ確立していた。その時点で長女三二歳、次女三〇歳、末っ子は二五歳くらいだった。彼の二番目の妻とその子供たちは服喪期間であるシヴァにも来なかった。

ALSに罹ってからの一〇年間を、チャーリーがどう過ごしたかは分からない。おそらく薬が役に立っただろう。もう一つの可能性としては、父が同じ病気に罹ったのが六五歳だったこと。チャーリーはそのときまだ四六歳だった。結局、チャーリーはわずか五六歳で、父より若くして死んだのだ。服喪中に両親の知り合いがやって来た。その人たちを通して、ホロコーストの間、タルヌフ市で身を隠し、クローゼットの中にいたという女性のことを聞いて連絡を取った。彼女の体験がどんなだったのか、まったく知らなかった。ニューヨークに住んでる彼女と一、二回電話で話をしたが、そのうち電話番号を失くしてしまった。

服喪中、客の一人が私のことを〝サンゼル・エイニケル〟と呼んだ。以前この呼び名を聞いたことがある。モントリオールの小さなシナゴーグに行ったときのこと、ラビが私を指してこの子はサンゼル・エイニケルだよと人々に話すのを耳にしたのである。父も数回その名称を口にしていた。〝サンゼル〟はポーランドのノビ・ソンチ市の南部の町を意味する（またの名をノビ・ソンチ、イディッシュ語では単にサンゼル）。そこは有力なハシディズム王朝の地元である。〝エイニケル〟は孫を意味する。サンツ王朝の分派の中で最も有名な子孫の土地は、タルヌフ市の南に位置するボボヴァだった。〝レベ〟はイディッシュ語ではラビを指し、指導者あるいは学識者を意味しており、ハシディズム派運動のリーダーの名前として使われている。その称号は家系の中で子孫が代々受け継ぐ。現在のボボヴァの〝レベ〟はラビ・モルデカイ・ドヴィド・ウンガーと呼ばれている人である（目下、〝レベ〟という称号を用いるか否かは論争中）。私の父親の名がモルデカイ・ダヴィド・アンガー（ウンガー）なので、私が〝サンゼル・エイニケル〟という名で呼ばれたのだろう。ということは、チャーリーと私はその一族の子孫ということになる。

母――揺るがぬ信念の持ち主

母の話に戻ることにしよう。父が死んでから、母はイスラエルの従姉妹《いとこ》ツイポーラ・フィッシュと住むことにした。イスラエル生活はほぼ三か月続いたが、結果的には、カルチャーショックが大きすぎた。カナダに帰国し、直接フレデリックトンに来て我が家で暮らしたが、またもや長続きしなかった――たったの二週間だけの滞在だった！　母には小さな町に住みたいと思う人の気持ちが想像できない。彼女の好みは大都市に住むことだった。さらに、フレデリックトンではシナゴーグに行くことができなかった。家から遠すぎて歩いては通えない。正統派ユダヤ教徒は安息日に車の運転をしない、また他の人の車で送り迎えしてもらうこともできない。私たち夫婦は敬虔なユダヤ教信者ではない。それでも母の要求をなんとか受け入れようと努めた。マリーンは特別なコーシャ用の食器を買ったし、コンロもコーシャ食が作れるようにし、ラビを家に呼んで規定に則ったコーシャ食だと保証してもらった。しかし私たちは土曜日にはテレビを観るし、電話がかかってくれば出る。それが母には気に入らなかった。モントリオールに戻り、それ以後は我が家に遊びに来るだけにしたのだ。残念ながら、宗教は、相変わらず、私たちと母の間に立ちはだかる大問題だった。私が信仰心をもつこと、それにマリーンと子供たちがもっと信心深くなること、母はその望みを決して捨てなかった。

その後は、モントリオールへ行き、なるべく母と一緒に過ごすよう努めた。二か月ごとに出掛けただろうか。トロント、オタワ、モントリオールへ所用で行くときには母の家へ立ち寄った。大学とマリーンが勤めている高校の春休みは日程が合わなかった。大学の休みのときには、私がシャロンやシーラを連れて、スキー旅行に行ったり、ニューヨークへ劇を観に行った。マリーンの高校が春休みになると、彼女は母に会いに行った。母は、私には話してくれなかったような、さまざまな昔の思い出話をマリーンに話してくれた。実は、マリーンに語った昔話から、本書をまとめるにあたってエピソードのいくつかを書き入れることができたのである。

母に会いに行っても、たいてい一日か二日以上は滞在しなかった。マリーンによると、母が絶え間なく話し続けたからだという。「さあ、手を洗いなさい」と言うのが、アパートに入るや否や母がかけるお決まりの言葉だった。ユダヤ人は何かを食べる前には儀式として手を洗う。それから「これをかぶってちょうだい」とヤムルカ（男性のユダヤ教徒がかぶる縁なし帽子、キッパともいう）を手渡す。好むと好まざるとにかかわらず、ミルクと砂糖を入れて「お砂糖は必要なのよ」と言いながらコーヒーを出す。実を言うと、私はふだんコーヒーに砂糖を入れない。甘ったるいコーヒーを飲み終わると、「ゴールドファーブさんに会いに行きなさい。

おまえが訪ねて来たことを知ってもらいたいから」と言う。

母とはイディッシュ語で話をした。

チャーリーが病気に罹ったとき母は七〇代半ばだった。母のアパートに一緒に住み始めてからは母が身の回りの世話をすべてやっていた。兄は自分の判断で薬を飲んでいた。処方薬を使ってはいたが、服用量を自分の判断で増やしていたのだ。母は処方箋なしで追加の薬を手に入れなければならなかった。あちらこちらの薬局を回っては迷惑がられた。辟易し困ったあげくに、薬剤師は薬をくれたという。あるときには、少なくとも私が知った例では、薬剤師は薬をくれたものの、うちにはもう絶対に来ないでくれと言ったそうだ。

チャーリーがマイモニデス老人病センターに転院してから、その後数年、母は乗り物が使えない土曜日を除いて毎日見舞いに行った。そこへ行くにはバスを二回乗り換えなければならない。しばらくの間チャーリーがモントリオール肺疾患専門病院に入院したことがあるが、そのときにも毎日見舞いに行き、土曜日は、片道それぞれ一時間をかけて、行きも帰りも歩いて通った——母の症状を考えれば、往路と復路の方角が分かったことすら驚きである。モントリオールに洪水が発生したことがある。そのとき私は大学の所用でモントリオールに滞在していたが、道路状況が悪くて高速道路は通行止めになっていた。母はその日もなんとか病院にたどり着いた。バスからバスへ乗り換えさせられたという。母はそのとき八〇歳をゆうに超えていた。

母のアルツハイマーは、チャーリーの死をきっかけに進行が加速したのか、あるいは顕著に現れたのだろうか。最初に気づいたのは、チャーリーの娘ロージー、マリーン、それに私である。医学的にはナンセンスかもしれないが、毎日息子の見舞いに行き、いろいろな品物を持って行ったことが、母に生きがいを与えて、気力でアルツハイマーの進行を抑えたのではないかと思う。チャーリーが死んでしまうと、生きる目標が無くなって、アルツハイマーの症状が誰の目にも明らかになった。彼が亡くなったとき、母は八五歳だった。

アルツハイマーの症状からなのか、母はひどく怯《おび》えるようになった。アパートの階段を上ったり下りたりを繰り返したものだ。たまたま、私と同年配のロシアからの移民で、英語は話せないがイディッシュ語を話す女性を見つけた。名前はミセス・デリシュ。夫人は仕事を探しており、母には誰かの手助けが必要だった。母は部屋の手伝いを頼むのを嫌がったが、最期まで人と付き合うのは大好きだった。デリシュさんは話し相手になってくれ、さらに雑用を引き受けてくれた。母がたびたびパニック発作を起こすことなど、彼女から得た情報である。

母が糖尿病を発症した時点で一人暮らしは無理だろう、そう医師は判断した。ある日、モントリオールの社会福祉事務所から電話があり、糖尿病があるので、本人は嫌がっているがやむを得ずユダヤ総合病院に入院させる、との連絡があった。すぐにモントリオールへ駆けつけた。なんとか、ユダヤ教会運営の、入居者数十名ほどの施設を見つけて、総合病院から退院後にはそこに入居できるよう手配した。その施設では個室が与えられ、安息日にはろうそくを灯すことができた。母にとっていわば楽園にいるようだと思った。施設には、デリシュさんが朝九時に来て、昼食時まで付き添い、夕食時には戻って夜を一緒に過ごしてくれた。安息日を除いて、毎日、母に付き添ってくれたのだ。しかし母はその施設が気に入らなかった。病状は急激に悪化していった。再び具合が悪くなって、ユダヤ総合病院へ転送され再入院。そこには老人ホームのような、病院付属の長期ケア病棟があったが、その病棟だけでは長期ケア問題の解決にはならない。そのため入院患者用の真新しい建物を建設中だった。「パンが美味しければ、パン屋を取り替えない」とは、母の言葉である。その病院施設が気に入ってくれた。デリシュさんは毎日母に会いに行ってくれ、マリーンや私に「お母さんには、あれこれの品物が必要です」という電話をくれたものだ。

死の三、四日前、デリシュさんからマリーンに電話があった。「お母さんにスニーカーを買ってあげたいんです。散歩するつもりです。お母さんがいつも食料品を買っていた近所を歩くので」と言う。彼女がくれたリストをもとに、母が欲しい品物をあれこれ取り揃えた。ちょうど学期の終わりで翌週にはモントリオールへ行くことにしていた。仕事があと一、二日残すのみとなった日の朝一〇時頃、ユダヤ総合病院から電話があった。母が危篤状態に陥ったという。マリーンに連絡し、すぐモントリオール行きのチケットを二人分取るからと伝えた。トロント市にいたシャロンとシーラに電話したところ、母が息を引き取る前に、飛行機でモントリオールへ飛んでくれた。二人が臨終に立ち会おうとしてくれたのは、アンガーおばあちゃんが好きだった証《あかし》であると思う。

母の死を早めたのは院内感染に罹ったのが原因である。マリーンと私は間に合わなかった。それでよかったと思う。死にゆく母を目《ま》の当たりにしたら、胸が締めつけられただろう。娘たちはその場にいたが、母自身は二人がいたことに気づかなかったと思う。母の死は突然でしかも予想外だったから、私たちにとってショックが大きかった。

両親はエルサレムのオリーブ山に並んで葬られている。ユダヤ人が今そこを訪れるのは危険なので、実は、母の墓参りをしていない。墓地はすでに一九六八年に両親が購入していた。マリーンと私はイスラエルに行くつもりはない（当時、イスラエル・パレスチナ間の衝突で治安情勢が悪化）。私は意気地なしなのだ——その地へ行くと考えただけで怖気づく。

母は揺るがぬ信念の持ち主だった。ホロコーストを経験した後、手が絶えず小刻みに震えていた。お茶を飲むとき、どう工夫したのか分からないが、一滴もこぼさなかった。何かをするとひとたび決めたら、誰にも止められなかった。隠れ家では二年もの間、小麦粉、大麦、それに水で家族を食べさせてくれた人である。料理がとても上手だった、クッキー、パイ、ハンバーガーなどを入れた小包を頻繁に送ってくれたものだ。

シャロンの長女レベッカの命名式の際、シャロンとリーはヘブライ語の名前を母に因んでヒンダにした。次女は、母の姉妹の一人に因んでバイラというヘブライ語名をもっている。

妻マリーン――ホロコースト否定論者との闘い

マリーンは並外れた資質の持ち主である。母として、祖母として、そして妻として素晴らしい女性であると思う。その考え方や行動には感心することがよくある。思いやりがあり、寛容で、驚くほど強い正義感の持ち主である。何か目標を定めると、下調べをし、ひとたび決めたら絶対にあきらめない。

それを示す主な出来事の一つは、マルコム・ロスとの闘いである。一九七八年、ニューブランズウィック州モンクトンの教師だったロスは、自著『虚構の作り話』（ナチスによるユダヤ人の大量虐殺という事実を否定する書）のコピーをニューブランズウィック教員連盟に送りつけた。会合の資料として手渡されたマリーンは激怒した。一九七〇年代になっているにもかかわらず、このような憎悪を撒き散らす人がいるとは信じられなかったのだ。マルコム・ロスが同業の教師であることを知っていっそう腹を立てた。そのとき、私は「ロスは変人だから、いずれ消えるさ。無視すれば」という助言をした。幸いと言うべきか、マリーンは私のアドバイスを受け入れなかった。ロスが書いたすべての著書や編集者への手紙を読み、彼が出演したテレビのインタビュー番組を観た。彼の本は『シオン賢者の議定書』（ユダヤ人が世界を支配するという陰謀論の書）、一九〇〇年代初めに出版された嘘で塗り固めた反ユダヤ主義の書物から題材をコピーしていた。ロスはナチスによる六〇〇万人のユダヤ人虐殺の事実を疑い、しかも『アンネの日記』はアンネ・フランクが書いたものではないと主張したのである。

地元の食料品店ティングリーで買い物をしていたとき、マリーンはロスの本が陳列してあるのを見つけた。店に入りその話をすると、反ユダヤ主義を題材とする本が雑誌棚に置いてあるのを知った店主はマリーンと同様にショックを受けた。即座にその本を棚から撤去したのだ。マリーンはフレデリックトンの本屋にこの種の書物が置いてあるかを調べ始めた。ホール書店には『虚構の作り話』が置いてあったが、書店側は撤去を拒否した。ウエストミンスター書店はそういう類《たぐい》の本を扱っていなかった。フレデリックトンのショッピングセンターにあるキリスト教系の小さな書店にはロスの本が置いてあり、そこでは内容が正しいと信じるので今後も扱うとのことだった。公立図書館にはロスの書物が蔵書として入っていた。そのうちの一冊『キリスト教 対《バーサス》 ユダヤ・キリスト教』という題名の書物は、図書カタログには比較宗教学の分類に入っていた。マリーンは異議を唱えて、分類を変更してもらうことに成功した。

一九九一年、人権問題調査委員会が開かれた。モンクトンに住むユダヤ人の父親デイヴィッド・アッティスから寄せられた訴えを調べるためである。ニューブランズウィックの第一五学区ではマルコム・ロスを雇い続けることで人種差別と偏見を助長している、アッティスはそう訴えたのである。教員組合側はロスを支援した。マリーンが声を上げ始めたのはそのときだった。

ロスにはバンクーバー市のダグ・クリスティという弁護士がついていたにもかかわらず、教員組合はロスを弁護するために組合専属の法律顧問をつける必要があると考えた。クリスティは、ロスの他にもキーグストラやズンデルといったホロコースト否定論者の弁護も引き受けていた弁護士である。組合によると、ロスのために弁護士を雇うことに苦情を訴えたのはマリーン一人だけ、とのことだった。そこでフレデリックトン高校の同僚エリック・マッケンジーと二人で教師票を集め、およそ一四〇人のうち九八人が、組合費でロスを支援すべきではないという趣旨の請願書に署名した。しかしこの署名は効果がなかった。

フレデリックトン高校の教師たちは、審問の期間、組合側の弁護士がどういうスタンスをとるかについて組合に要請を行った。反対尋問には組合側の弁護士ジョージ・フィリターがデイヴィッド・アツティスの意見を聴取。ところが、フィリターはホロコーストに関しては「双方の言い分」を聞く必要があると述べた。ホロコーストによって六〇〇万人のユダヤ人が殺害されたかどうかの真偽について疑問を呈したのである。このような尋問のやり方に憤慨したマリーンは、即座に組合に抗議に行った。そこで組合はスタッフの一人をフィリターと同席させ、組合がマルコム・ロスの考えを支持する印象を与えかねない尋問を、彼が繰り返すことのないようにした。

ロスとの闘いでマリーンが成し遂げた成果は、ホロコースト否定は反ユダヤ主義に対し悪意に満ちていることを、ニューブランズウィック教員組合が認める決議案を可決したことである。マリーンは地元の教員組合の支部長すべてに手紙を送り、決議案への支持を求めた。決議案はモンクトンとセントジョンを除く他の支部すべての賛同を得て可決された。ロスはモンクトン出身だが、セントジョン支部がなぜ反対票を投じたかは、今もって分からない。さらに、マリーンの尽力で可決したもう一つの決議案がある。人権問題調査委員会で証拠を提示し事実を推論する際には、組合側の弁護士は、人種差別と反ユダヤ主義に関する組合の決議に従うべきであるという案である。

一九九三年五月、組合の歴史審議会主催で、ホロコーストに関する教職員の能力開発ワークショップが開かれた。なんと、開催場所はセントジョンのシナゴーグだった。マルコム・ロスと弟のウィリアムがワークショップに出席。講演者の一人は、漫画家のジョッシュ・ビューテルだった。ロスは教員組合とビューテルを名誉棄損で訴えた。会場でロスを批判する漫画を数枚見せたからである。ロスの弟はホロコーストに関して兄と同意見であることを裁判で証言した。数年後、マリーンはウィリアム・ロスがカリキュラム諮問委員会のメンバーであることを知った。ホロコースト否定を公の場で証言したことを踏まえて、彼が委員会に入っているのは好ましくないと考え、その懸念をメディアに取り上げてもらった。その結果、委員会は投票でウィリアム・ロスを辞任させた。

マルコム・ロスはマリーンを相手取って訴訟を起こした。職業倫理に違反している、とくに、同僚教師への批判を扱う第二条d項に違反している、というのが理由である。セントジョンの新聞テレグラフ・ジャーナルに「なにゆえロスは、自分の信じたい事を信じてはいけないのか」と反語的な疑問文で問いかける抗議の手紙を送りつけた。マリーンは、その反論として、ロスはユダヤ人への憎悪を助長していると述べる返信を新聞社に送った。ロスはマリーンを提訴。組合はその提訴を二回に分けて対処した。一回目の公聴会では、支援者の同席をマリーンには許可しなかったが、ロスには同席を認めた。ロスは弟を連れて来た。二回目の公聴会でマリーンに付き添ってくれたのは、激しい口調でロスの意見に反論するジェイムズ・リーランド牧師だった。その結果、訴状は却下されたのである。

ホロコースト否定と闘うためには生徒を教育するのが最善の方法である、マリーンはそう考えた。私たちは二人ともホロコーストについて教えることは、人権について教えることでもあると信じている。ホロコースト教育が第一一学年（高校二年）の歴史カリキュラムの必須の一部になってマリーンは喜んだ。一九八八年九月には英語圏の学校の一一年生はホロコーストについて二〜三週間のプログラムを履修することになった。カリキュラムはホロコーストの歴史的事実とその後に関連する諸問題に焦点を置いていた。このプログラムを実施することで、ニューブランズウィック州はカナダのホロコースト教育で指導的な役割を果たした。残念なことに、現職の教師による最後のホロコースト授業とほぼ同じ時間帯に、新たに改定した近代史コースが一一学年に導入され、ホロコーストについて学ぶ授業は一〇〜一五時間から教師の裁量によって一〜四時間に短縮された。憤慨したマリーンは直ちに教育省にかけあい、教師のためのホロコースト教育ワークショップを開くよう働きかけた。賛同を得ていたにもかかわらず、一九九五年に退職するまでワークショップの開催が実現することはなかった。

退職後すぐに、マリーンは大西洋ユダヤ人協会のフレデリックトン支部長になり、それからホロコースト教育委員会の委員長を務めた。また、エリック・マッケンジーがニューブランズウィック州政府のスタッフになったとき、彼に依頼してホロコースト記念法案の発起人になってもらった。エリックは喜んで発起人を引き受けてくれ、一九九九年一一月にニューブランズウィック州議会は全員一致で、毎年ホロコーストを記念する法案を採択したのである。

さらに、大西洋ユダヤ人協会の役割の一端として、ホロコースト教育のワークショップの発足に向けて州の教育省に陳情運動を行い、首尾よく開催できることになった。「人権とホロコースト」という題名のワークショップが二〇〇一年四月モンクトンで開かれた。主催者側は最大一二五人の教師を見込んだが、会場は超満員となった。その後、私もホロコースト教育委員会に加わり、同様のワークショップを開くようにとノバスコシア州教育委員会に要請を行った。賛同を得て会議は二〇〇三年ハリファックスで開かれ、三〇〇人以上の教師と州政府関連の職員が出席して大盛況に終わった。ホロコースト教育とは、他者への寛容さを育《はぐく》む教育である、そう私たちは信じている。ホロコーストは、憎悪を野放しのままにすると、何が起こるかを教えてくれる。そのことに注意を喚起したいのだ。私たちは誰しも人種差別と偏見に無縁ではないのだから。

マルコム・ロスに闘いを挑んだとき、マリーンの心の中に絶えず去来したのは、ロスとその仲間は狂信的な異端分子にすぎない、という思いだった。しかし現在、同じタイプの反ユダヤ主義が反イスラエル感情へと姿を変えて浸透してきている。イスラエルで何か事が起こるたびに、世界の至る所でシナゴーグやユダヤ人が襲われる。暴力を振るう人は、相手のユダヤ人が親イスラエルか否かなどは問わない。反イスラエル感情は反ユダヤ主義の隠れ蓑にすぎない。シオニスト（イスラエルの建国を支持する人たち）という語をユダヤ人に言い換えると、かつてナチスが作りだしたさまざまな造語表現に類似してくる。多くの人々にとって西欧の反ユダヤ主義は反シオニズムに言葉を換えた仮面なのだ。

例えば、政策面についてカナダ政府を批判するとしよう。他国の場合にも同じことが言えるが、その場合には、カナダの「政府」とカナダの「人々」を異なるものとして区別する。伝聞だが、イギリス人のある学者が、イスラエルの学者を排斥すべき――政治に関する考え方に関係なく、イスラエルの学者「すべて」をボイコットすべき、そう述べたという。イスラエルのことになると、イスラエル人を一括りにして非難し、あるいは、イスラエル国家の排斥や国そのものの存在を否定すべきだと声をあげる批評家がいる。カナダを批判する場合に、彼らは同じ非難の言葉を浴びせるだろうか。

二〇〇八年五月、フレデリックトンの地元の中学校でデボラ・エリスの小説『三つのお願い――パレスチナとイスラエルの子供たちが語る』を原作にした劇の上演があった。この小説はすでに反ユダヤ主義的であるとしてトロントの教育委員会から禁止されていた書物である。反イスラエルに対する悪意に満ちた上演だった。演出は学校の全面的な支援のもとに生徒の親が行っていた。いくつかの場面では、イスラエル人役の少女数人が、怯《おび》えて縮こまっているパレスチナ人に扮した二人の少女を取り囲んで、木製のレプリカ機関銃を突きつけていた。上演を指導した親は、新聞社のインタビューを受けて「演劇や音楽を通して子供たちの教育ができるのは本当に素晴らしいですね」と応《こた》えていた。マリーンはそのことを知って、台本を読み、録画してあった劇を最初から最後まで二回観た。それから教育委員会に行って、劇の上演を中止させたのである。劇全体を通しで観るにしのびなかった私に比べ、マリーンのやり方は徹底していた。

その年の後半に、フレデリックトンのセントトーマス大学の教授が公開討論会を企画・開催した。演者の一人がパワーポイントを使ってイスラエル人をナチスにたとえる発表を行った。質問は事前にのみ受けつけていたため、その場で議論する余地はなかった。マリーンは教務担当の副学長に苦情を申し立てたが、堂々巡りに終わった。また、二〇一〇年の夏、ゲイ・プライド（性の多様性を認めて誇りを持とうという趣旨のグループ）のパレードがフレデリックトンで行われた。あるグループは「同性愛者はイスラエルのアパルトヘイトに反対する」というプラカードを掲げて行進することを許されていた。マリーンはパレードの進行係に連絡を取ろうとしたが、折り返しの電話はこなかった。極悪非道な悪者としてイスラエルを標的にする、この種の深刻な反ユダヤ主義は今なおフレデリックトンに存在している。残念なことだが、反ユダヤ主義は一九四五年五月に消滅しなかった。反シオニズムとして再び姿を現しているのだ。

マリーンの、このような行動をとるには、かなりの勇気と忍耐が必要である。彼女は障害にも屈しない強い性格を両親から受け継いでいると思う。マリーンの伯父で、父方の兄弟のうち一人はカナダ軍の少佐で終戦直前に戦死している。家族の間で戦争が話題になることが多かったそうだ。彼女の記憶によると、大人たちは祖母のラジオで絶えず戦況を見守っていたこと、また、イスラエル国家樹立が宣言されたときのことも覚えているという。マリーンは善悪に対する正義感を受け継いでおり、ひとたび決意すると、たとえどんなに大変な仕事でも、多大な努力が必要であろうとも、結果として自分が苦しむことになろうとも、その目的に向かって一途に正しいと思う行動をとったのである。

私たちは二人とも外に仕事を持っており、一九六〇年代には珍しい共働き夫婦だった。マリーンは退職するまでずっと教壇に立っていた。教えるのが大好きだったのだ。当初の予定では、私の給料だけで毎月の支払い――もっとも大きかった家のローン返済――が賄えるようになったら、彼女は教師を辞めるつもりだった。教え始めると、辞職するなど夢にも思わなくなった。

教職に初めて就いたのは一九六一年。それ以来、チップマン、ミント、それからセントジョンで教えた。フレデリックトン高校では三〇年以上にわたって数学の授業を行った。生徒を可愛がり、面倒見がよかった。家に帰るのはいつも五時過ぎてから。娘たちはマリーンのことを「ママ・アンガー先生」と呼んでいた。放課後に生徒を教室に残して、補修の勉強をよくみてやっていた。あるとき、生徒がふざけて騒いでいると、怒ったマリーンはこう言ったという。「ふざけるのを止めなければ、放課後の勉強はなしにしますよ」と。また「放課後に居残って勉強ができるのは、私の友だちだからなのよ」と。フレデリックトン高校を退職してから、ニューブランズウィック州立大学で初級数学を二、三学期間教えたが、ジョッシュ・ビューテル対マルコム・ロス裁判の傍聴に支障ができたためその職を辞した。

マリーンはとくに信心深いとはいえないが、（キリスト教のバプティスト派から）ユダヤ教に改宗した。生まれる子供がユダヤ人の家庭で育つほうがよいと考えたからである。フレデリックトンのユダヤ葬儀協会ヘブラー・カッディシャーの会員である。フレデリックトンのコミュニティは非常に小さいので、ラビから補佐を頼まれると葬儀の手伝いをすることもある。ユダヤ教の祝日には、我が家や友人の家に集まって会食を共にする。

私自身シナゴーグの礼拝に出席する回数は多くないが、マリーンは何年もの間決してシナゴーグに足を踏み入れなかった。当時、フレデリックトンのシナゴーグでは、男性は前の席に、女性は後ろの席に座った。一九六〇年代のアメリカではアフリカ系アメリカ人はバスの後部座席に座らせられたが、マリーンにはそれが信じられなかった。シナゴーグでの男女差別を認めようとはしなかった。数年の間、贖罪の日（ユダヤ人にとって最も聖なる日）にはトロントのホーリー・ブロッサム礼拝堂の礼拝に出席した。そこでは制度が改められ

孫の写真。［後列左から右へ］ミーラ、レベッカ、とソフィー。［前列］ルイーザとヴィヴィアーナ（アンドレア・スパーティ・フルガ提供）

ており、男性・女性が一緒に座り、平等に礼拝を守ったのである。正統派ユダヤ教徒の家庭に育った私のような者にとって、改革派シナゴーグの礼拝は非常に貴重な経験になった。しかも、フレデリックトンの正統派シナゴーグよりはるかに好感がもてた。最近では、フレデリックトンのシナゴーグでも方針転換し、男女が一緒に座ることができるようになっている。今は、夫婦でそこの礼拝に出ることにしている。

私たちには孫が五人いる。シャロンと夫のリーには、娘が三人で、二〇〇一年にレベッカ、二〇〇三年にソフィー、それに二〇〇五年にミーラが生まれた。レベッカは父親に似てスポーツ好き、ホッケーチームのゴールキーパーをしている。彼女が四歳のときシャロンはバレエを習わせたが、最後の発表会のとき他の女の子がみな踊っているのに、レベッカはその輪の中で四つん這いになっていた。シャロンが何しているのと訊くと「映画のスクービー・ドウ（臆病な大型犬）の役なんだもん」と答えたという。そこでシャロンはバレエをやめさせて、その代わりサッカーのチームに入れた。次女のソフィーは姉に負けずとホッケーチームの前衛をつとめ、父親や祖父のハイキング好きを受け継いでいる。末っ子のミーラはもっとも女の子らしい娘で、バレエが好き、プレゼントにはドレスを欲しがる。友人のナンシーが美味しいシナモンで味つけした菓子パンを焼いてくれたことがある。ある夜、このパンを食べたミーラは次の日から「シナモンパン、シナモンパン」と言い続けた。それ以来、我が家では丸形のパンはすべて「シナモンパン」と呼ぶことになった。

シーラと夫のアンドレアには二人の娘がいる。二〇〇八年に生まれた二卵性双生児のルイーザとヴィヴィアーナである。生まれた当時は、三か月ほど、マリーンが一緒に暮らして面倒をみた。私はルイーザをスーパーアクティヴァ《超活発な子》と呼んでいる。絶えず体を動かしているからである。ヴィヴィアーナの満面の笑顔にちなんで、彼女のことはスーパーライダ《超笑い転げる子》と呼ぶ。イタリア語の“Ridere”は「笑う」を意味する。彼女の笑顔《キラースマイル》は本当に素晴らしい。マリーンは、娘たちにとっても、孫たちにとっても、イディッシュ語でいう、誰からも好かれる「ママ」である。

二人の義理の息子は私の人生を豊かにしてくれた。アンドレアはラテン語が堪能なので、義理の息子として第二番目、セカンダム《息子二番》というあだ名をつけた。我が家の公式カメラマン役で、孫たちの可愛い写真や家族全員の写真を撮り続けてくれる。おまけに、イタリア料理を食べる楽しみを教えてくれたのも彼である。プリマス《息子一番》と呼んでいるリーは、ハイキングによく連れて行ってくれ、自分だけだったら絶対に行かないような場所の雄大な景観を見せてくれる。さらに、バーベキュー奉行でもある。不都合な点と言えば——娘と義理の息子は四人とも医者なので、体の不調のことなど個人的に相談したいと思っても、まったく同情してくれないことだ。

マリーンはサイモン・ウイーゼンタールセンターの後援会から表彰を受けた。ホロコーストの調査・研究、また人権教育を長年にわたって擁護し啓蒙活動を行ったことが認められたのである。二〇〇六年に賞をも

NTE 458-6402 | THE DAILY GLEANER | SATURDAY, JU

Driven by compassion for others

She's an inspiration | Marlene Unger proves that even only one voice speaking out for justice can make a big difference

By LORI GALLAGHER

Occasionally you meet someone who, through the example of their own life, makes you want to be better, to do better.

Marlene Unger is one such person.

Unger recently received a national award from the Friends of Simon Wiesenthal Center for Holocaust Studies in honour of the work she has done in the fight against intolerance.

A modest woman, Unger isn't comfortable in the spotlight. During a recent interview at her home, she says, "I didn't do much. So many other people have done much more."

But Unger did the most important thing of all. When she saw an injustice, she refused to stay silent — she spoke out.

She is an educator at heart

you're always working with young people."

During her career, Unger was also a member of the Red Cross, the New Brunswick Teachers' Association and the New Brunswick Teachers' Federation grievance committee.

It was this last position that proved key in setting her on the road to becoming an advocate for Holocaust education and human rights.

"In the late 1970s, I was sitting on the grievance committee for the New Brunswick Teachers Federation and a book came in that was written by a teacher in New Brunswick."

That book was Web of Deceit by Malcolm Ross.

"It contained all the classic language of anti-Semitism, all the propaganda, a cartoon like I saw from the German newspapers during the time [of the Holocaust]," she explains.

"I seriously did not think there was any anti-Semitism left in New Brunswick."

When she was growing up,

Up close & personal

THE DAILY GLEANER/

ADMIRABLE WORK: Marlene Unger, who was a math teacher at Fredericton High S recently received a national award from the Friends of Simon Wiesenthal Center fo in honour of the work she has done in the fight against intolerance.

マリーン・アンガー、フレデリックトンの地元新聞に掲載の写真。ホロコーストの調査・研究の功績を認められて、サイモン・ウイーゼンタールセンターから表彰を受ける（『デイリー・グリーナー』2006年7月1日）

らったが、記念の額にはこう書かれている。「すべてのカナダ人のために、不寛容と闘ったあなたの行動に敬意を表する」と。授賞式の際簡単な挨拶をするよう求められて、私は話の最後を次のように締めくくった。「私は理学の学士号をとるのに四年、修士号をとるのに二年、博士号をとるのに三年かかりましたが、マリーンを説得して結婚にいたるまで五年かかったのです。ですから、マリーンとの結婚は私にとって最も困難な挑戦でした。そして最もやりがいのある挑戦だったのです。私はマリーンを誇りに思い、彼女の夫であることを誇らしく思います」と。

失われた時を取り戻すための挑戦

成人してからスポーツの訓練を受け、娘たちに引き継ぐことにした。三〇代半ばにクロスカントリースキーを学んだ。最初はモントリオールにいた子供の頃のスキーと同じようなもの——スキーを「習う」必要があるなどとは思ってもみなかった。スキー用具を買ってオデルパーク通りの我が家の裏で滑り始めたのだが、傾斜が少しだけついた坂道を上ることができない！　間もなく本格的なスキーを始めた。ウッドストックからフレデリクトンまでの距離を走る、二日間にわたるスキーマラソン大会に参加したことがあるが、そのときにはマリーンがフレデリックトン中を駆け回って顔全体《フルフェース》を覆うマスク付の帽子を手に入れてくれた。なんと、その週末は氷点下三五度。初日のゴール地点はクラッブマウンテンだった。ベテランスキーヤーが肺の先端部位を凍らせてしまったほどである。私は走っている間じゅう指をこすり合わせて温め、どうにかゴールにたどり着くことができた。

　また別の大会のときは、仕事があったため初日の土曜日に参加できなかった。翌日の日曜日に不本意ながら、スウィーパーの資格で参加するしかなかった。スウィーパーとは、選手の最後尾について滑り、落伍者はいないか、手助けを必要とする人がいないか、など安全を確認する役目を担うスタッフである。そのときにはペアで走った。監視ルートの最後あたりで、スキー滑走ルートの真ん中に横たわっている女性を見かけた。非常に重そうな厚手のセーターを着ていて、空を見上げている。「大丈夫ですか」と訊くと、「大丈夫」と言う。さらに、「何しているんですか」と尋ねると、「休んでいるだけ」というのが答えだった。一緒に走ろうと誘ったが、走りたくないと言う。彼女を起こして連れ出すには、スノーモービルが要ると判断した。当時は携帯がなかったから、私が彼女の傍で付き添い、相棒が次のチェックポイントまでスキーで滑って行き、スノーモービルを寄こすよう頼んだ。実は、スノーモービルに乗せたその若い女性はキャロライン・ギャモン（本書の共著者）の妹ジェニファーだったのである。初めてキャロラインに会ったとき、妹ジェニファーと間違えて「クロスカントリーマラソン大会で、私があなたを救出したんですよ」と言った。

　スキューバダイビングを習ったのは五〇代に入ってからである。シャロンがコスタリカでダイビングをするから一緒に行かないかと誘ってくれた。訓練を受ける必要があったので、大学のプールで講習を受けた。隣の受講者は私より二〇歳以上若い。失われた時を取り戻そうと挑戦することにした。教えてくれたのは王立カナダ騎馬警察のインストラクターだった。まずダイビング器材なしでおよそ四メートル潜り、水中で器材を身に着ける。できると思わなかったがやり遂げた。目隠しをして水中のダイビング用器具を探すという訓練もあった。私にはとうてい無理だと言ったが、インストラクターは大丈夫やれると言う。やってみたらできた！　屋外のテストは一一月にファンディ湾で行われ、そのときの水温はおよそ摂氏四度だった。その後、シャロンと一緒にコスタリカで潜ったこともある。彼女はベリーズでライセンスを取得していた。コズメルで休暇を過ごすときには、マリーンと一緒にスノーケルをやって楽しんだ。昼間のダイビングのほかに、夜間ダイビングにも挑戦してその素晴らしさを経験した。

　ニューブランズウィック州グランド湖のウイルズビーチにマリーンの祖母の農場があった。その農場で彼女は少女時代を過ごしたのである。一九五〇年代になって父親が隣の土地を二か所購入。一つは自分たちが使うため、もう一つはマリーンのためだった。作業員が服の着替え用に建てた小屋があったので、一九六〇年に、父親に頼んでウイルズビーチの近くに移築してもらった。水着に着替える場所が欲しかったからである。初めて自分たち用のコテージを持つことになった。アルフレッドが小屋を建て替えてくれた。資力に応じて、マリーンが欲しがるもの、必要とするもの、彼女のためなら何でも叶えてくれたのである。

　最初の頃、コテージには屋内トイレがなかった。マリーンの母親が屋外トイレを使ったときにムース（大きな角を持つヘラジカ）に出くわしたことがあった。慌てて戻って来た彼女は「屋内トイレがなければここへは来ませんよ、アルフレッド」と宣言したそうだ。そこで急きょ屋内トイレが作られた。また、スカンクとの典型例ともいえる遭遇もあった。アルフレッドは飼い主の入院中に犬を預かることにした。その犬はアルフレッドに懐《なつ》き元の飼い主の家へ戻ろうとしなかった。ある午後のこと、「あいつめ、殺してやる」とののしる怒鳴り声が聞こえて、アルフレッドがベッドルームから犬を追いかけて走って来た。犬はスカンクをコテージの床下まで追って行った。追い詰められたスカンクは、お決まりの行動をとったのだ。マリーンはトマトジュースで犬を洗ったが、夏の間中、犬にはスカンクの臭いが染みついてとれなかった。

　私はコテージ生活を楽しんでいる。コテージは、屋内・屋外を問わず、物作りの機会を与えてくれる。アルフレッドが生きていた頃は、彼が工事を受け持ち、私は助手をつとめた。二人で部屋を建て増し、テラスを作り、内装替えをした。物置小屋を建ててその屋根板を敷いた。暖炉も作った。土地を平らにして、土台にコンクリートを流し込んで建て増し、中庭を作った。備品や家具などはほとんど手作り。業者を雇ったときでも、テラスに手すりをつけるなど、できる範囲の作業は自力でやった。孫たちを喜ばせるためにブランコを作った。こういった作業は満足感を与えてくれる。家族の成長に歩調を合わせてコテージも成長していった。実際、孫たちのために増築した

アンガー家の大家族。［後列］義理の息子、リー・ハインリクとアンドレア・スパーティ・フルガ。［第二列］ミーラ、レベッカ、ソフィー。［前列］シーラ、ヴィヴィアナを抱いたイズラエル、ルイーザを抱いたマリーン、シャロン。ニューブランズウィック州グランド湖のウイルズビーチにて：2012年夏（アンドレア・スパーティ・フルガ提供）

のである。二・四三×三・六五メートルの着替え用にスタートした小屋は、今ではベッドルームが五部屋、二か所のテラス、台所、書斎兼娯楽室、コンピュータルーム、居間、中庭、バスルーム二か所、それに物置小屋が四か所ある！

季節ごとにやらなければならない作業がある。例えば、家の周りに生える草を刈る、木の枝を剪定するなど。地面はトラクターを使って整備する。孫、娘、そして義理の息子がやって来る前に食料品、おもちゃなどを準備しておかなければならない。そして彼らが到着したら料理をし、食事を楽しんでもらう。もちろん皆が喜んで手伝ってくれる。ただ砂浜に座って日光浴をする、ボートを漕いで楽しむ、私はそういった生活に向いていない。

次女のシーラは今ヨーロッパに住んでいるので、コテージは家族全員が集まってくつろげる場になっている。マリーンと私はカヤックを習い覚えた。アルフレッドが亡くなってから、できるだけウオリーを仲間に入れることにした。パドルボードを三つ買って、三人一緒にカヤックを楽しんだ。ウオリーは八〇歳過ぎまで漕ぐことができた。私は今でもカヤックが好きだ。最近、義理の息子のリーと二人でホープウェル・ケープのファンディ湾にカヤック乗りに出かけた。鯨を見たいと思ったのだが、鯨の方で協力してくれなかった。さらに、五〇代になってからウインドサーフィンを習った。フレデリックトンのキラーニー湖でサーフボードの販売員から訓練を受けた。グランド湖で試してみたが、うまくいかなかった。コテージからサーフボードに乗って帆走し、コテージまで戻ろうとするのだが、いつもどちらかの側三〇メートルほどの途中で落下してしまった。

退職後、冬の間は南の暖かい土地に移り住みたいと思った。分譲マンションの購入を考慮したが、一つの場所に縛られたくなかった。何年も前になるが、テキサスから戻ってくる途中、懐《ふところ》がさみしかったので、キャンプ場やモーテルに泊まった。キャンプ場で出会った夫婦が、エアストリーム社製のキャンピングカーを見せてくれた。すごいなと思った。そのとき、自分たちも退職後はこういうキャンピングカーを買って格好よく旅をして回りたいね、などと話し合ったことがある。一九九九年、シーラが博士研究員でロサンゼルスにいたので、クリスマスに会いに行くことにした。マリーンの母親が一緒なので運転中くつろげるよう、フォードの大型車を買うつもりだった。フレデリックトンでアールブイ《RV》車（主に、キャンピングカーを指す）の展示会が開かれ、見に行ったその日、即決でその車種の車を買うことに決めた。実際に手に入れたのはオンタリオ州スミスヴィルの販売店で、そこから三人でロサンゼルスに向かって出発したのである。

　キャンピングカーは複雑な器械で、いわば車輪の上に家を載せたようなもの。さまざまな故障が起こり、スムーズに走らない事態が生じる。便利ではあるが、もちろん不便な点もある。日曜日にニューメキシコ州を走行中パンクしたこと、ウエストバージニア州のインターステート（州間高速道路）を走行中交流発電機が故障したこともある。発電機と言えば、ニューブランズウィック州のミントのちょうど手前で故障するという事故も起こした。それでもキャンピングカーでの旅は楽しかったし、多くの思い出を作ることができた。

　退職後の二、三年間はフロリダキーズのキャンプ場をいろいろ試してみた。マリーンはその土地が気に入っていたが、物価が非常に高かったのと、蚊がすごく多く、私に蚊アレルギーがあったから諦めざるをえなかった。それからツーソンにも行ってみた。あるとき、シャロンが自分一人で赤ん坊ふたりを連れて合流することになった。シャロンが乗り継ぎ無しで来られる場所を探そうと、ガイドブックを読んで避暑地を探した。選んだのは、アリゾナ州フェニックスからさほど遠くない、ピオリアにあるプレザントハーバーリゾートである。写真を見ると、フロリダキーズ滞在用に買ったゴムボートが使えそうだ。実際には使うことはできなかったが、その土地が気に入って、今でも、毎年冬に行くことにしている。車で行くには、フレデ

マリーンと、キャンピングカーの車内で：2010年（キャロライン・ギャモン提供）

リックトンからアメリカ大陸を斜めに六四〇〇キロの距離を走ることになる。キャンピングカーの運転は乗用車よりずっと快適だが、いらいらするときもある。とくに、大都市内での運転は多くの車線変更を行わねばならず、神経をすり減らす。道路によっては車線が八本もあるのだ！　そういう理由もあって、結局、ニューブランズウィック州とアリゾナ州をまたいでの往復運転は断念した。アリゾナにキャンピングカーを置いておく、そこからは普通車で移動することにした。その方が安全だと思ったが、二〇一一年にアリゾナで牛をはねてしまい、車を全壊させるという事故を起こしたことがある。

ピオリア周辺の施設、気候、風景が気に入っている。虫に刺されることもない。ハイキングを楽しむことができる。フェニックスには文化的な催しがあり、買い物を楽しむなど、素晴らしい機会がある。美術館に行く、あるいはバレエやオペラを鑑賞する機会にも恵まれている。ユダヤ人映画祭の催しもある。近くのフラッグスタッフにはローウェル天文台がある。キャンピングカー用の駐車場（RVパーク）では友人もでき一緒に自転車乗りを楽しむ。本を読む、メールもやれる。これまで多くの来客をそこでもてなすことができた。

七〇歳になったとき義理の息子リーと二人で、グランドキャニオンの谷底まで下って上るというハイキングをした。このハイキングで加齢化が進んでいないことを実証したいだろうと、リーが背中を押してくれた。考えただけで胸が躍ったが、同時にやり遂げられるかどうか不安だった。峡谷のサウスリムから谷底のゲストハウスまでおよそ一六キロメートル、谷底から登山口まで一・四キロメートルの距離を歩くことになる。二月、登山道にはまだ雪や氷が残っていたので、登山靴に滑り止め用のアイゼンを装着しなければならなかった。下るにつれて雪は消えて、谷底にはヤシの木が生えていた。

その日に備えて、毎日一、二時間ほど訓練した。ハイキングの途中、およそ五〇センチメートルあるガラガラヘビを見かけた。尻尾に音を出す節が四つある、幼体のヘビだった。とぐろを巻いていなかったし、尻尾を振っていなかった。小型のヘビは成体のヘビよりもっと危険なのだと、リーが注意してくれた。成体のヘビは毒を貯めてある箇所から毒を少量だけ分泌するが、小さいヘビは一気に毒を全部注ぎ込むという。実は、より危険なのはサソリのほうだ。石を拾いあげたりしないように気をつける必要がある。グランドキャニオンに泊まったから、朝には靴をチェックしなければならなかった。このハイキングでもっと恐ろしかったのは、ガラガラヘビやサソリより、ラバの背中に括りつけられて峡谷を登ったことだ！　私たちは無事だったものの、毎年、およそ四〇〇人のハイカーがグランドキャニオンから救助されている。実際は、思ったより早く全行程をこなすことができた。下りがちょうど四時間、驚いたことに、登りは五時間半ですんだ。リーが装備一式を運んでくれた。峡谷の谷底のコロラド川沿いのゲストハウスに連泊。これまで経験した中で、このハイキングが最も素晴らしい旅になった。リーが撮ってくれた写真を見ながら、やり遂げた、そのことに今さらながら驚いている。

飛行機事故

私が挑戦した課題の一つに飛行機の操縦がある。飛行機の技術的な仕組み、操縦方法、地上管制官との交信などを実地にやってみたかった。フレデリックトン空港で飛行訓練を受けた。操縦するのは楽しかったし、徐々に上達していくのが嬉しかった。一九七六年パイロットの免許を取得。娘やマリーン、それに彼女の両親を乗せて遊覧飛行した。セントジョンまでコーヒーを飲みに行って戻って来たこともある。グランド湖の上を飛び、上空から我が家のコテージを見つけたりした。ときには不測の事態が起こった。マリーンを連れてジャック・ウエットモア夫妻と一緒に、彼が操縦する飛行機でモントリオールへ行った。ジャックはシニア・パイロットである。帰りの飛行中、気象状況が非常に悪かった。低空飛行を続けたものの、雲底があまりに低すぎて、ついにウッドストックに着地しなければならなかった。やむなくレンタカーを借りてフレデリックトンに戻ったのである。またあるときには、仲間のメンジーズを乗せて、ニューブランズウィック州のセント・ステファンに行ったことがある。数週間後、今度は彼からブリティッシュコロンビアへ行かないかと誘われた。大冒険になると思ったから誘いを受けたい気持ちに駆られたが、ちょうど学期中だったので断らざるをえなかった。実は、飛行機がカルガリー市の郊外で墜落し、彼は命を落としたのだった。

それから数年後、私が乗った飛行機が墜落。同僚のジョージ・セメラックとダグ・ブルーアと私の三人はファリファックスの会合に出席することになった。車の運転や民間航空機で行くより、小型機をレンタルして飛ぶほうがずっと楽しいし、しかも値段的にもほとんど差がないと思った。フレデリックトン飛行クラブは、新型の、少なくともクラブとしては最新式の航空機を購入したばかりである。パイパー社製航空機で、可変ピッチプロペラや格納式着陸装置を装備していた。私には操縦資格があるのでその航空機を予約した。朝の九時か一〇時前後に離陸する予定だったが、飛行場に着くと、雲が低く垂れこめている。そのうち視界が開けるだろうと期待して待つことにした。航空機の搭乗記録をチェックしたところ、五〇時間点検を終了していることが確認できた。事務処理をしていた係員に、点検後この航空機を使うのは私が初めてですね、と話しかけたりした。

昼頃になって離陸したのだが、すぐ通常飛行をしていないのに気づいた。機体の反応が鈍く、機器が示す毎分回転数で推力設定どおりに飛行していない。機体の高度が上がらないのだ。着陸脚は上がっているか、またプロペラの可変ピッチは正常であるか、などを確認した。アルマ地域のファンディ湾に接近したとき、機体が正常に作動していない状態で湾上を飛ぶよりは、むしろ引き返すほうがよいと決断した。左旋回を行った。機体は横揺れして、速度を落とし高度を下げ始めた。即座に、一番近い飛行場のあるセントジョンへ飛ぶことにした。セントジョン空港の管制塔を呼び出して、トラブルが生じていることを伝え、飛行プランをキャンセルするよう頼んだ。セントジョンに着いたら援助が必要かと訊かれたが、「着地さえできれば、その必要はない」と答えた。

セントジョン空港を目指して機体を上昇させようと、機器を慌ただしく操作していたので恐ろしさを感じる余裕などなかった。機体を何とか飛ばそうといろいろやってみたが、どれも効果がない。失速速度ぎりぎりまで減速にした。さまざまな警報音が鳴り、それから鳴り止んだ。安全機能である降着用の着陸脚が勝手に出てしまった——手動でクランクシャフトを回転させた。セントジョン空港への着地が不可能なのは明らかだった。

森の上を低空飛行していた。選択の余地があるなら、どこで緊急着地するか、草地、水域(海・川・湖)、高速道路、あるいは樹木のある場所か。その中で最適な場所は樹木であると、訓練中に教わったことを思い出した。同僚に覚悟してくれと言ってから、墜落時に火事を起こさないようにスイッチをすべて切り、木々の上を滑るように走らせた。最後の数秒で、操縦ハンドルを引き上げた。機体の正面部分が樹木に最初に接触するのを防ぐためである。今になって思うと、一連の出来事の進行中、これで最期かもしれないと密《ひそ》かに考えた。死ぬ間際になると今までの人生が走馬灯のように頭の中を駆け巡るとよく言われるが、私の場合はそうはならなかった。マリーンと娘たちのことだけを考えなければ、と心の中で自分に言い聞かせていた。機体の尾部が数本の木に引っ掛かった。片側の翼が剥ぎ取られて地面に滑り落ちた。静止後、友人に降りてもらい、スイッチを元に戻して無線が作動するかどうかをチェックした。アンテナが引きちぎられていたので無線は機能しない。スイッチを再び切ってから飛行機から脱出した。ダグは木のそばに座っていた――足首をくじいたのだ。傍らに立っていたジョージが「ボーイスカウトだったら、自分の居場所を知らせるのにどうするかなあ」と言う。反対方向に目を向けると農家が見えた。「ボーイスカウトのことはともかく、向こうに農家があるから、あそこに行ってみることにしよう」。ダグを森に残して、ジョージと一緒に農家へと向かった。

農家に着いてドアをノックすると、「お入り」と女の人の声がした。台所のたらいで男の赤ちゃんの体を洗っているところだった。飛行機が墜落したので連邦警察を呼びたい、そう伝えると「ああ、向こうで大きな音を立てたのは、あんたたちだったのね。貸してあげたいけど、うちには電話がないのよ」と言う。通りのすぐ先に義理の母親の家があり、そこに電話があると教えてくれた。道路沿いを歩いて目に入った最初の家に行った。二人の女性が共同回線で電話をかけている最中だった。電話を借りたいのだがと言うと、電話中の一人が「体は大丈夫なの？」と訊く。「大丈夫ですが、警察に電話をしたいんです」と頼むと、二人は電話を切ってくれた。ところが警察の電話がお話し中でつながらない。

隣の家に行くと三人の若い男がビールを飲んでいた。車で警察へ行って事故を知らせてくれないか、と頼んだ。「いいよ」と一人の男が請け合ったが「そう言えば先月免停になったんだ」と言う。すぐに考え直して「まあ、どうでもいいか」と言いながらバイクに飛び乗って出て行った。まもなく警察の車がやって来た。

ジョージとダグを拾ってハンプトンへと向かった。車中で「ハンプトンには新しいゴルフコースがありますよね」とダグが話しかけると、警察署に行く途中だから見せてあげようか、警官がなんとこう申し出てくれた。丁重にお断りしたのは言うまでもない。警官は墜落事故の報告書をファイルにしてから、セントジョンの病院へ連れて行ってくれた。ジョージと私の診察はすぐに済み、健康状態にまったく問題がなかった。ダグは足首をくじいたのでレントゲンを撮ってもらった。検査結果を待っているとき、隣のベッドには大けがをした男性が寝ていた。頭からつま先まで全身に包帯が巻かれている。「どうしたんですか」とジョージが訊くと、「休みがとれたので、家のペンキ塗りをしていて梯子から四・九メートル落ちたんだ」と答えた。「あんたのほうは？」と訊かれて、ジョージはこう答えたという。「ええと、私たちは六一〇メートル落ちたんですよ」と。

事故のことはラジオで報じられた。幸いなことに、マリーンと子供たちはグランド湖にいて、フレデリクトンの自宅に帰るまで何も聞いていなかった。戻ってきたとき、私は家から走り出て事故が起こった経緯を話した。目の前に立っている私を見て大丈夫なのは明らかである。この事故は大きなトラウマにはならなかった。翌日、飛行教官に連絡をとり、飛行技術に問題がないことを確認してもらった。

ホロコーストの語り部として

ホロコーストの体験談を話してほしいと初めて頼まれたのは、一九七〇年代後半、フレデリックトンのセントトーマス大学の宗教学の授業のときだった。一九八〇年代半ばには、フレデリックトンの郊外の町、オロモクトの学校から依頼を受けた。自分から話す機会を求めることはなかったが、頼まれれば断らない。カナダの大西洋に面しているあらゆる州で、トロントのマウントサイナイ病院で、ベルリンで、またタルヌフでも話をした。聞き手のグループはさまざまである。小・中・高校の授業、社会福祉団体、ホロコースト記念式典、大学の授業、一一月一一日の戦没者追悼記念式典、教師の会合、教会の集まり、などなど。マリーンは可能な限りいつも講演会について来てくれた。

どこで話そうと温かく丁重な挨拶を受けたが、ノバスコシア州シドニーで開かれた教師のための社会正義会議のときほど温かく迎えてもらったことはない。教師の人たちとの交流は楽しかったし、彼らの知識や献身的な取り組み《コミットメント》に感銘を受けた。基調講演をしたが、その間、およそ三時間にわたって壇上で話したのだ！三〇〇人以上の教師が州の各地から集まっていた。講演後、多くの教師が熱心に話しかけてくれ、とりわけ感動したのは、カナダ先住民の女性教師が鷲の羽根をプレゼントしてくれたことである（先住民の間では、鷲の羽根は歓迎と友情、さらには戦いの勲章であると考えられている）。

さまざまな機会をえて話す中で、とくに、二つの疑問がいつも私の胸につかえている。一つは、ユダヤ人をどうやって見分けるのか。男の子であれば、一番分かりやすいのは、ユダヤ人の男性は割礼していることだろう。ほとんどの場合、ユダヤ人はキリスト教の洗礼証書をもっていない、あるいはユダヤ人だということが隣近所に知られている、そういったことも判断材料になるだろう。ナチスドイツ人は、すべてのユダヤ人に登録を義務づけ、その命令に背くことは死を意味した。最初の頃、ユダヤ人はナチスの殺害計画を知らなかったから登録届を出したのである。

もう一つ胸にわだかまるのは、おまえはドイツ人を憎むか、という疑問である。常々思うのだが、他の人間が行った悪事で責めることはできない、それが私の答えである。ホロコーストが起きた時代、ヨーロッパのどの国であれ、住民を大枠で三グループに分けることができる。第一グループは、何が起こっているかを知っていて、それを承認し、協力した人たち――ドイツでは三〇%、フランスでは一五%、ハンガリーでは一〇%、そのような人たちがいたかどうかは定かではないが、ヨーロッパのどの国にもそういう人たちは存在していた。第二グループは、何が起こっているかを知っていて、おそらくそれを認めてはいたが、加担しなかった人たち――その割合がどのくらいだったかは分からない。第三グループは、何が起こっているかを知っていて、隣近所のユダヤ人を命がけで救おうとした人、ごく一部ではあるが、ヨーロッパのどの国にもそういう人たちがいた。他の国々と同様、ドイツの国内にも存在した。当時起こったことで、現代に生きる人々を責めるのでは責任を果たすことにならない。ドイツとドイツ人は、自分自身に、ユダヤ人に、そして人類一般に対して、ホロコーストの教訓を学ぶ責任がある、私はそう固く信じて疑わない。多くのドイツ人は起こした事実を後悔しており、ドイツ政府は、ホロコーストを忘れず、それから学ぶための教育に力を尽くしてきたことは事実だ。ホロコースト否定はドイツ国内では違法であり、また、国としてできうる限り生存者に補償を行ったことも、よく分かっている。そうは言うものの、ドイツに滞在中、この地でホロコーストの計画が始まったのだ、そういう思いが絶えず頭から離れず、心中穏やかでいられなかったのも事実である。

哲学の授業で学生相手に話すよう頼まれたことがある。クラスでは教材としてサイモン・ウイーゼンタール著の『ひまわり――許しの可能性と限界』が使われていた。著書の中で、ウイーゼンタールが強制収容所の囚人であったころ、看守がやって来て作業中に連れ出されたという記述がある。てっきり殺されるんだと思ったが、そうではなかった。連れて行かれた先は病室で、そこには重傷を負って死に瀕している若い親衛隊員(SS)が寝ていた。親衛隊員はウイーゼンタールに次のようなエピソードを話した。彼の部隊はウクライナの村に侵攻し、すべてのユダヤ人、一五〇人以上のユダヤ人を一斉に狩り集め、一軒の家に連れ込み、ガソリン缶を多数運びこませた。ユダヤ人の顔には恐怖と苦悶の表情が浮かんでいたという。その家がユダヤ人で埋め尽くされるとドアを閉めて、手りゅう弾を投げ込んだ。二階の窓から男女二人と子供が飛び降りて来た。地面に落ちたとたんに彼は三人を銃で撃ち殺した。話し終わってから、その親衛隊員は、ユダヤ人に許してもらいたいと言って、ウイーゼンタールの許しを求めたのである。ウイーゼンタールは何も言わずに、そのまま部屋を立ち去ったという。私は学生からこのエピソードにコメントを求められた。許すとすれば、それは直接危害を受けた人だと思う、そう応《こた》えた。自分以外の人に加えられた危害について、その行為を許す資格は誰にもないのだと。またときに次のような質問を受けることがある。ほとんどは信心深いキリスト教徒からだが「あなたが救われたのは神の計画によるのではありませんか」と。私はノーと答える。それから例を挙げて、強制収容所に入るときも、そして出るときも無神論者で通したプリーモ・レーヴィの話をする。また、エリ・ヴィーゼルは強制収容所に入るとき正統的なユダヤ教徒だったし、収容所を出るときも正統的なユダヤ教徒だった。なぜ生き残ったかに関して、生存者は一人ひとり異なっており、一つの決まった受けとめ方などないのだ。

「なぜホロコーストの話をするのか」という質問を受けることがよくある。将来の悲劇を阻止するためには、あらゆる悲劇から学ばなければならない。西ドイツの元大統領ヴァイツゼッカーはこう述べた。「過去に目を閉ざす者は、現在を見る目をもたない」と。また、スペイン出身のアメリカの哲学者・著述家のジョージ・サンタヤーナは「過去から学ばない者は（過去を忘れる者は）、同じ過ちを繰り返す」と述べた。ホロコーストは人類史上最も残虐な犯罪である。とりわけ悲劇的なのは、良心的な人々が声をあげさえすれば、ホロコーストを防ぐことが可能だったことである。実際に、良心的な人々が声をあげ、ナチスが手を引いた証拠は多数残っているのだから。

非業な死をとげた人々は、ホロコーストからほんの少しでも教訓を得てくれればいい、そう願うのではないだろうか。少しでも教訓を得るとは、同じ過ちが、誰の身にも、将来にわたり、二度と起こらないようにすることだろう。医師が検死解剖を行うのは、死体にメスを入れたいからではなく、死体から学ぶことによって他の人たちの役に立ちたいからにほかならない。橋が崩れ落ちたり、飛行機が墜落すると、事故調査が行われる。将来起こり得る橋の落下や飛行機の墜落事故を防ぐためである。私たちはホロコーストによって何が起きたかを解き明かし、そこから学ばねばならない。それこそ、私がホロコーストの語り部として話をする理由である。

数回、ホロコースト教育の業績で表彰を受けた。一九九八年、世界人権宣言五〇周年を記念してカナダ政府は、ホロコースト教育に功績のあった全国の生存者《サバイバー》五〇人の栄誉をたたえた。私は表彰を受けたうちの一人である。オタワの国会議事堂で開かれた式典に参列した。各人の名前と業績が読みあげられ、アルファベット順だったので私の名前は最後のほうだった。カナダ政府によるこのような催しは時宜にかなった企画で、大変うれしく思った。オタワにはマリーンとシャロンが同伴した。ホロコーストの残虐行為が世界人権宣言の通過につながったことから、ホロコースト教育に積極的に携わった人々を表彰するのはタイミングとして適切だったといえよう。

二〇一〇年、ニューブランズウィック州で最初のジョン・ピーター・ハンフリー人権賞をハンプトンで受賞した。ジョン・ピーター・ハンフリーは、ハンプトンで生まれ育った著名な法律家で、最初の国連人権コミッショナーになった。その立場で、エレノア・ルーズベルトの支援と励ましを受けて、世界人権宣言を起草した人物である。ハンプトンは人口五千人ほどの町であるが、そのうち三千人が私の話を聴きに来てくれた。温かく友好的な歓待を受けた。以前と同様、数時間演壇に留まって話をし、二回もスタンディングオベーションを受けた。多くの人からサインを求められた！

ニューブランズウィックは、人口が七五万人ほどの州にすぎないが、州議会でホロコーストを記念する議案を全会一致で採択した。連邦政府はもとより、カナダ全州でも同様の議案が通過している。ニューブランズウィックはカナダでホロコースト記念議案を通した三番目の州である。この議案が採択されたこと、ニューブランズウィックのような小さな州が人権問題に熱心に取り組んでいること、大人から学校に通う子供までがホロコーストに大きな関心を示してくれること——こういった事実は私に大きな希望を与えてくれる。

ヨム・ハショア記念式典でローソクに火を灯すイズラエル。フレデリックトンのシナゴーグにて：2009年（キャロライン・ギャモン提供）

ユダヤ人文化教育促進協会《ブネイブリス》のフレデリックトン支部長だったとき、ホロコーストを記念する恒例行事を企画した。その催しはヨム・ハショアの日に——ホロコースト記念日として毎年春に開催される。フレデリックトンでは、スゴーライ・イスラエルシナゴーグの聖所で式典が執り行われる。会の進行は、初めに預言者の一人であるヨエル書の一節を朗誦する。

「このような事があなたがたの先祖の世にあったか。これをあなたがたの子供たちに伝え、その子供たちは、またその子供たちに語り伝えよ」

それから、カナダのユダヤ人退役軍人や「正義の人」の代表など、さまざまな人が六本のローソクに火を灯す。七本目のローソクは、未来への希望を象徴するために、ユダヤ人コミュニティの若者が灯すのだ。

その後で、基調講演が行われるが、ほとんどの場合、講演者はホロコーストの生存者である。まず信仰告白《アニ・マアミン》を朗誦する。この句は本来「私は信じる」という文言で始まり、毎日の祈りに唱えられるのだが、ガス室へ向かう途中で多くのユダヤ人がこの祈りの言葉を繰り返し唱えていたということから、ホロコーストやホロコースト記念日に関連する行事で唱えるようになった。詩篇一二三篇を唱え、または葬儀の祈りエル・マレ・ラアミームを、ホロコーストの犠牲者を忘れるなという意味に書き換えた祈りを唱える。礼拝の最後に、死者への祈りカディッシュを唱える。その後ラウンジでレセプションが開かれる。過去数年はおよそ二〇〇人が出席してシナゴーグを埋め尽くすほどだった。この行事はより広い地域社会に開かれており、多くの非ユダヤ人も出席している。

基調講演はこの行事にとってきわめて重要である。講演者としては、トロントからサリー・ワッサーマンを招いた。彼女はポーランドのドンブロヴァのユダヤ人ゲットーの生存者である。七歳のときに非ユダヤ人の夫婦に預けられて救われた。両親はもとより兄弟・姉妹の中で生き残ったのは彼女一人である。ハリファックスのダヴィド・コーンと兄弟の場合は、両親が子供たちをスロバキアのミクルスにあるルーテル教会の修道院に託し、そこで保護された。両親とは再び会うことは叶わなかったという。トロント在住のジュディ・コーエンは、もともとハンガリー出身だが、アウシュヴィッツ強制収容所の生存者である。彼女がホロコーストについて積極的に話そうという気持ちになったのは、一九九三年、トロントの繁華街でネオナチのグループに出くわしたことがきっかけだった。ポーランド出身のフィリップ・ライトマンも、アウシュヴィッツから生き延びて、戦後ニューファンドランドまでたどり着いた人である。トロントのマックス・アイゼンは、数か所の強制収容所を転々とし、生き延びたあと、第七六一黒人戦車大隊によって解放された

イズラエル・アンガーとフィリップ・ライトマン［中央］。人種差別撤廃デーの日にホロコーストの体験を話す。ニューブランズウィック州オロモクト、ゲージタウンのカナダ軍基地にて：2012年3月28日（ダービー・ナッシュ提供）

――黒人部隊は、白人部隊と合同で兵役に服することを認められていなかったが、パットン将軍の第三軍隊の一部だった。エステル・ベムと両親はユーゴスラビアからイタリアまで徒歩で逃げた。小村のカトリックの神父や貧しい農民に救われ、身分を隠してイタリア人となって生き延びた。ハリファックスのドロータ・グローワッカは父親の体験について話した。彼がホロコーストから生き残ることができたのは「正義の人」が密《ひそ》かに隠してくれた〝アーリアン・ペーパーズ〟（アーリア系人種であることを証明する書類）のおかげだったという。戦後はポーランドに留まっていたが、一九六八年、ポーランド共産主義政府のもとで再び反ユダヤ主義の暴力行為の犠牲になった。この講演をきっかけにドロータとは親しく付き合うようになって、本書を書くにあたって翻訳や調査などを手伝ってもらった。

本書の執筆は自分の体験を語ることにあるが、最後の校正時には予期せぬ驚きと喜びを得ることができた。原稿を二人の娘に渡して目を通してもらった。シャロンに電話をかけたとき、ちょうどエクス・レ・バン孤児収容施設の箇所を八歳の娘ソフィーに読んでいるところだった。多くの人に読んでもらうことによって、本書を執筆するすべての努力が報われることになる。

第六章

「僕の名前はスルリク」——幼児期の体験を振り返って

タルヌフ市への帰郷

実を言うと、ポーランドには戻りたくなかった。ポーランドを離れてからはポーランドを忘れたかった。自分がポーランド人だと思いたくなかった。カナダ生まれでないことを他の人に知られたくなかったのだ。モントリオールの大学では、英語発声法の授業に出て外国訛りを直そうとした。

ホロコーストについて深く考えるようになったきっかけは、フレデリックトンで講演を頼まれたとき以来である。両親が死んで初めて、父方の伯（叔）父・伯（叔）母について名前すら知らないことに気づいた。名前だけでも知りたいと多少の努力をしたが見つけ出すことはできず、手を尽くして捜さなかったという後悔の気持ちが強くなっていった。父が生きていたときに訊いておかなかったのが今さらながら悔やまれる。

ポーランドに戻るよう私を説得したのは妻マリーンである。彼女は以前からポーランド生活についてもっと詳しく知りたがった。例えば、私が生まれた場所を見たいと言う。私がポーランド行きに賛成したのは、父方の伯（叔）父・伯（叔）母の記憶が永遠に忘れられることがないよう、せめてその名前だけでも捜せたらと考えたからである。ポーランド行きに期待してはいなかった。

娘のシーラがドイツのフライブルクで医師として勤務している間に、マリーンと一緒にシーラと夫のアンドレアに会いに行った。当時、娘夫婦はフライブルク大学病院で働いていたので、その旅行を足掛かりにして、タルヌフ市に行くことにした。子供のときポーランドを離れて以来の訪問である。二〇〇六年一〇月に出発。タルヌフへはフライブルクからベルリンとクラクフを経由して行った。ベルリン行きの列車は素晴らしく快適だったが、それに比べて、ポーランド国内の列車は快適にはほど遠い。乗車時間は長く、全行程で二四時間以上もかかった。

クラクフでは接続の列車を逃してパニックになった。通常であれば落ち着いて感情をコントロールするのだが、そのときばかりは平静さを失った。タルヌフ行きの後発列車があることを知ったが、直前に線路の切り替えが行われていた。パニックに陥った私たちは、旅行かばんを抱えて階段を駆け下り、駆け上った。大きなスーツケース二個とキャリーバッグ二個。大荷物になったのはタルヌフから直接カナダへ帰るつもりだったからである。結局、混み合った客車にやっとの思いで滑り込んだ。車中の乗客は友好的でないな、最初はそう思ったが、タルヌフに着くと若い男性がホテルへ連れて行ってあげようと申し出てくれた。ありがたかった。

市の中心部にあるタルノフスカホテルに三泊。共産主義時代に建てられた大きなホテルである。朝食は美味しくなかった。ユダヤ人通り《ジドフスカ》を見つけたが、こんなに早く見つかるとは思わなかったので驚いた。隠れ家から出た後しばらく住んでいた家も見つかった。破壊されたシナゴーグの遺跡、トーラの朗読を行うビマが見えた。四本の柱が残っていて、その上を覆うように保護用の屋根が載せてあった。これこそ、アパートの窓からいつも眺めていたビマ。頂上に草が生えていたビマである。

このシナゴーグは一六世紀にまでさかのぼる非常に古い建物である。一九八七年、タルヌフ市役所は木製の屋根で遺跡を覆った。マリーンと一緒に見たのはそのときのビマである。昔の頃に見たビマのほうが、覆いをかけた現在の姿より、ずっと荒涼とした雰囲気が漂っていたような印象を受けた。

タルヌフを訪れて、とくに大きな感動を覚えるようなことはなかった——懐かしく思う気持ち《ノスタルジア》にはなれない。涙ぐむといった衝動に駆られることもない、そんな自分に驚いた。タルヌフに特別な絆《きずな》を感じなかったのだ。ナチスが残虐行為を行った所であれば、私にとってはどこの町に行っても何ら変わらなかっただろう。幻滅を覚えたのは、かつてのユダヤ人居住区域が、今や、観光名所になっていることだった。それ以上に気が滅入ったのは、町の広場に隣接する巨大な教会を目にしたときである。そこはかつてユダヤ人が一斉に狩り集められ、殺害される前に拷問を受けた場所である。神父や修道女が教会へ向かって歩いて行く姿が見えた。神父の一人はかなりの年配に見えたから、一九四二年、その場に居合わせたかもしれないと思った。教会の目の前で起こっている残虐行為に、カトリックの聖職者が抗議するのはきわめてまれだった。

　市の登記所へ行って両親の結婚証明書と、戦前イギリスに渡った伯父アブラハムの結婚証明書を見つけて嬉しかったが、他の親族の情報は得られなかった。記録保管所に行ってヤン・フムラ（以下、人名に氏を省略）に会う。彼は英語が堪能で、資料を探すのを自ら進んで手伝ってくれた。

　ユダヤ人共同墓地に入るには通常であれば鍵が必要だが、その日はたまたま作業員が修理中で門が開いていた。入ってもいいかと訊くと、快く応じてくれた。敷地内には、破壊されたジュビリー記念シナゴーグの壊れた円柱から作られた慰霊塔が立っている。かつては、このシナゴーグの大きな金色の円屋根《ドーム》をタルヌフ市のどこからでも見ることができた。一九四六年、彫刻家ダヴィド・ベケーが、大量虐殺が行われた、この集団墓地のある地にシナゴーグの壊れた円柱を設置したのだ。碑文に「そして太陽は輝いており、恥じることは無かった」という文言が彫りつけてある。この文は、一九〇三年ウクライナ領のキシナウで起こったユダヤ人虐殺を追悼して詠った、ナフマン・ビアリクの詩の一節である（キシナウは、現在、モルドバの首都）。また、ヘブライ語、イディッシュ語、ポーランド語で次の文言が彫ってある。「一九四二年六月一一日から一九四三年九月五日にかけて、ドイツの暴徒に殺害された二万五〇〇〇人のユダヤ人がこの地下に眠る」と。

　この慰霊塔の前で写真を撮ってもらったことがある。戦後タルヌフに生き残ったユダヤ人の子供ら数人と一緒だった。兄と私もその中に写っている。今考えると、この慰霊塔が建てられてから一か月も経たないうちに、キエルツ・ポログラム（反ユダヤ主義者による集団虐殺）が実施されたことになる。

ホロコースト慰霊塔の前で。タルヌフユダヤ人墓地にて：2007年（キャロライン・ギャモン提供）

かつての写真に写っているのは荒れ果てた慰霊塔だったが、二〇〇六年までには修復が済んでいた。墓地と慰霊塔の両方が保存されているのを見て嬉しかった。もっとも、マリーンは、カトリックの聖人の写真やキリスト教会用のろうそくが慰霊塔に供えてあるのを見て憤慨した。どうしてそんな品物を置いたのか、その動機は何なのかを疑問視したのだ——非キリスト教徒であるユダヤ人の「魂を救う」ことを願ったのだろうか。マリーンが言うには「自分の伯（叔）父さんや伯（叔）母さんがここに眠っているとしたら、ユダヤ人を追悼するろうそくを灯すべきですよね」と。

私は追悼の祈りカディシュを唱えようとした。いつもは全文を唱えるのだが、そのときは最初の一節だけしか思い出せなかった。

最後に、マリーンに説得されて郷土資料館を訪れることにした。タルヌフ市の大広場沿いにある建物である。その前を通るたびに、マリーンは立ち止まりこう言ったものだ。「ハシディズム派（超正統派のユダヤ教）の展示をやっていますよ」と。「ユダヤ人がいなくなったから、ユダヤ人についてさまざまな展示品を見せているんだな」と私は皮肉を込めて応じた。資料館では館長のアダム・バルトシュは不在だった。学芸員で歴史家のヤヌシュ・コジョウと話をしたところ、その後、私たちの来館をバルトシュに伝えてくれた。バルトシュはタルヌフに里帰りするユダヤ人のためにさまざまな援助の手を差し伸べていることが分かった。その後の数年にわたる彼の援助・協力のおかげで、本書を著すにあたり、私の体験の事実関係を確認することができたのである。

現在もポーランド国内には反ユダヤ主義が存在していることは耳にしていたが、それでも電車でクラクフへ戻る途中、ユダヤ人を憎悪する落書きを窓越しに見てショックを受けた。クラクフからはフランクフルト行の夜行列車に乗ったが、真夜中、ちょうど国境を通過していたとき、ライフルを手に完全武装した二人の男が車内に突然乗り込んできて、パスポートを見せろと要求。チェコの国境警備隊員だったのだが、本当に恐ろしかった。

帰国後、アダム・バルトシュからメールをもらう。かつて住んでいた隠れ家の写真と見取り図が添付してあった。二〇〇一年、ダグナン製粉所の昔の建物が解体されることになったという。バルトシュのもとに、アウグスティン・ダグナンの義理の息子にあたるダリウシュ・ドウヴォレクから電話があった。建物の構造に詳しいドウヴォレクが、屋根裏部屋に臨時に造られた奇妙な壁があり、壁の反対側には隠された空間があることに気づいたのだ。隠れ空間に通じる小さな抜け穴があって、穴の前にはがらくたや機械の部品が散乱してあり、出入口が見えないようになっていた。ドウヴォレクは義理の母に訊いてみた。アウグスティン・ダグナンの未亡人にあたるゾフィア・ダグナンは、当時九一歳だったが、ユダヤ人が隠れていたことを思い出し、その後、バルトシュの取材に応じてくれた。彼女はアンガーという名を覚えており、またアレクサンドロヴィチという名の夫婦がいたことも覚えていた。バルトシュは、解体の数日前に製粉所へ駆けつけて、隠れ部屋の写真を撮り、その見取り図を描いてくれた。私は写

腹ばいで進みながら隠れ家に入るアダム・バルトシュ氏：2001年（タルヌフ郷土資料館）

隠れ家の正面：2001 年（タルヌフ郷土資料館）

煙突の穴が付いた隠れ家の後壁：2001 年（タルヌフ郷土資料館）

真を見て非常に嬉しかった。六〇年の歳月を経て、その場に隠れていた記憶を確認することができたのである。写真はまさに記憶にある潜伏先のとおりだった。バルトシュが送ってくれた写真のおかげで、タルヌフ行きの最初の旅行全体が意義あるものになった。

最初のポーランド旅行からの帰国後、ホロコーストで殺害された母方の親族のために、追悼の記念碑を建ててもらうことにした。実は、他の生存者が、亡くされた親族のために類似の記念碑を建てており、それをマリーンと墓地を訪れた際に目にしていたからである。早速そのための準備に取りかかった。まず、バルトシュと連絡をとり、タルヌフの地に墓石を手配してもらった。

共著者のキャロラインに出会ったのは二〇〇七年。彼女から電話をもらった。ドレスデンのホロコースト生存者アンナ・クラウスの本を紹介するブックツアーを企画していたのだ。本を売るために利用されるのではないかと、最初は警戒心を抱いた。ドーナツショップのティムホートンズ店で会ったが、その出会いで彼女に対する見方が一八〇度変わった。誠実で、賢明で、しかも良心的な人であることが分かったのである。キャロラインはフレデリックトン市で生まれ育ち、ニューブランズウィック大学とモントリオールのサー・ジョージ・ウィリアムズ大学（後に、コンコーディア大学に改名）を卒業、つまり私と同じ大学の同窓生である。大学では文学と創作《ライティング》の科目を履修していた。ユダヤ系ドイツの旅行会社に勤め、ドイツのベルリンに二〇年以上暮らしていた。仕事を通じて多くの生存者《サバイバー》と出会ってホロコーストについて豊富な情報を得ていた。ヨハンナ・クラウスの本を読むと、ホロコーストについての体験を記録に残したいというキャロラインの献身的な熱い思いが伝わってくる。

あとで分かったのだが、妻のマリーンはキャロラインの知り合いだった。高校で彼女の妹に数学を教えていたのだ。キャロラインと共同で、私の体験を題材に本を書くことにした。私にとってこの企画は、隠れ家に潜んでホロコーストを経て生き残った家族の体験を記録すると同時に、生存者が解放後どういう生活を送ったか、その一例を記録に残す試みになると思った。キャロラインは、私やマリーンはもちろんのこと、多くの人に面談して取材を行った。私はもっぱら書き写す作業を担った。支援者がインタビュー原稿をポーランド語から英語に翻訳してくれた。記録保管所で一緒に資料を探し、写真を撮ってくれたのはキャロラインである。一連の作業には長い時間がかかり、完成までおよそ五年の歳月を要した。

その秋、娘のシーラ夫妻に会いに再びドイツのフライブルクに行った。そこからベルリンに飛んで、キャロラインと彼女の家族を訪ねた。キャロラインは私の講演を前もって手配してくれており、「オットー・ヴァイト博物館視覚障がい者のためのワークショップ」の主催で体験を話すことになった。この会は、主としてホロコーストの間に身を隠したユダヤ人問題に取り組む組織である。オットー・ヴァイトは、工場で働くユダヤ人従業員の命を救った功績により「正義の人」であるとして表彰されている。従業員の大半はユダヤ人で、しかも視覚障がいがあるという理由で二重の危険に晒されていた。記念館は、もともと箒とブラシ製造工場があったベルリンのミッテ区ローゼンターラー通りの敷地に建っている。講演は、隣の建物のアンネ・フランクセンター（アムステルダムにある組織の提携センター）との共催で行われ、そのセンター内の会場で話をした。ドイツ人の聴衆に向かって、私の体験を初めて話したことになる。

ドイツと言えば、グレイの有名な詩「挽歌――田舎の教会墓地にて」の一節が心に浮かぶ。その詩のなかでグレイは、若くして死んだ人が生きていれば、人類にどんな貢献をしただろうと思いを巡らせる。ホロコーストは多くの点で想像を絶するほどの悲劇だった。ユダヤ人にとっては再起不可能なほどの壊滅的な惨事だった。世界中のユダヤ人の人口が一九三九年と同数になったのはつい最近になってからである。ドイツにとってもホロコーストは悲惨な出来事だった。ユダヤ系ドイツ人は、ドイツや世界の科学に多大な貢献をしてきた。ドイツのノーベル賞受賞者の二五パーセントをユダヤ系ドイツ人が占める。ユダヤ系ドイツ人は、演劇、音楽、医学、文学、そして美術に、枚挙にいとまないほどの業績をあげた。ホロコーストにより永遠に失われたものすべてに思いを馳せる。また推測の域を出ないが、ホロコーストがなかったらもっと多くの貢献ができたのではないだろうか、と。

ドイツ人の聴衆が私の体験談にどんな反応を示すか、どんな質問をするかに興味があった。結果的に、カナダで受けた質問とほぼ同じだった。ただ一つの例外は、戦前のポーランドではユダヤ人と「正義のポーランド人」（非ユダヤ人でユダヤ人を助けたポーランド人）の関係はどうだったか、という質問である。ポーランドのユダヤ人の歴史は長くしかも複雑である、私はそう応《こた》えた。関係が良いときもあり、悪化したときもあったが、私が生まれた頃は、他のヨーロッパ諸国と同様に、反ユダヤ主義がかなり深く浸透していた。大多数の人は、ユダヤ系ポーランド人をポーランド国民とみなさなかった。仕事上の取引関係はあっただろうが、個人的な交流は、たとえあったにせよ、ほとんど存在しなかったといえる。とはいえ、戦後になってカナダでの我が家の生活は厳しかったにもかかわらず、私の母はタルヌフにいる非ユダヤ人の家族に食料品などの小包を送ったこと、その事実を付け加えて質問に応《こた》えた。両者の関係は必ずしも反ユダヤ主義一辺倒ではなかったのだ。この質問をしたドイツ人は、ポーランドにも反ユダヤ主義が浸透していた、ドイツだけが特別ではなかった、私にそう言ってもらいたかったのだろう。

講演を済ませてから、マリーンと一緒に飛行機でクラクフへ飛び、そこからタルヌフへと向かった。キャロラインも同行して、その間に得た情報を記録に残すことにした。長かった以前の列車に比べて、飛行機の旅ははるかに快適だった。五日間タルヌフで過ごした。市の中心部から北へ近距離にある、ヴィラ・クシスカに宿泊。前に泊まったホテルよりずっと居心地がよかった。キャロラインは当時の関係者を取材。夜には私へのインタビューを行い、取材は広範囲に及んだ。自分でも体験した事実を書き留めるよう勧められた。書いてみたが、タルヌフでの部分はたったの一頁だけ。彼女から「一頁で本は作れないんですよ、イジー」とからかわれたのを覚えている。言うまでもなく、タルヌフを訪れ、子供の頃に過ごした場所を実際に見て、そしてキャロラインのさまざまな質問に答える努力をして――すべてを寄せ集めて、インタビューが終わったときには、タルヌフで過ごした時期の分量が二五頁になっていた。

現代の「正義の人」――アダム・バルトシュ氏との出会い

二〇〇六年の最初のタルヌフ旅行以来、アダム・バルトシュとは時々メールで連絡を取り合っていたが、郷土資料館にある彼のオフィスでようやく会うことができた。オフィスの中は、仕事がらみの、あるいは彼が関心をもつ種々雑多な物であふれていた。彼の話によると、最初はジプシーと呼ばれている、ロマ人のコミュニティに興味があったという。実際、ロマ博物館をタルヌフに設立する推進役を果たしており、私たちもそこを見せてもらった。ナチス下でのロマ人の体験談やその運命を知る過程で、タルヌフのユダヤ人の歴史にも関心を寄せ始めたという。熱心に取り組むようになり、オフィスにはタルヌフやイスラエル在住のさまざまなユダヤ人やユダヤ人グループと一緒に撮った写真が飾られていた。その当時、彼の娘はイスラエルに住んでいた。

アダム・バルトシュは、私がタルヌフを訪れる以前から「アンガー」という名字のことを知っていた。アンガー家の人が隠れ家に潜んでいたことを知っていたのだ。彼によると、アンガーという姓はタルヌフ・ドンブロヴァ市やジャプノ町に多い大家族の名字だそうだ。名門アンガー家の血に流れているツァデイック伝統について語ってくれた。ツァデイックとは「義人」を意味し、宗教指導者を示す語である。アンガー家にはツァデイックの称号をもつ伝統的ユダヤ教徒ハシディズム派の指導者もいた。兄のチャーリーと私はサンゼル・エイニケル（ツァディックの子孫）であるといつも聞かされていたことを、バルトシュが大筋で確認してくれた。父は敬虔で信心深いユダヤ教徒だったが、髭を剃りおとしていたから、超正統派のハシディズム派には属していないことを伝えた。さらに彼が言うには、アンガーという名字はおそらくハンガリー由来ではないか、ハンガリーに住んでいたか、あるいはハンガリー出身だったろうとのことだった。タルヌフのユダヤ人共同墓地にはアンガー家の人たちが埋葬されていることも教えてくれた。

母方の祖父フイッシュは木材産業に携わる貴族に雇われていた。そのことをバルトシュに話すと、サングシュコ家の誰かで間違いないだろうとのことだった。サングシュコ家は金持ちで、祖先がタルヌフ市の基礎を築いた大家族である。タルヌフ周辺の森林の多くを所有していたという。

とりわけ、私が知りたかったのは、隠れ家にいた頃に知り合った人たちの名前である。幼い子供だったから覚えていないし、家族で隠れ家にいた頃のことを話し合ったことがなかったから、ボフネル夫人以外、他の人の名前をもはや思い出せなかった。女の子二人はまだ生きているだろう――せめて名前だけでも分かれば、手がかりがつかめるのにと思った。実は、ウェブサイトでいろいろ検索してみたが、上手くいかなかった。バルトシュも二人の姉妹の名前を知らなかったが、ユダヤ人が隠れている事実をいくつかの情報源から得ていた。アウグスティン・ダグナンの未亡人ゾフィア・ダグナンから、またダグナンの息子アレクサンデルから、そしてゲットー粛清前にソビエト連邦に脱出したもう一人のタルヌフ生存者フランチシェク・ヤヒモヴィチ（後にフェデリコに改名）からも情報が寄せられていた。ヤヒモヴィチは、戦後、ブエノスアイレスに移住している。

バルトシュはブエノスアイレスに電話をかけて、ヤヒモヴィチから情報を得ている。一九四五年の解放後タルヌフに戻ったとき、ユダヤ人が隠れ家にいたことを私の父から聞いたとのことだった。出会ったのは路上で、父は見るからに痩《や》せ細っていたという。彼の話によると、ダグナン家の人々は、戦前からユダヤ人に対し好意的に接することで知られていた。父のほかに、アレクサンドロヴィチ夫妻のことも知っていたが、それ以外は知らなかった。こうして、ヤヒモヴィチから情報を得たバルトシュを通して、アレクサンドロヴィチ夫妻の名前が判明したのである。

アダム・バルトシュ氏と：2009年タルヌフ郷土資料館にて（キャロライン・ギャモン提供）

バルトシュは郷土資料館の館長という立場から「戦火を逃れた思い出」という企画を立ち上げた。その記事をウェブサイトに載せ、さらにタルヌフのユダヤ人の運命についての本を著した。二〇〇一年にダグナンの未亡人であるゾフィア・ダグナンへの取材で得た情報をもとに「タルヌフ市の製粉所の秘密」という題名の論文を発表した。ダグナン製粉所のこと、そして隠れ家について書き記している。当時ゾフィア・ダグナンはかなりの高齢であったため、製粉所で何が起こっていたかをほとんど覚えていないとのことだった。詳細な情報は得られなかったものの、夫人は私の体験談に不可欠な骨組みを提供してくれた。息子のアレクサンデル・ダグナンも本書のために記事を寄せてくれた。彼はティーンエージャーだった頃、ユダヤ人の「住み替え」作戦を目《ま》の当たりにしたという。ユダヤ人を助けることは死刑に値する行為だった、それでも何人かのユダヤ人が隠れ場所を確保できたこと。また、父親の製粉所の隠れ家を図に描いて説明してくれた。

　隠れ家にいた人のなかでタルヌフに戻ったのは、私が最初で、それ以外にはいなかったという。バルトシュは種々の点で調査の便宜を図ってくれた——写真や取材の粗原稿を提供してくれ、またダグナンの息子との面談を設定してくれた。バルトシュは、惜しみない協力によって、タルヌフのユダヤ人の歴史の一部を担っている。

ホロコーストの時代にユダヤ人の命を救う手助けをした人に与えられる呼び名がある。エルサレムにあるホロコースト記念館ヤド・ヴァシェムの役員が与える称号で、「諸国民の中の正義の人」または略して「正義の人」と呼ばれる。アダム・バルトシュは現代の「正義の人」の称号をもつにふさわしい人物である。

郷土資料館からの帰途、建物の石造アーチの上、かつてはメズーザーがあった箇所を見せてくれた。メズーザーとは、トーラからの一節を記した羊皮紙入りの小さな開き窓のことで、文字通りには「門柱」を意味する。かつては多くのユダヤ人の家の玄関口のドア枠の右上に取りつけられていた。タルヌフの至る所の家、さらに言えば、ポーランドの至る所の家の、多くのドア枠に嵌めてあったメズーザーの場所は、今や「暗い影《シャドー》」に覆われている。

ダグナン氏との面談

ダグナンの息子との顔合わせは、バルトシュが手配してくれて実現した。ダグナン家にはアウグスティンとアントーニという二人の兄弟がいた。アレクサンデル・ダグナンはアウグスティンの息子である。彼の話では、叔父のアントーニは、ドイツのポーランド占領中は家を出て各地を転々と移動し、自宅で寝泊まりすることはなかった。逮捕を恐れていたからだという。結婚していなかったので、あちこち旅をすることができたのだ。アウグスティンは妻子のある身で、妻ゾフィアと子供がおり、製粉所を経営していた。

アレクサンデル・ダグナン（本章では単にダグナンと表記）は私より七歳年上である。二〇〇七年に出会ったと

［左から右へ］アダム・バルトシュ氏、イズラエル、マリーン、アレクサンデル・ダグナン氏、キャロライン・ギャモン。アダム・バルトシュ氏のオフィスにて：2007年（キャロライン・ギャモン提供）

き、私は六九歳、彼は七六歳だった。戦争が終わったとき、一四歳か一五歳だったということは、当時ユダヤ人の身に何が起こっていたか、十分に気づいていたことになる。二〇〇九年に再びお会いし、二回にわたり、じっくり時間をかけて話を聞いた。彼との面談をとおして、私の体験談の詳細の多くを確認することができた。再会したとき、部屋に入って来たダグナンはポーランドの紳士風にマリーンの手にキスをしてくれた。

ダグナンは私の家族のことを覚えていた。父や母を覚えていたのだ。この体験談に登場するほとんどの人を知っていた。自分自身の父親についてはこう語った。

「周りに住んでいたユダヤ人コミュニティの人たちとの関係はとても良かったんです。実を言うと、共存共栄の関係でした。タルヌフ市にはシャンツェルが所有する別の大きな製粉所があったのですが、そこは小口の商取引は行わず、大口の商売をやっていました。一方、父はあらゆる小売り店に小麦粉を納入していたのです」

当時、小麦粉は貴重品だった。父親同士はどんな関係だったかを訊いたところ「ビジネスパートナーでした」との返事だった。ダグナンの父親が小麦粉を作り、私の父がユダヤ人のパン屋にその小麦粉を売っていた。商売以外の付き合いはなかっただろうが、ダグナンの父親が私の父の製パン所を訪れたこともあっただろう。

「協力して販路拡大に努めていたのです。私の父は製粉工場を経営していましたが、販売はしませんでした。あなたのお父さんが小麦粉をユダヤ人コミュニティに売るのを可能にしたのです」

ダグナンはエリアシュ・アンガーのことも覚えていた。エリアシュはオーク広場に面して建っていた、ガラスタイルと屋根工事の製作所を所有していた。その広告写真が残っている。

ダグナンの話によると、ユダヤ人は隠れ家を自分たちで作ったのではなく、ドロズド兄弟に金品を支払って作ってもらったそうだ。ドロズド兄弟のことを知ったのはこのときが初めてである。ドロズド家は父親と息子のチームで仕事をしており、大工の棟梁の父親を息子三人が手伝っていた。改築、塗装、造作、それにレンガ積みを担当する職人だった。ナチスが侵攻してきたとき、フォルクリスト（ドイツ人リスト）に署名していた。つまり、ナチスのもとで特権を得ることを期待して、先祖が同じドイツ人であると主張したことになる。ドロズド家の親子が壁を作り、さらに食べ物を運んでいた、金品めあてに。お金が底をつくと、小麦粉と物々交換したという。

ダグナンは隠れ家に一緒に住んでいた年配の女性、ボフネル夫人のことも覚えていた。

「年老いたこの女性は解放後、私の母によく会いに来ていました。息子さんや近い親戚の人はみんな死んだのに、自分だけが生き残ったことをとても苦にしていました。みんなの身代わりになって生き延びたのです。〝私ひとりだけ生き残って何の意味があるの？　私ではなく、子供たちの一人が生き残るべきだったのに〟とよく嘆いていました」

ボフネル夫人は高齢の女性で、当時ゆうに七〇歳を超えていたという。

ダグナン製粉所で亜鉛メッキを担当していたアレクサンドロヴィチのことも覚えていた。彼は戦前工科大学を卒業した教養ある人物だった。亜鉛メッキ作業所は工具置き場の近くに位置しており、そこは隠れ家の真下だった。蒸気を動力源にする機械が日中騒音を立てていて、屋根裏部屋から出る音を消してくれた。

戦後、アレクサンドロヴィチはダグナンと会う機会があり、その際、食べ物の入手には別ルートがあったと話したそうだ。伝動装置の脇から忍び込み小麦粉を手に入れることができた。その役割を引き受けたのは、私の父とアレクサンドロヴィチだった。その二人の姿を私は今でもはっきり覚えている。

ダグナンによると、あるとき階下の作業場で、具合が非常に悪そうで、体はむくみ、裸同然のアレクサンドロヴィチを見かけたことがあったという。みんなで上着を肩にかけてやり、急いで彼を人目につかない所に隠した。ゾフィア・ダグナン夫人もバルトシュの取材中このときの様子を話してくれた。アレクサンドロヴィッチの顔は青ざめていて、ほとんど立ち上がることすらできなかったそうだ。夫人は「どうしたの」などと訊かなかった。ユダヤ人を隠していることがばれるとどんな罰を受けるか、知っていたからである。

「私の両親はこのトラウマ的な状況を生き抜いたのです。夜中に、ドアをノックする音が聞こえるたびに、〝もしや…〟と思ったんです」と、ダグナンは語ってくれた。

バルトシュがそれに付け加えて、ユダヤ人を助けた人を死刑に処すという警告のポスターがあったこと、その原本が資料館にある、と教えてくれた。

シンドラーのリストのような従業員名簿があるか、とキャロラインが尋ねたところ、もちろん、ユダヤ人ばかりでなく全従業員の名簿があったんですが、という返事だった。事務室に金目当ての強盗が押し入ったときに名簿を紛失したという。「一九九〇年代の初めまでは、従業員の記録はきちんと保存されていました。まったく愚かな出来事によりすべて破棄されてしまったのです」と。

お父さんはシンドラーのような方だったのですか、とキャロラインが訊くと、

「当時はそう思いませんでしたが、ユダヤ人のために精いっぱいやった、そのことは後になってから知りました。仕事を済ませて帰宅するとお祈りをしていました。いつもいつも、祈り続けていたのです。父としては何らかの立場を取らざるを得ませんでした。どの立場を選択したにせよ、苦境に陥る結果になったでしょう。祈ることしか解決する術《すべ》はなかったのです。当時、私は父の置かれた状況を理解していませんでした。今になって、初めて分かったのです」

製粉所では大麦の加工処理も行っていたそうだ。そう言えば、大麦に水を混ぜたスープを食べたことを覚えている。ダグナン工場で働いていたユダヤ人には担当する決まった職務がなかった。つまり、工場で働いていることを証明する書類さえあれば、即座に強制移送されず、家族のために食料品などを入手することができたからである。

「職種が何であれ、ユダヤ人従業員は箒を手に働いているふりをしていました。実は、それがナチスの強制移送から逃れるのに好都合だったからです。当時は大混乱の状態で、毎日のようにゲットーから新たな働き手が集団でやってきました。機械作業場は、いわば修理工場となり、ドイツ国防軍の自動車修理場かつ車庫として使われていました。こうして製粉所でユダヤ人を数人雇ってもよい権利を得たのです。ユダヤ人の働き手を確保しておくためのアリバイ作りでした」

ダグナンはスコルパのことをよく覚えていた。ボレスラヴ・スコルパは製粉所の鍵職人の親方で、作業場

ボレスラヴ・スコルパ［前列右から４人め］、ダグナン製粉所の機械部門の作業員と：戦時中（カルマン・ゴールドベルグ所蔵）

の責任者でもあった。製粉所の敷地内に住居があった。息子は四人、ユレク、ズビシェック、アントーニ（またの名をトーシェック）、それに長男のアドルフである。ダグナンの話によると、父親のスコルパがユダヤ人を隠すという企ての背後で中心的な役割を果たし、それは金目当てだったという。彼はあらゆる意味で〝商売っ気〟のある人だった。最初のころ、ズビシェックが、障がいがあるにもかかわらず食料を運んでいた。その数年前、彼は製粉所内で事故にあい片足を失っていた。転落したとき、のみが太股を刺し貫いたのだという。杖をつき足を引きずって歩いていたというが、私にはそういう彼の姿は記憶にない。ただ「スコルパさんが食べ物を持ってきてくれた」ことだけを覚えている。

スコルパ兄弟は、手数料をとって、ユダヤ人をハンガリーへ密出国させる仕事にも関わっていた。ダグナン製粉所のトラックを使っていた。あるとき、ノヴィ・ソンチ市の近くでドイツ兵に車両の停止を命じられた。運転手のタデウッシュ・カプランは捕まり、アウシュヴィッツ行きに、それから他の強制所を転々とし、最後は、囚人としてドレスデンにいたときの空襲で殺害された。長男のアドルフは逃げたが、ズビシェックは運転手の隣に座っていて、不自由な足のこともあり、素早く行動できずに撃ち殺されたという。

ダグナンからこの話を聞いて、なぜ若いスコルパが、突然、食料品を運ぶのをやめたのか、その経緯《いきさつ》がやっと分かった。それから、私の母がなぜカナダからスコルパ夫人に小包を送っていたのかも腑に落ちた。長男のアドルフはまだ生き残っていたので、バルトシュは彼に取材を申し込み、その際、妻からも話を聞いた。彼の妻が語るには、アドルフは国境での出来事について話すことはなかったという。自分は長男であるのに障がいのある弟を危険な作業に連れて行ったからだろう。母親は弟を死なせたことでアドルフを決して許さなかったそうだ。一生その責めを負わせたのである。

私たち家族が住んだ場所は、製粉所の向かい側、ルヴォフスカ通りとオフロネク通りの角地に建つ木造の長屋だったという。およそ一〇〇家族がそこで暮らしていた。今その家屋は存在していない。ゲットーの中にある家だったと思う。後になってから、チャーリーと私が生まれた家を見つけたが、そこはゲットーの近くではなく、クラシンスキエゴ通りに面していた。

ダグナンは「住み替え」（ユダヤ人狩り）作戦の様子を目《ま》の当たりにしたそうだ。

「この作戦はチャツキ学校でも続いていました。生徒は服を脱いで校庭に置けと命じられました。それから畑に連れて行かれて射殺されました。私はジャガイモ畑の地面に伏せていて、一部始終を見ることができたのです。さらにタルヌフの市場では、すさまじい虐殺が行われて、飛び散った血が下水管に流れ込んでいました。消防団がホースをもって駆けつけたほどです。ゲットー解体時に、幼い女の子が通りを歩いているのを見かけました。窓から覗いていると、兵士がやおらピストルを取り出してその子を射殺したのです。数多くの人々がそうやって殺されていきました」

車を修理してもらう間、ドイツ兵が機械工場の周辺を歩き回っていた、そういった細かい事実も確認できた。これで隠れ家の壁の隙間から見えた光景の説明がついた。料理については、二階だけではなく、かまどのある階下の亜鉛メッキ作業所でも調理していたという。そこから飲料水も確保していた。

「お父さんはユダヤ人が隠れていることを知っていましたか」とキャロラインが尋ねると、ダグナンは「知らなかったなんてありえません。公の秘密でしたから」と答えた。仮に何か物が紛失したとしても、父親は動じなかったそうだ。みんなは緊張していてピリピリしていたという。ユダヤ人が隠れていたことは、戦時中も戦後も、口にすることはなかった。

「私たちはみな死んでいたかもしれません。あなたは今、ここにいないでしょうし、私もここにいないでしょう……。もし誰かが密告したらいずれ焼却炉行きになる、そのことを全員が知っていました。かなり大勢の人がユダヤ人の存在を知っていたにしても、それにもかかわらず、密告するような卑劣な人は一人もいなかったのです」

ダグナンは隠れ家から出て来た私たちのことを覚えているという。姿を現したアレクサンドロヴィチは痩せ衰えて、まるで〝スクラップ人間〟のようだった。「あなたのお父さんは栄養不足と劣悪な居住環境のせいで体中むくんでいましたよ」と語った。幼い男の子が隠れ家から出てきたのを覚えていますか、というキャロラインの質問にはこう答えた。「ええ、その子のことは覚えています。二人いましたね」と。それから私に直接向かって「現在のあなたより、ずっとずっと小さかったんですよ」と言った。

また戦後になってから、アンガー家とアレクサンドロヴィチ家は、匿《かくま》ってくれた謝礼としてダグナンの父親に家を寄贈したという。このことは私には初耳だった。家の所在地を尋ねると、ルヴォフスカ通りとゴスラル通りの角地にあって、以前コジツキとかいう名前の人が一階で薬屋を開いていたそうだ。そこはゲットーの敷地の一角に建っていた家で——終戦までに、窓、ドア、床などすべてが剥ぎ取られており、廃墟と化していた。その家を匿ってくれた感謝の気持ちとして贈ったのだった。戦後、ダグナンの父親と叔父は家の修復を行った。まったくの偶然ではあるが、インタビューの通訳をしてくれたヤヌス・コジョウが「実は、私が今そこに住んでいるんです」と教えてくれた。二〇〇九年にタルヌフを訪れたときその家を見ることができた。

ダグナンからはこういう質問を受けた。

「不思議に思うことが一つあるのですが、こういう状況に置かれた人たちは、なぜ生き延びたという印《サイン》を、一度も、語ろうとしないのでしょうか——どこに住んでいたとか、また自分自身の身に何が起こっていたのかなどを。非常に大きなトラウマだったでしょう。イスラエルに移住した人と話をして分かったのですが、戦時中に起こったことを語りたくない、ということでしたが」

また、隠れ家にいた人のうち誰からも連絡がないが、それはなぜなのかを知りたいとのことだった。自分自身に限って言えば、家族間でホロコーストのこと、またタルヌフのことすら話し合うことはなかった。夕食時の話題は現在と将来のことだけに限られていた、そう彼に応《こた》えた。

キャロラインは逆の立場からダグナンにこう問いかけた。「戦後、隠れていたユダヤ人についてなぜあまり話そうとしないのですか」と。彼が理由にあげたのは、話したがらなかったのは、ユダヤ人を助けたことが知られると、報酬をもらったんだろう、大金を儲けたに違いないと思われるから、とのことだった。バルトシュがブエノスアイレスに移住したヤヒモヴィチを取材した際に、彼はこういう言い方をしたという。

「戦後がどんな状況だったかはお分かりでしょう。人々はユダヤ人を匿っていたことを認めようとはしませんでした。よくない評判がたつからです。帰郷するユダヤ人の生存者を恐れていました。ホロコースト中にユダヤ人の家を奪っていたからです」

ダグナンはさらにこう付け加えた。

「隠れ家の壁造りを手伝った人が報酬を受け取ったのは確かです。食料を運んだ人も無料奉仕で運んだのではないでしょう。戦後になって誰も語ろうとしないのは、金儲けをしたと勘繰られ、他のポーランド人の標的になるからだったのです。しかしほとんどの場合、…恐怖心からでした」

それからダグナンはもう一つの理由を挙げた。

「とくに自慢するようなことではありませんでした。ごく当たり前の、市民としての務めを果たしただけでした。疑問を抱いたり、関心を寄せる人などいませんでした。もう終わったことだ、ストレスの多い状況が終わった、そのことで、皆ホッと安堵していたのです」

九人のユダヤ人を匿って生き延びさせた、その非凡な行動をダグナン家の人は認識していたかをキャロラインが尋ねたところ、「特別なことをしたわけではありません。何が起こったかと言えば、ドイツによる途方もない犯罪行為だったのですから」と述べた。一〇代の少年の頃、彼はゲットー解体中の恐怖の場を目撃しており、ユダヤ人が虐殺される様子を目《ま》の当たりにしていたのだ。「もう処刑されないのだと安堵したのです」と語った。

母が誰かに頼んで保存してもらった箱、マツア袋やそのほか数少ない持ち物の入った箱を、戦後再び手に入れたことについて訊いてみた。両親がダグナン家に預けたのではないかと思ったのだが、預かってはいないだろう、もし家族が保管を頼まれたのであれば、その箱のことを覚えているだろうから、との返事だった。

戦後になってから母がスコルパ夫人と連絡を取り合っていたこと、ポーランドを出国してからの生活が容易ではなかったことなどを話した。ダグナンから職業を訊かれたので教師だと答えると、「お父さんは粉を

ダグナン製粉所の工場主の息子アレクサンデル・ダグナンと、タルヌフ郷土資料館にて：2009年（キャロライン・ギャモン提供）

売って、あなたは知識を売っているのですね」というコメントがあった。彼は心理学者として働き、そのほかの職業にも就いていたそうだ。「おめでとう。いろいろつらい体験をしたあと多くの成果を収めましたね」と祝福してくれた。実を言えば、成果をあげる機会を与えてくれたのはカナダなんですと応《こた》えた。

戦後、製粉場がどうなったかを訊いてみた。彼の父親はソ連に連れて行かれたそうだ。「多くの人を助けたお礼かな」とダグナンは皮肉たっぷりに言った。ソ連の体制のもとで資本主義の工場主とみなされた。アウグスティン・ダグナンは九か月ほど捕虜収容所で過ごし炭鉱で働いた。その間、スコルパが製粉所を運営したが、ダグナンの父親はそのことに満足していなかったそうだ。タルヌフに戻ったときには、製粉所は国営化され国に買収されていた――〝共産主義の復讐〟と父親は呼んだという。その後荒れ果てた状態で放置され、二〇〇一年に解体された。ダグナンは、シェリーの詩〝オジマンディアス〟の一節を引用した。人間の手で作られた物はいかに偉大であっても不滅ではありえない、と。重要なのは、建造物ではなく人間である。私たちはみな同じ考えだった。

最後に、ダグナンは「ポーランド語をまだ覚えていてくれて嬉しい」と言った。私は会話の内容の一部を理解することができたのだ。私の顔の輪郭に父の面影を見ることができる、顔を合わせて話ができたのは、大きな贈り物だとも語った。アンガー家とダグナン家が交わる歴史は重要であることに意見が一致した。確かに、金銭が絡んではいたが、それは危険と隣り合わせの、人道的な行為だったのだ。ダグナンには娘三人、孫五人、それにひ孫が一人いるという。私も自分の家族について話した。どうか長生きしてください、と彼は言った。私は、本が完成したらポーランド語に翻訳するつもりなので、お孫さんに曾祖父《ひいおじいさん》について知ってもらえるといいですねと、話したのだった。

隠れ家に食料を運んでくれたスコルパ

タルヌフへの最初の訪問後、バルトシュにスコルパという名前の人物について問い合わせのメールを送った。バルトシュは、最後に生き残った兄弟のひとりアドルフ・スコルパと連絡を取り、二〇〇七年一月、タルヌフのアドルフの自宅で取材をしてくれた。ポーランド語から英語に翻訳してくれたのはハリファックス在住のドロタ・グヴォヴァツカである。しかし、ダグナンに会った後の翻訳なので、結局、ダグナンが語ってくれた多くの情報を追認する形になった。スコルパは隠れ家にいた人たち――アンガー、ボフネル、それにアレクサンドロヴィチ――の名前を覚えていた。しかし二人の女の子のことは知らなかった。アレクサンドロヴィチ夫妻の娘だと勘違いしていたようだ。私の兄のことも覚えていなかった――隠れていた子供は二人だったのだが。

スコルパは、「住み替え」作戦、彼の言葉によるとアクツィオンを目撃していた。ダグナンとほぼ同様に当時の様子を描写している。彼がプラッツア通りの新築集合住宅に隠れていたとき、ドイツ兵が道路の向こう側の家を一軒ごとに回って調べていた。ユダヤ人はいわゆる合法的なケンカルテ「身分証明書」あるいはユデンパス（ユダヤ人通行証）を持っていれば見逃してもらえる。持っていない場合には、その場で射殺された。三棟の集合住宅だけでおよそ七〇人が殺害されたという。仕事上彼はトラックを運転していたが、アクツィオンの間は旧マーケットに行くのに坂道を上ることができなかった。路面が血で滑りやすかったからである。彼は虐殺を〝おぞましい〟という形容詞で表現したという。

私はタルヌフのホロコーストの暗澹《あんたん》たる歴史について読んだことがある。ナチスの残虐さは恐るべきものだった。とりわけ、子供に対してひどかった。ユダヤ人の幼い子供たちは頭を壁に強く打ちつけられて殺されたのだ。父はその光景をじかに見たそうだ。人間がこれほどまでに残酷になりうるだろうか。これほどの残忍な行動に駆り立てられうるだろうか。

スコルパの話によると、偽壁を作ったのはドロズド兄弟だった。彼らは製粉所の工事作業員、いわば何でも屋だった。そのため、レンガを持ち運んでいても怪しむ人はいなかったという。また、ドロズド兄弟は隠れ家に前もって料理をする場所も作った。「金さえもっていれば、ドロズド家の人はユダヤ人を助けたんだ」と言ったそうだ。

バルトシュとの面談中、スコルパ夫妻が少しだけ触れたのは、兄弟でユダヤ人を密出国させていたこと、ノヴィ・ソンチで起こった小規模の戦いで兄弟の一人ズビシェックが殺されたことである。その後、アドルフはタルヌフに戻ることができずに、パルチザン闘争に加わったという。戦争末期に、もう終わりに近づいていることが確実ですべてが混沌としていた最後の数か月のとき、タルヌフに戻ってきたが、ダグナン製粉所の工場施設にしか隠れる場所がなかった。戦前、スコルパ一家は工場の敷地内に住んでいたから、身を隠すためにそこに戻ったのだ。時々私たちの隠れ家へ上がってきて話し相手になることがあったという。私にはその記憶はまったくないし、想像すらできない。ただ、私たちが住んでいた悲惨な状態や、着ていた服がぼろぼろだったことなどについて話した。実際、彼は隠れ家を「穴」という言い方をし、「幼い男の子があそこに住んで、声を出して泣かないなんて」とコメントしたという。

スコルパの話では、戦後、ダグナン家の人々はソ連政府により資本主義者として工場から追放された。そこでスコルパがしばらく工場の運営を引き継ぐことになり、その立場上、私の父とも仕事の面で付き合いがあった。戦後になってから、父は以前の商売に戻ろうとしていたので小麦粉を必要としていたのだ。「アンガーとはうまくやっていた」、彼はこんな言い方をしたという。スコルパの話をどう理解したらよいのか分かりかねた。全体の面談を通して反ユダヤ主義の発言が話の合間に散りばめられており、しかも内容も不正確なことが多い。どの程度信用してよいのか判断がつかない。スコルパの言う隠れ家にいた「男の子」は、つまり私のことだが、タルヌフに帰ってきたことをバルトシュが告げると、会ってもいいかもね、と言ったそうだ。二〇〇九年タルヌフに行ったときバルトシュがアドルフ・スコルパとの面談の日取りを決めてくれたが、当日彼の妻から電話があり、体調がすぐれないので会えないという伝言があった。もしその日に会うことができたら、食料を運んでくれたのは兄弟のうちの誰だったかを訊けたのだが、せめてそれだけでも確認したかった。

ホロコーストの体験を話すイズラエル、タルヌフ市ポーランドの高校（オグルノクシュタウツォンツェ）にて：2007年（キャロライン・ギャモン提供）

二〇〇七年タルヌフを訪れた際、ポーランドの高校で体験談を話す機会があった。ミッキエヴィッア通りにある第二オグルノクシュタウツォンツェ高校で話をした。訪問に先立って教師が生徒にオリエンテーションを行っていた。ただし、クラスは英語の振り替え授業である。校舎の廊下には、高校がスポンサーになって、ユダヤ人墓地のラビの墓石を数基ほど修復したというポスターが貼ってあった。いつものように自分の体験を話した。カナダで話したときと何ら変わりはなかったが、生徒たちは私の英語についていけなかったのではないかと思う。そのためか、いつものように、聞き手の心に響いたようには感じられなかった。話し終わった後、三人の生徒が、私、マリーン、キャロラインの一人ひとりにバラの花を贈ってくれた。マリーンに手渡した生徒は彼女の手にキスをした。ポーランドではその伝統がずっと続いているのは明らかである。生徒の一人はキャロラインに「この国で起こったことを恥ずかしく思います」と言った。バラの花は、毎日のようにメールをするために通っていたタルヌフ観光案内所の女性事務員に差し上げた。

タルヌフを再び訪れるにあたり最優先事項は、アダム・バルトシュに直接会うことだった。バルトシュはタルヌフのユダヤ人の歴史の保存に大いに関心があり、ユダヤ人の真の友人でもある。彼は、これまで出会った善意のポーランド人がともすれば陥りがちな、ホロコーストについて言い訳がましく弁解する人ではない。他の誰よりも、私の体験を裏づけてくれるのを手伝ってくれた。ダグナンやスコルパの名前を確認してくれた。彼の調査・情報網を通して、長年音信がなかったためすっかり忘れていた、隠れ家にいた人たちの名前が分かったのだ。彼の追加情報が私の体験の欠落部分を補ってくれた。偽壁を作ったのは父と他の三人のユダヤ人男性だと思い込んでいたが、石工でなければ無理だっただろうから、確かに、その仕事をしたのはドロズド兄弟だと考えるほうが道理に適っている。長い歳月が経ち、当時幼かったことを考慮に入れると、自分の記憶が正確だろうか、そう不安に思うことがある。ダグナンが私の記憶の裏づけをしてくれたことでホッとしたのである。

隠れ家で一緒に住んでいた二人の女の子の名前はまだ分からなかった。それには、さらに調査を進める必要があり、時間がかかった。

カルマン・ゴールドベルグ氏――隠れ家の外側の証人

その後も、キャロラインと一緒にタルヌフ在住時期の詳しい情報を求めて調査を続けた。モントリオールのホロコースト記念博物館にも行ってみた。その際、タルヌフのユダヤ人情報に精通している人物を知っているという生存者に出会った。マサチューセッツ在住のハワード・フィンクという名の男性について教えてもらう。フィンクは、タルヌフからクラクフを結ぶ道路上に位置するボフニヤ町の記録にアクセスして情報を得ていた。その記録文書は、ポーランドで暮らしていたユダヤ人の記録に索引をつける企画の一環として作成されたものである。私の伯（叔）父ヌフィルム・ヘルシュ・アンガーの名前を見つけてくれた。伯（叔）父の両親、すなわち私の祖父母の名前はヨセフ・ピンクス・アンガーとハナ・レイア・レッセルとして名簿に載っていた。結婚記録と五人の子供の出生記録があった。私はついに父方の兄弟・姉妹のうち一人の名前を知ることができた。

ホロコースト生存者の全世代《オールジェネレーション》にわたる人々とその親族についてウェブで検索してみた。私の体験に関する情報を問い合わせたのである。検索に左記のような文章をつけた。

「カナダ、ニューブランズウィック州、フレデリックトン市に住むホロコースト生存者イズラエル・アンガー。私の名前はイズラエル・アンガー、一九三八年三月ポーランドのタルヌフ市で生まれました。私の家族は私自身を入れて、父、母、兄の四人ですが、私たちの他に五人のユダヤ人がタルヌフ市の隠れ家に潜み、ホロコーストの大虐殺を免れて生き延びました。隠れた場所はダグナン製粉所の屋根裏部

若い頃のカルマン・ゴールドベルグ、ポーランドにて（カルマン・ゴールドベルグ所蔵）

屋に作られた偽壁の後ろにありました」

その文言に家族の名前、ボフネル夫人とアレクサンドロヴィチ夫妻の名前を書き添えた。

最初に連絡をもらったのは、父親がダグナン製粉所で働いていて手記を残したという、フェリシア・グレイバーという女性からだった。私の家族の歴史に関わる箇所のページを送ってくれた。彼女の父親はダグナン製粉所で働いており、そのため救命に必要な身分証明書を得る争奪戦に加わっていたという。手記によると、ゲシュタポはユダヤ人を雇っているすべての企業に文字を割り当てていた。ダグナン製粉所の場合は〝Z〟だった。ほとんどのユダヤ人労働者は強制収容所へ送られる時期になり、一〇人だけが工場に残った。一人ひとり〝Z〟の文字がついた特別な身分証明書を持つことになった。これを持たなければ働くことはできず、射殺されるだろう。フェリシアの父親は証明書をもらえなかった。人伝てに、アンガーという人がダグナンにダイヤモンドの指輪をやって身分証明書を入手したと聞いた。その情報をもとに交渉したところ、ダグナンはユダヤ人労働者の割当人数は九人だけだったから、と言い張ったそうだ。ダグナンはペテン師で、アンガーは自らの利益のために嘆願したのだ、そう書き記した。法的な身分証明書を持たなかったが、彼は他の作業員と一緒に働き続けた。娘のフェリシアはこの一頁に書かれている以上のことは知らなかった。そこで手がかりは切れた。

その後、ニュージャージーのカルマン・ゴールドベルグから返答をもらった。彼はダグナン製粉所の機械部門で働いていたという。初めは、娘のサンディからのメールで、父親がダヴィド・アンガーという人を知っているという情報だった。すぐに電話をかけて本人と直接話をした。彼は一九二三年タルヌフ市生まれ。ダグナンを尊敬しており、彼を（ナチスドイツからユダヤ人を救った）シンドラーにたとえた。ダグナン製粉所で一九四三年九月まで働いていたそうだ、つまり私たちが隠れ家に潜んでいた最初の頃、隠れ家の外で何が起こっていたかを知っていたことになる。いずれにしても、前々からニューヨークにあるイエシーバー公文書館に行きたいと思っていたので、二〇〇八年四月、マリーンとキャロラインをともなってフレデリックトンからニューヨークへ車で向かった。

ゴールドベルグは私より一五歳年上である。ニュージャージーの彼の家で面会した当時は八六歳だった。両親の名前はハイムとサラで、「父は正統派のユダヤ人で、シナゴーグで〝ガバイ〟を務めており、ストゥライムルをかぶっていた」という。翻訳すると「父はシナゴーグで役職に就いており、つばが四角の大きな帽子をかぶっていた」という意味になる。ナチス体制以前、家族はタルヌフ市で石鹸の製造業を営んでいた――カルマンによると、戦時中、石鹸は金貨と同じくらい貴重品だった。当時のすべてのユダヤ人と同様に、強制労働を強いられた。ユダヤ人病院に配属されたが、彼としては、ダグナン製粉所で機械修理工として働きたかった。父親がダグナンの友人の警察署長と知り合いだったので、ダグナン製粉所の機械部門の職を得ることができ、またドイツ兵の運転手も務めたという。

私の父と同様に、毎朝七時、ゲットーから製粉所まで護衛付きで連れて行かれた。後になってからは、自動車整備用の建物に住み込んだ。

カルマン・ゴールドベルグと、ニュージャージーのカルマンの自宅にて：2010 年（キャロライン・ギャモン提供）

カルマン・ゴールドベルグ（X印の下）、ダグナン製粉所の機械工場にて：1942年頃（カルマン・ゴールドベルグ所蔵）

ダグナン製粉所で働くことは、安全が保障されることを意味している。カルマンはダグナンを尊敬していたが、ダグナンは「いわば両刀遣い」の人だとも評した。一方で密かにユダヤ人を援助し、と同時にドイツ人と取引関係をもっていた。多くのナチス親衛隊員（SS）がダグナン製粉所に出入りするのを、カルマンは見かけ、あそこで何をしているんだろうと思ったそうだ。

カルマンは隠れ家のことを覚えていた。たぶん、何人かの従業員のためにダグナンが作ったのだろうと思っていた。ドロズド兄弟が作ったとは知らなかった。カルマンによると、ユダヤ人のうちの何人かはゲットーに戻ったが、二人だけ帰らないで、隠れ家で夜を過ごしていた。このことは、男の人が交代で泊まり込んだという私の記憶と一致する。

「隠れ家のことは知っていましたが、危険なので話題にすることはありませんでした。他の人に知られてはならない秘密でした。製粉所で働いて夜に泊まり込んだ二人は、自分たちのことは誰にもばれていないと思っていたでしょう」

公然の秘密なのにばれなかったのはどうしてなのか、と訊いてみた。「従業員全員が知っていたわけではなく、隠れ家にいた人と何らかの関わりがあったか、あるいは食料品などを届けた人だけです。知っていても、誰ひとり口外しなかったのです」とのことだった。ゲシュタポに発見されれば悲劇だ、関わった人は全員処刑されるだろう、そのことをみんな知っていた。

隠れ家にいた九人は食べ物をどうやって手に入れたのかとキャロラインが尋ねると、農家の人が農場から食料品を運んで来たので、誰かがそれをこっそり隠れ家へ持ち込んでいたのだろうと言った。スコルパという名前に聞き覚えがあるかと訊いたところ「たぶん知っていたかも」という返事だった。ハンガリーへ逃げた何人かのユダヤ人のことを覚えていた。カルマンは、ダグナン製粉所の整備場の責任者だった人を称賛していた。スティリイスキ・ヴァージュという名前の技師で、彼が非ユダヤ人であることを証明する出国審査用書類を得るのを手伝ってくれた。ヴァージュはカルマンに「君自身の命を救いなさい。逃げなさい」と言ってくれたという。

カルマンはボフネルの名前を知っていたが、おそらくはボフネル夫人の息子のほうだったに違いない。また、ヴェクスレルという名前の従業員がいたこと、娘二人が隠れ家で暮らしていたことも覚えていた。このときついに、隠れ家にいた二人の女の子の名字が分かった——ヴェクスレルである。父親のヴェクスレルは粛清のときゲットーの中で捕まり、その後クラクフにあるプワシュフ強制収容所に送られ、そこで消息を絶っている。娘二人は生き残って戦後パレスチナに行ったそうだ。こうして私は女の子の父親の身に何が起こったかを知ることになった。と同時に、二人がパレスチナに行ったことが分かった。

アンガーという名前を知っているかと訊くと、「ええ、アンガーさんのことは覚えています。たまに話をすることがあったんです。ゲットーを出入りしていました。あなたのお父さんは戦前に小麦粉を扱う仕事をしていましたよ」と答えた。商品クーポンを割引で売る仕事をしている、そう思ったそうだ。どういう意味か分からなかったが、彼の説明では、商品がボフニヤへ送られる場合、例えば、一〇〇ズウォティの小切手で支払われる。その小切手に対し現金、例えば九五ズウォティを支払ってから、郵便局へ行き現金化する。カルマンはこの行為をブクヘルと呼んだ。つまりイディッシュ語でいう賭け屋にあたる。また、タルヌフで錠前屋をしていたアンガーという人も知っていた。私が父の写真を見せると、すぐに父だと分かり「間違いありません」と言った。父のことを覚えていてくれて嬉しかった。カナダに移住したことを伝えた。

カルマンはダグナン製粉所の建物、従業員、それにナチス親衛隊の車両の整備場などの写真を持っていた。ソ連の前線で戦って戻って来たドイツ軍は、ダグナン整備場に車の整備や修理を担わせていたのだ。大きなフック付きの滑車が重いエンジンを持ち上げて、トラックから積み下ろしている写真がある。また別の写真には、製粉所の後ろにカプラノフッツェと呼ばれる農地が写っている。その写真のカルマンはダビデの星がついた、ユダヤ人必須の腕章を身に着けて写っていた。

カルマンの名前はシンドラーのリストに載っていることが判明している。タルヌフのゲットーで粛清が行われたとき、彼はプワシュフ強制収容所に送られた。最後までシンドラーの工場で働くことで生き延びることができたのだ。驚いたのはシンドラーに対する彼の見方である。彼はオスカー・シンドラーを高く評価していなかった。シンドラーは彼が工場で知り合った女の子をレイプしたんだ、映画はその点で正確ではない、と言った。カルマンはスピルバーグに電話でそのことを伝えた。スピルバーグはその話を認めたものの、それ以上突っ込んで知ろうとしなかったそうだ。

カルマンの母親はゲットーが作られる前に亡くなったから、埋葬し墓石を建てることができた。父親と兄弟・姉妹七人のうち、生き残ったのはカルマン一人だけ。「自分が生き残ったことにやりきれない思いがします」と言った。父親は夜ひそかに隠れ家を見に行ったというが、翌日「わしはあそこに入りたくない。あそこで暮らしたくないよ、カルマン」と言ったそうだ。父親と兄弟・姉妹はレンベルクで、非ユダヤ系（アーリア系人種）であることを証明する出国審査用書類を得て生き延びることを模索したが、それは叶わなかった。父親が隠れ家にいたら生き延びたかもしれないのに、そう嘆くメールをカルマンの娘が寄こした。

児童救済協会――レスキュー・チルドレン

二〇〇九年四月、カルマン・ゴールドベルグと面談したその足で、ニューヨークにあるイエシーバー大学の公文書館を訪れた。前もって連絡しておいたので、館員のデイーナ・シュワイマーが閲覧資料のファイルを用意してくれていたので大いに助かった。

戦後、父はクラクフ市に兄と私を連れて行き、大勢のユダヤ人孤児が集まる場所に置いていったが、それは、ヨーロッパにいるユダヤ人の子供を救済するために多大な努力を払って設立された組織に、私たち二人を託すためだった。今やっとそのことが分かったのである。エクス・レ・バンという場所の名前を憶えていたので、キャロラインと調査を始めた。「エクス・レ・バン」と「ユダヤ人孤児」という二つの項目を入れてウェブに検索をかけたところ、兄と私は児童救済協会という組織に入れられていたことが判明した。

一九三九年、米国とカナダ在住のラビの団体が緊急委員会を設立し、ヨーロッパにいるユダヤ人を救う支援活動を始めた。この団体は「救済委員会」を意味するヘブライ語ヴァーアード・ハッツァラという名称で世に知られている。戦時中も募金を続けて救済のためにその基金を使った。共同配給委員会、世界ユダヤ人会議、米国ユダヤ人会議、その他の国際的な組織などが基金支援を行っている。日本への通過ビザを持つユダヤ人難民の渡航資金を調達し、さらに上海にたどり着いた難民に資金を送った。ラビや学生がビザを取得できるようにアメリカ政府に働きかけた。ナチス占領下のヨーロッパで行われた組織的なユダヤ人大量虐殺を阻止するよう、政府の高官たちに警告を発した。ドイツ戦線の背後で活動し、できうる限り人々の救済にあたったのだ。例えば、強制収容所から何人かのユダヤ人を解放するためにドイツ人に金を渡すこともあった。

POST
Daily Magazine and Comic SECTION
NEW YORK POST

The Saddest Things Left in Europe Are These Children

By MARY BRAGGIOTTI

Herbert Tenzer, lawyer, candy manufacturer and chairman of the board of Rescue Children, Inc., waved a sheet of pink paper across his desk in his Paramount Building penthouse-office.

"Here's a foot," he said. "All the children are sending us their feet and we're sending them shoes and galoshes to fit." He indicated the outline of a child's foot on the paper.

Closeup
July 11, 1947

ハーバート・テンザー（児童救済協会の世話役）のインタビュー記事、ニューヨークポスト紙に掲載：1947年（イエシーバー大学公文書館）

戦後は、主たる活動をユダヤ人生存者の支援に力を注ぎ、子供に特化した支部を設けた。児童救済協会という名前の支部で、ニューヨークのハーバート・テンザーが支部長を務めた。テンザーは弁護士だったが、同時に製菓業バートン・キャンディー会社を営んでいた。実際、過越の祭のために最初にコーシャ・キャンディーを作ったのは彼である。弁護士としての仕事のかたわら、時間を割いて児童救済協会を立ち上げた。両面作戦がとられた。ヨーロッパ側では子供を捜し出す、アメリカ側は一日一ドルの寄付で子供を「養子にする」ためのスポンサーを募る、という構想である。スポンサーになるには年間三六五ドルかかった。児童救済協会は米国で資金調達を行っていた。一九四七年版のニューヨークポスト紙に「ヨーロッパに残された者の中で最も悲惨なのは、子供たちだ」というテンザーのインタビューが載っている。この記事によると、児童救済協会設立の初年度、一九四五年から一九四六年にかけて、協会設立の初年度だけでも、一四五〇人の子供がすでに養子になったという。エレノア・ルーズベルト大統領夫人宛ての手紙を読むと、夫人が「養子縁組」企画に関心を抱いていたことがうかがえる。現に、当時のニューヨーク市長ウィリアム・オドワイアーは子供を養子に迎えた。この企画が世間の注目を浴びていたのは明らかである。

ヨーロッパの現地事務局はまず子供を捜し出さなければならなかった。出身地はナチス占領下のヨーロッパ中の国々にまたがり、しかも種々の事情により、信じられないほどの劣悪な環境の中で生き残った子供たちである。私や兄のように隠れ家に潜んでいた子供もいれば、武装勢力パルチザンと行動を共にした子供、キリスト教徒の家族と暮らした子供、養育費を払って孤児院に置いてもらった子供、あるいは人道的な配慮から引き取ってもらった子供などなど。中には、男子修道院や女子修道院で暮らした子供、森の中に隠れて生き延びた子供もいた。どういう方法で捜し出したのだろうか。煙草やチョコレートを配り、さらにはお金を渡して情報を得た。例えば、「噂だが、この村にはユダヤ人の子供がいるらしい」など。子供のほうはユダヤ人であるのを漏らしてはいけないと教えられていたから、身元を確認するのは困難を極めた。確認する方法としてとられたのは、イディッシュ語で話しかけてその子が理解するか、あるいはユダヤ教徒にとって必須である祈りの言葉シェマ・イスラエルを知っているかどうかだった。ほとんどの子供は何年にもわたって教育を受けていなかった。自分の出自すら分からない子供もいた。テンザーは手紙の中で、六割の子供は歯の治療が必要なので、入れ歯を買うために募金が必要だと訴えている。戦前のポーランドには百万人の子供がいたが、生き残ったのは五千人だけにすぎない、そう見積もった記録が残っている。

ヨーロッパ側には特筆すべき人物がいた。アイザック・ヘルツオーク博士は共同配給委員会から基金を提供してもらい、解放後のヨーロッパに赴いて子供の救済にあたっていた。博士はもともとポーランドのウオムジャ出身である。一九世紀の初頭に家族にともなってアイルランドに移住し、博士は長年アイルランド国内の代表ラビを務めた。その後パレスチナで代表ラビになった。戦争終結後すぐに、ヨーロッパに出かけて、ポーランドに残された子供たちを捜し出した。こうして兄チャーリーと私は、一九四六年夏の終わりごろ、ポーランドから子供を国外へ連れ出す、ラビ・ヘルツオーク博士が率いる孤児集団に入ったのだった。

児童救済協会は捜し出した子供のための施設をフランス、ベルギー、スウェーデンに設けた。私と兄が入所した施設エクス・レ・バンはその中の一つである。実は、エクス・レ・バンには宗教的信条に沿って設立

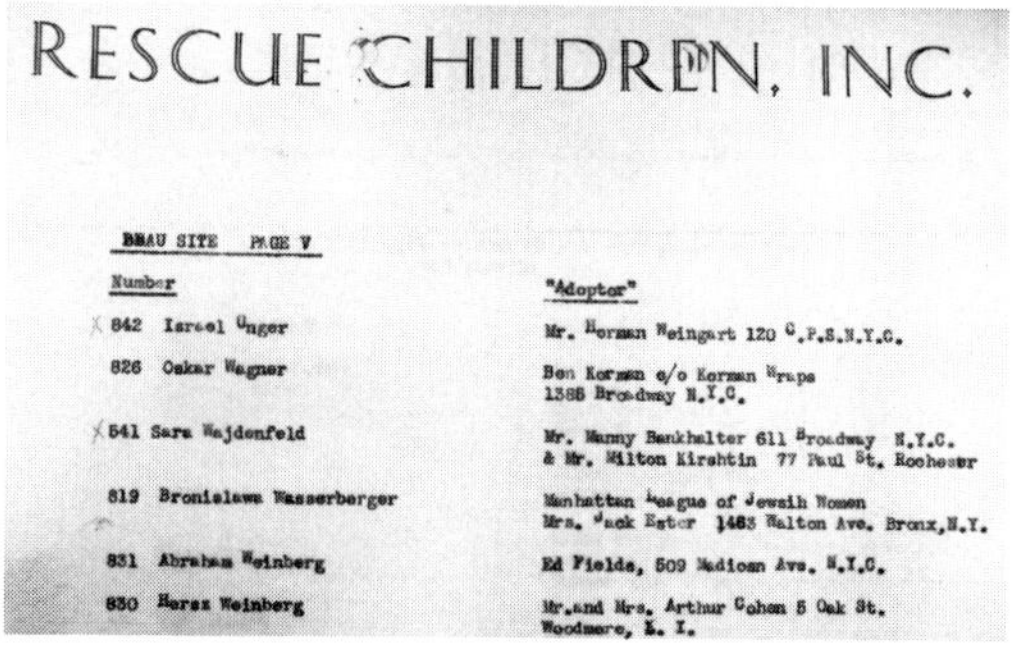

RESCUE CHILDREN, INC.

BEAU SITE PAGE V

Number		"Adoptor"
842	Israel Unger	Mr. Herman Weingart 120 C.P.S.N.Y.C.
826	Oskar Wagner	Ben Korman c/o Korman Wraps 1388 Broadway N.Y.C.
541	Sara Wajdenfeld	Mr. Manny Bankhalter 611 Broadway N.Y.C. & Mr. Milton Kirshtin 77 Paul St. Rochester
819	Bronislawa Wasserberger	Manhattan League of Jewsih Women Mrs. Jack Ester 1483 Walton Ave. Bronx,N.Y.
831	Abraham Weinberg	Ed Fields, 509 Madison Ave. N.Y.C.
830	Hersz Weinberg	Mr.and Mrs. Arthur Cohen 5 Oak St. Woodmere, L. I.

オテル・ボーシットに収容されたイズラエルと他の子供たちのリスト、児童救済協会資料（イエシーバー大学公文書館）

された施設が四か所あったことを、イエシーバー公文書館での調査で知った。私たちはそのうちのオテル・ボーシットという名の施設にいたことになる。

　文書館には私と兄の記録が残っていた。名前や誕生日などを記入した書類である。「収容所に移送された人々の子供の保護」を意味するフランス語のタイトルが付いていた。児童救済協会は「レジスタンス運動福利厚生委員会」という名称の政府機関と共同で活動していた。このフランス政府機関は、戦時中、親類縁者がレジスタンス運動に参加し、収容所に移送されたか、あるいは処刑された人々の家族の援助にあたった組織である。書類には私の家族全員についての記録が載っていた。

　興味深い手紙が見つかった。そこには私がニューヨークのワインガート氏の「養子になった」と書かれている。テンザーから地元のエクス・レ・バン事務所宛ての手紙があり、養子の子供、つまり私からの連絡がないのはなぜなのか、そうスポンサーになる人物が問い合わせてきたという。一九四七年六月一一日付で「伯父に引き取られて施設を出たこと。伯父アブラハムの住所はロンドン、ハイアム・ステーション通り三二番地」という手書きのメモが残っている。

　児童救済協会の事務局の職員は、スポンサー候補者宛てに子供の写真と人物紹介の記録を送っていた。さらに子供と親密な関係を築くようにと促している、例えば、ユダヤ教の新年祭ロシュ・ハシャナや清めの祭ハヌカなどにプレゼントを贈るなど。私にはそういう品物をもらった記憶はないが、写真を撮るために新し

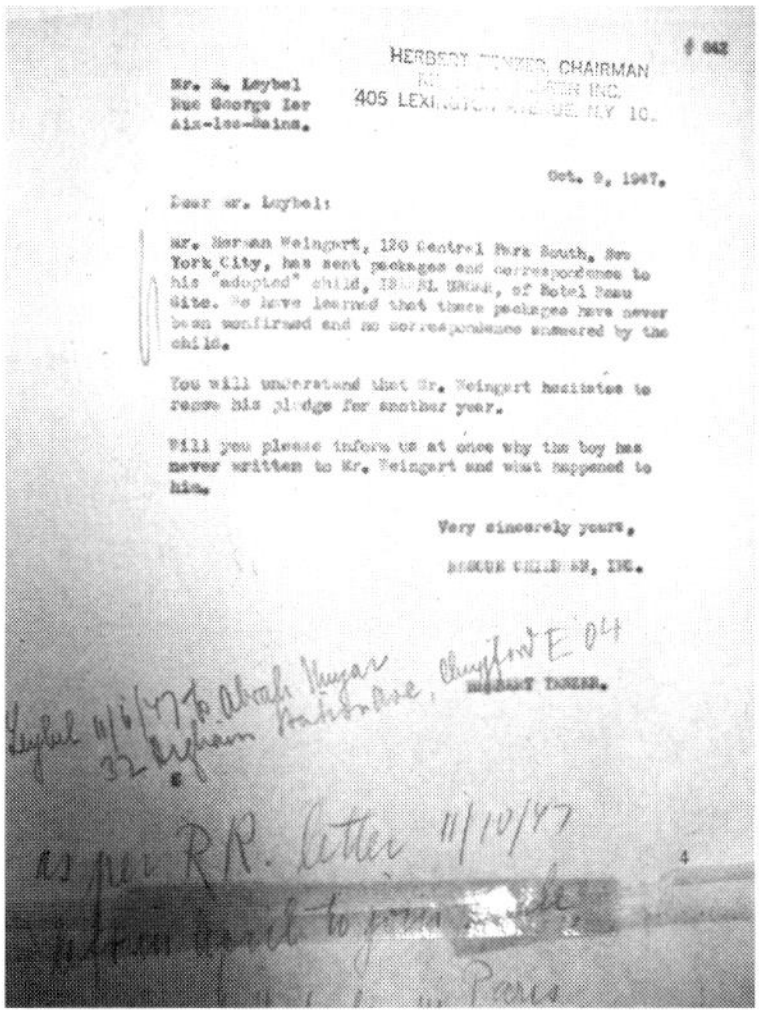

HERBERT TENZER, CHAIRMAN
405 LEXINGTON AVENUE, N.Y. 10

Mr. M. Leybel
Rue George Ier
Aix-les-Bains.

Oct. 9, 1947.

Dear Mr. Leybel:

Mr. Herman Weingart, 120 Central Park South, New York City, has sent packages and correspondence to his "adopted" child, ISRAEL UNGAR, of Hotel Beau Site. We have learned that these packages have never been confirmed and no correspondence answered by the child.

You will understand that Mr. Weingart hesitates to renew his pledge for another year.

Will you please inform us at once why the boy has never written to Mr. Weingart and what happened to him.

Very sincerely yours,

RESCUE CHILDREN, INC.

HERBERT TENZER.

イズラエルがニューヨークのワインガート氏の「養子になる」と書かれた文書。手書きのメモは、イズラエルが「伯父に引き取られて施設を出た」と記してある（イエシーバー大学公文書館）

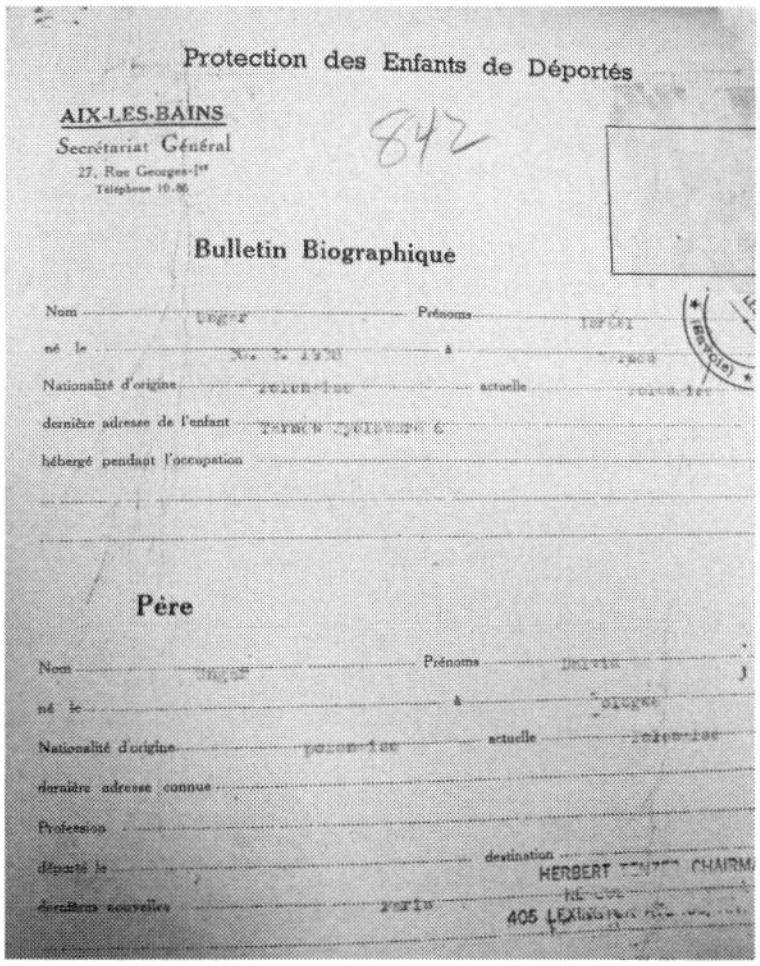

Protection des Enfants de Déportés

AIX-LES-BAINS
Secrétariat Général
27, Rue Georges-Ier
Téléphone 10.86

842

Bulletin Biographique

Nom ... Prénoms ...
né le ... à ...
Nationalité d'origine ... actuelle ...
dernière adresse de l'enfant ...
hébergé pendant l'occupation ...

Père

Nom ... Prénoms ...
né le ... à ...
Nationalité d'origine ... actuelle ...
dernière adresse connue ...
Profession ...
déporté le ... destination ...
dernières nouvelles ...

HERBERT TENZER, CHAIRMAN
405 LEXINGTON

イズラエルの児童救済協会の登録証。「強制収容所に移送された人々の子供の保護」を支援するためにエクス・レ・バンに設けられたプログラム。ハーバート・テンザーのスタンプが右下にある（イエシーバー大学公文書館）

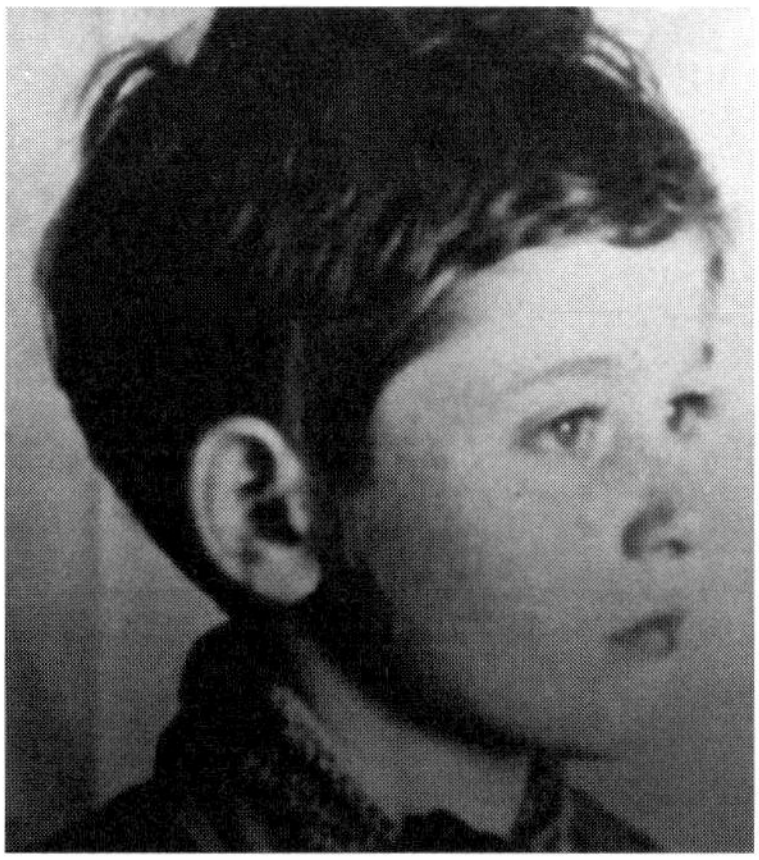

9 歳のイズラエル、児童救済協会資料。この写真がスポンサー候補者に送られた：1947 年頃（イエシーバー大学公文書館）

い服を着せられ、写真を撮り終わるとすぐに脱がされたことだけは覚えている。これで私の記憶が正しかったとの説明がつく。

児童救済協会に保管されている子供たちの写真に目を通しているうちに、見覚えのある物をいくつか見つけた。私の公式写真以外、見た限りその中に私や兄が写っている写真はなかった。結局、兄の写真は見つからなかった。オテル・ボーシット施設のメインルーム、それに食堂の市松模様のテーブルクロスに見覚えがあった。それにベンズイオン・シンゲルと共用のベッドルームそっくりの写真もあって、そこに洗面台が写っている。私の記憶にある、まさにそのままの部屋や洗面台である。その頃、アタマジラミに苦しんでいた私は洗面台に駆け寄っては髪の毛を梳いたものだ。共同ベッドルームの写真もあって、部屋の左下のベッドに男の子が座っているが、その子は私かもしれない。妻マリーンもそうだろうと言ってくれた。共同ベッドルームで何をしていたのだろうか。おそらく兄に会いに行ったのかもしれない。ヘブライ語の勉強をしたり、芝居をしたり、その他さまざまな活動をしている子供たちの写真があったが、私にはそういう活動に参加した記憶はない。児童救済協会やユダヤ人救済委員会がマツアの箱をヨーロッパに送っている写真もあった。戦後すぐ、タルヌフにいた頃、マニシェウィッツ製の四角いマツアをもらったことはよく覚えている、その同じマツアである。四角い形をしているのですごく驚いたものだ。

「オール《全》・ジェネレーション《世代》」のウェブサイトを検索して、ショシャナ・ドウリゼンという女性と連絡を取ることができた。彼女もオテル・ボーシットにいたという。私より三歳年上で、一階の大ホールや建物の前の公園を覚えていた。この後、マリーンとエクス・レ・バンを訪れた。建物に見覚えがあった。現在、そこは集合住宅になっている。

両親の出身地――リグリッツエとドンブロヴァ

二〇〇九年タルヌフ市を訪れた際、父母の出身地を見たいと思った。そこはどんな場所なのだろうか。今回はマリーンの同伴なしで出かけた。キャロラインに会うためにベルリン経由でポーランドに行くことにした。ベルリンでは、キャロラインのパートナーが運営する異文化センター、クロイツベルク区にあるジョリバで話をした。一一月九日、水晶の夜事件《クリスタル・ナハト》（反ユダヤ主義暴動）の記念イベントの一環としての講演である。キャロラインが前もって手配・宣伝してくれた。そこで以前からメールで連絡を取り合っていた非ユダヤ系ドイツ人女性アメリー・ドージにお会いすることができた。彼女は何年もの間、現在アメリカに住むベルリン出身のホロコースト生存者レオ・グレフテルの姉妹捜しを手伝っていた。レオの姉妹は夫と共にタルヌフに強制移送されたとのことだった。二年前ベルリンのアンネ・フランクセンターで講演した後アメリーから連絡があり、レオの姉妹について私が何らかの情報を持っているかもしれない、そう思ったという。姉妹の身に何が起こったかを知ろうと、アメリーはすでに膨大な時間を費やして調べていた。キャロラインと一緒にタルヌフ市の史料館の文書を検索してみたが、さらなる情報は得られずアメリーの役には立てなかった。そのアメリーに、二〇〇九年のベルリン講演の際、初めて会ったのである。

ドイツにはストルパーシュタイン「つまずきの石」と呼ばれる、ホロコーストの犠牲者を記念する活動があり、現在ヨーロッパ全土に広がっている。小さな真鍮の記念板をユダヤ人が強制移送される前に住んでいた家の前に埋め込む。そこには名前、生年月日、強制移送された年月日、殺害された場所や年月日、などの文字が刻まれている。アメリーはレオの家族が住んでいた家の前に「つまずきの石」を埋め込むよう取り計らった――実は、アメリー本人が今その家に住んでいるのだ。彼女はホロコーストを記念し後世に伝えるよう、努力を惜しまない女性である。ドイツにアメリーのような人々がいることは大変心強い。

ベルリンで講演を行う前に、いつものように自問自答した。なぜ体験したことを話すのか、ホロコーストについて話すのは楽しくない、それに話す必要なんてないのに、と。しかし話し終えると、やってよかったと、いつも満足感を味わう。ベルリンで行った二回目の講演会のときには、いつも以上に嬉しく思った。とりわけ、楽しかったのは質疑応答の時間である――実は、そっちのほうが私の講演よりはるかに興味深かった。兄弟関係について訊かれたが、それは新たな問題を考えるきっかけになった。質疑応答は、英語からドイツ語、ドイツ語から英語への通訳を通じて行われた。

ベルリン滞在中の機会をとらえて、キャロラインも多くの取材をこなして情報を集めた。その後、飛行機でクラクフへ飛び、汽車に乗り継いでタルヌフ市へ。アダム・バルトシュの事務所に再び世話になり、マチェクという名の見習い職員に付き添ってもらうことになった。内気な青年だったが、一日貸し切りタクシーを手配してくれた。運転手はアイルランドのティペラリー出身の男性で、かつて数年間養豚場で働いていたそうだ。多少英語が話せた。

キャロラインと、リグリツエのユダヤ人墓地にて：2009年（キャロライン・ギャモン提供）

まずタルヌフから南へ車でおよそ三〇分の地、父が生まれたリグリツエに向かった。そこは人口およそ二千人の辺鄙な田舎である。父が子供の頃住んでいた当時は、人口の一割がユダヤ人だったという（かつては村、現在は町になっている）。
マチェクの提案で、直接町役場に車を走らせ、ユダヤ人墓地の鍵をもらえないかと頼んだ。女性事務員が鍵を手にわざわざ墓地まで案内してくれた。墓地には草が一面に生い茂り、アンガー家の墓を捜したが見つからない。墓石の名前はほとんどがイディッシュ語で刻まれており、名字はついていなかった。
それから役場に戻って郷土歴史家アダム・シチエフに会った。リグリツエのユダヤ人はリネックと呼ばれる村の広場周辺に住んでいただろう、との説明を受けた。彼は協力的で、リグリツエのハナ・アンガーという人物が不動産取引を行ったという文書をコンピュータ上に開いてくれた。ユダヤ人の姓名はヘブライ語の文字に書き直すことによって綴りがよく変わることがある――チャナ、ハナ、ハンナというように。そう考えると、この人物は私の祖母だったかもしれない。シチエフはその文書のコピーをくれた。その後、さらに調べを進めてくれ、後日、私の家族がどのような不動産を所有していたか、父がどこに住んでいたか、などの情報をメールで教えてくれた。

　町の広場にあるレストランで昼食をとった。古い建物なので、父親もそこで食事をしたことがあるかも、などとキャロラインが言った。食事中、街角をうろうろしている男性を見かけた。明らかに酒飲みである。頬は赤みを帯び、体つきはかなり太り気味。飲み仲間を探している様子だった。誰かがやってくると、二人で店に入り一杯ひっかける。それからまた店を出る。私たちが昼食をとっている間、この男性は同じことを二、三回繰り返していた。

　母方の家族の出身地ドンブロヴァ・タルノフスカは、リグリツエより規模が大きく、人口はおよそ一万一千人、タルヌフから北へ車で近距離にある。リグリツエに比べると

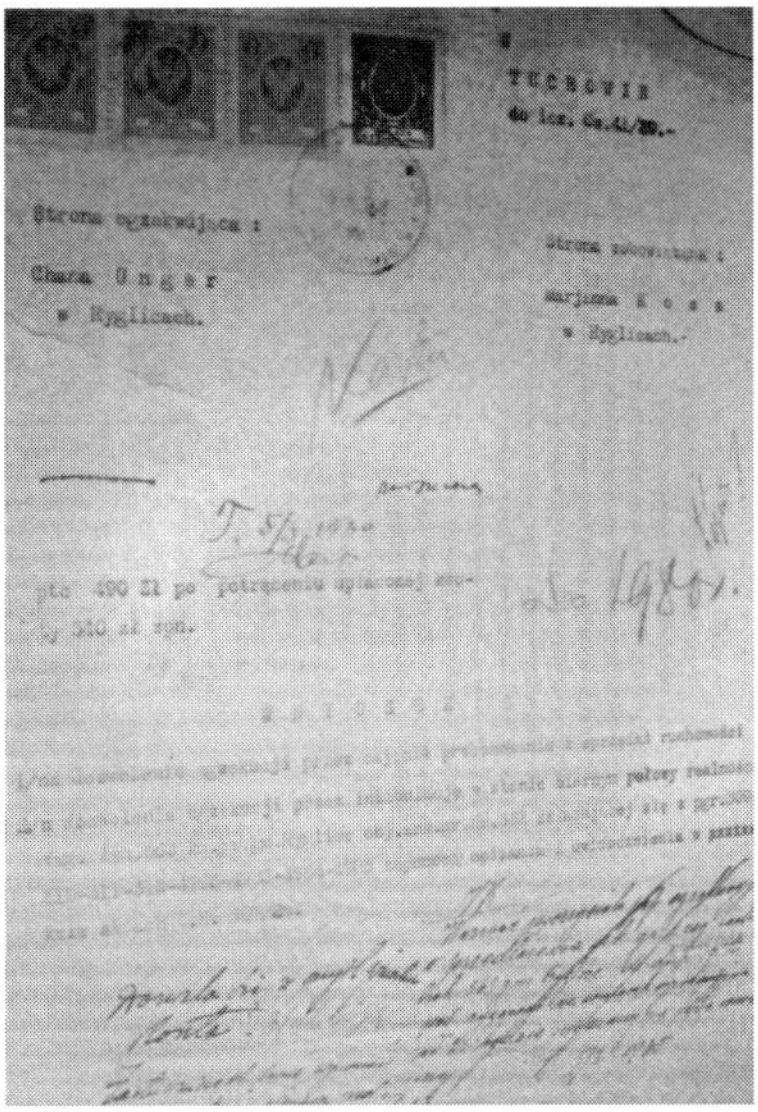

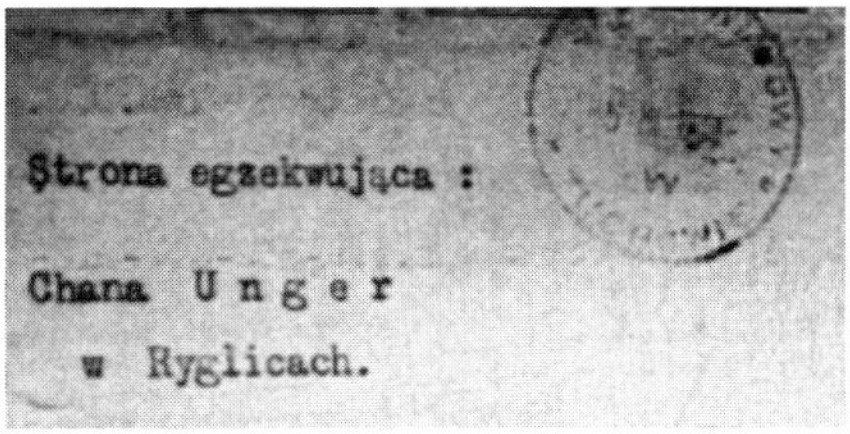

イズラエルの父方の親族をリグリツエに結び付ける文書（引き延ばし写真）、一方の当事者ハナ・アンガー（おそらくイズラエルの祖母）に対して家屋と売却費の未払いがあることを示す契約書（リグリツエ町役場公文書館）

都会のようだった。市の主要シナゴーグとユダヤ人墓地は街の中心部にあって隣接している。墓地にはほとんど墓石が残っていない。墓石を全部見て回った。今回は、フィッシュという名前を捜したが見つからなかった。街の大シナゴーグは修復中だった。その規模が大きいこと、さらには修復工事が行われていることに感銘を受けた。

国立公文書館と登記所

旅行のついでにキャロラインをともなって、タルヌフ市の登記所、それからクラクフ国立公文書館のタルヌフ分館に立ち寄った。両所では信じられないほどまったく正反対の経験をした。一か所の対応は嫌悪感をもって、もう一か所のほうは好意的に迎えられた。登記所には二〇〇六年にマリーンを連れて行ったことがあり、その際、両親の結婚証明書のコピーをもらった。今回の訪問では、アンガー家の親族、できれば父方の兄弟・姉妹の記録がほしいと思った。タルヌフ登記所は、公文書の保管ばかりでなく、現在は運転免許証の発行などの業務も行っている。その一方で、百年以上前の出生や結婚の記録を保管している。

私自身の出生証明書を見せてほしいと頼んだ。手書きの文字が記入してある大きな登記簿を見せてくれた。フルネームは、イズラエル・メンデル・メナヒム・アンガー。割礼師《モーヘル》はサラモン・ブラウグルンド。父の職業欄には職人《ロボトニク》と書かれていた。証人として名前が載っているのは――おそらく割礼に立ち会った人たちだと思うが――ラザル・アンガーとマイエル・ゲルド。ラザルは父の兄弟の一人かもしれない。住所はクラシンスキエゴ通り六番地になっている。ゲットーに強制移送される前に家族がどこに住んでいたかが、これで初めて分かった。

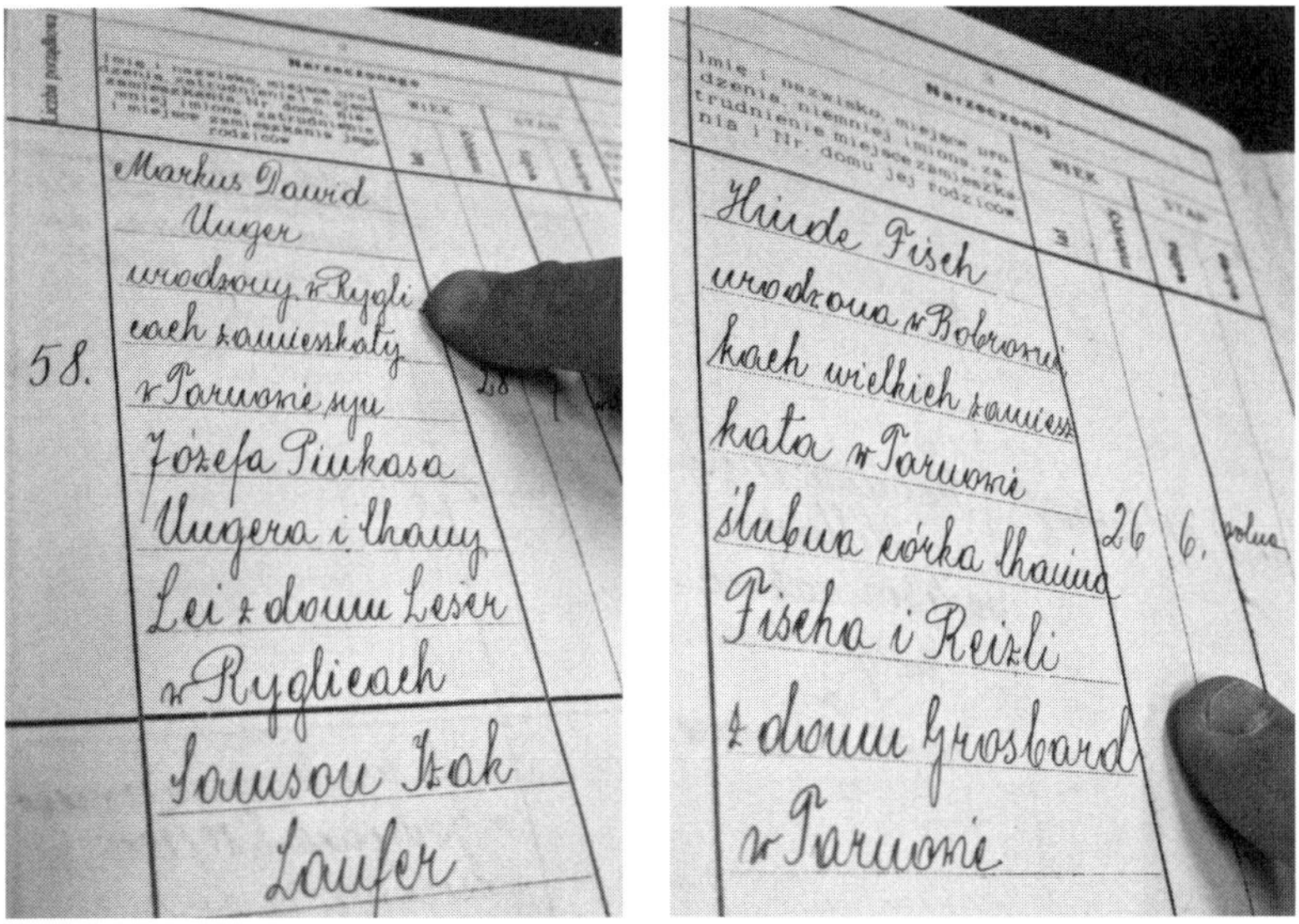

イズラエルの父母の結婚証明書、父方と母方の祖父母の名前が記載されている。モデルカイはマルクスのポーランド語の綴りを示す（イズラエル・アンガー所蔵）

両親の結婚証明書も見た。一九三一年六月一五日に、マルクス・ダヴィド・アンガー二八歳七か月がヒンダ・フィッシュ二六歳六か月と結婚した旨が書かれていた。父方と母方の祖父母の名前も載っていた。式を司った導師《ラビ》はイサク・ラパポルト、立会人はタルヌフ市のゲルソン・ロジェルとサロモン・ジンゲル。また、私がロンドンで世話になった伯父の結婚証明書もあった。アブラハム・アンガー、一八九七年生まれ。最初の妻はタルヌフ市出身のベイル・ホゲンである。こういった記録は私の親族を知るきわめて重要な情報源になった。

　登記所では文書一枚につき三三ズウォティ、一一ドルで出生証明書や結婚証明書の印刷を依頼することが可能だ。問題なのは、登記簿に記載されている情報の半分しか印刷できない、そこでキャロラインが、すべての情報を得たいので写真を撮ってもよいかと尋ねた。その頼みは拒否された。クラクフの登記所から書面による許可を得ること、しかも申請用紙はポーランド語で書いて送付せよ、と言われた。タルヌフを翌日発つ予定なので、その日のうちに撮影の許可をもらいたい、それには誰に頼めばいいのかと尋ねると「許可の判断をする上司は不在です」。他の人はいないんですかと訊くと「クラクフにはいますが」という返事。クラクフの人に電話してもいいですかと頼むと「ダメです。うちの事務所の電話は使えません」と言う。押し問答は延々と続いた。対応した女性事務員は、英語がかなり堪能だったにもかかわらず「なんでポーランド語の通訳を連れてこなかったのか」と言う。話し合いはかなり険悪になった。ポーランド語をほとんど話せないのはけしからんといった口ぶりだった。事態はますます悪化してゆき、クラクフの書面による許可なしに登記簿を見せるべきではないという話にまでエスカレートした。女性事務員は私たちの頼みにいくぶん同情してくれたものの、彼女の上司はあからさまに敵意を抱いていた。登記所に来てほしくなかったのは明らかである。あの手この手を使って、例えば、顔の表情や動作で、またはポーランド語で私たちのことをそれとなく話題にするなどして——何を言ってるかはいくぶん理解できたのだが——招かれざる来訪者だと感じさせるように仕向けた。明らかに腹を立てていた。

父方の兄弟・姉妹の名前を調べたかったのだが、登記所職員の態度があまりに不愉快だったので立ち去ることにした。タルヌフ市出身の、しかも数少ないホロコースト生存者の一人に、出生証明書の写真を断るメリットがどこにあるのか、疑わざるを得なかった。このときまで、私たちの現地調査はかなりスムーズだったが、この一件でポーランドの現実を思い知らされたのである。その後、カナダのポーランド大使に書簡を送り、私の出生証明書と親族の記録の写真をタルヌフ登記所から入手したいので、その手配をしてくれないかと要請した。登記所で経験した出来事の経緯を説明したが、私の手紙への返事は来なかった。

国立公文書館ではまったく異なる経験をした。正式名称は、クラクフ国立公文書館タルヌフ分館。そこでは、ヤン・フムラが迎えてくれた。二〇〇六年マリーンと訪れた際、お会いしすでに面識があった。私たちの調査に彼ほど親身になって協力してくれた人はいない。帰郷がやっと実現してタルヌフに戻ってきた生存者にとって、こうした訪問がいかに重要であるかが彼には分かっていた。資料の束を次々に出してくれた。最初に見終わったファイルを束ねる間もなく、次のファイルを持ってきてくれた。彼自身も率先して思いついたことを調べてくれた。父が所有していた不動産の文書を見つけてくれたのは彼である。リグリツエの更地を一九四六年に売却したという記録があった。また、ヴァウォヴァ通り二三番地に二階家を所有しており、一九四六年にパヴェウ・ジエリンスキという人物に売却したという記録も見つかった。

父がポーランド出国の準備をしていたことはこれで明らかになった。父に対する見方が変わったのだ。リグリツエという小さな町を出てタルヌフ市へ行き、商売で成功を収め、不動産を所有するまでになった。物件を扱ったそれぞれの弁護士ごとに記録はファイルされていた。フムラの協力なしにこのような記録を見つけ出すことは不可能だったろう。一、三時間も経つと、記録保管室には開いたままの書類の束が至る所に置かれていた。フムラは私たちの調査がうまく進むよう尽力してくれた。

ヤン・フムラ氏と、クラクフ市にある国立公文書館タルヌフ分館にて：2009 年（キャロライン・ギャモン提供）

ポーランドを出国する途中クラクフ市へ行き、国立クラクフ公文書本館に立ち寄った。タルヌフについての情報を求めている趣旨の連絡は、スロヴィンスキという名の館員にすでに連絡してあった。クラクフに行くことが分かってから、事前にスロヴィンスキに連絡したところ、公文書館に来れば協力するという申し出を受けた。前もって日時を伝えたのだが、彼は姿を見せなかった。別の館員が手伝おうと言ってくれた。延々と待たされてから、ドイツ東部労働研究所のファイルを取り出してくれた。この研究所は東部にいる労働者の実態を研究する（ナチスドイツの）機関である。タルヌフに分類されている箱が六箱あったので、早速資料を読み解くことにした。中から強制労働者についての質問用紙が次から次へと出て来た。出身地はどこか、職業は何か、などなど――ほとんどはカトリック系ポーランド人に関する資料だった。またある資料を見て衝撃が走った。タルヌフからの分類記号のない封印された封筒が数十封あった。館員がそのうちの一封を開くと、人間の毛髪が入っていたのだ。すごく不気味だった。結局、クラクフ公文書館の訪問で得た情報はなく、スロヴィンスキの協力も得られなかったから、失望以外の何ものでもなかった。旧ユダヤ人街の一角にあるカジミエシュに一泊した。周りにある物すべてがいかにもユダヤらしく見えるものの、ユダヤ人の姿はほとんど見当たらない。

異なる公文書館を三か所まわったが、それぞれがポーランドの現在のさまざまな側面を表している。タルヌフ市の登記所は、帰郷ユダヤ人に対する反感や憎悪が根深くあることを示していた。公文書館タルヌフ分館のヤン・フムラは、思いやり深く、喜んで協力してくれる人物がいることを教えてくれた。そして最後に訪れたクラクフ公文書館では、現地での協力を得ずに調査をするのが、いかに困難であるかを示したのである。

生家

出生証明書の記載から、家族がクラシンスキエゴ通り六番地に住んでいたことが分かった。生家と思われる場所に行ってみた。当時ポーランドの中流家庭では自宅で出産していたから、私はそこで産まれたのだろう。資料によると、両親は兄チャーリーが産まれる前からそこに住んでいたようだ。クラシンスキエゴ通りは、街の中心部から西側の徒歩圏内に位置しており——グラボフカにある昔ながらのユダヤ人居住地域の中ではない。かつて住んでいた家は当時と変わらずそこに建っていた。

私だったらそんな行動はとらなかったろうが、キャロラインは家の呼び鈴を押した。インターホン越しに「以前この建物に住んでいた者ですが」と英語で話しかけると、そこの住人だろうか、ポーランド語で「少々お待ちください」と言う。それから女の子の声でインターホン越しに英語で「どうぞおあがりください」と招き入れてくれた。母親と娘が玄関で迎えてくれた。その建物にはアパートが四戸入っており、どれが両親のアパートだったか知る由もなかったが、階段、それに石炭用のかまどなど——現在は骨董品として置いてある——そういった品物を見て興味深かった。アパートの部屋は素敵な家具や調度品が現代風に備えつけられていた。母親はコーヒーを淹れてくれ、キャロラインはドイツのチョコレートを差し上げた。私は自分の体験について少し話し、キャロラインが隠れ家の写真を見せた。女の子は一一年生（高校二年生）で、英語がかなり上手《うま》く母親の通訳をしてくれた。母親は「あなたのご両親はユダヤ人だったのですか」とか、「ご両親はポーランドを懐かしがっていましたか」といった的外れの質問をした。彼女にしてみれば、ポーランドを離れて外国に移住するなど認めたくないし、ユダヤ人に向けた憎悪が戦後も蔓延しているとは思いたくなかったのだろう。

生家の前で、クラシンスキエゴ通り 6 番、タルヌフ：2009 年（キャロライン・ギャモン提供）

かつて父親が所有していた、ヴァウォヴァ通り23番地の家の前で（キャロライン・ギャモン提供）

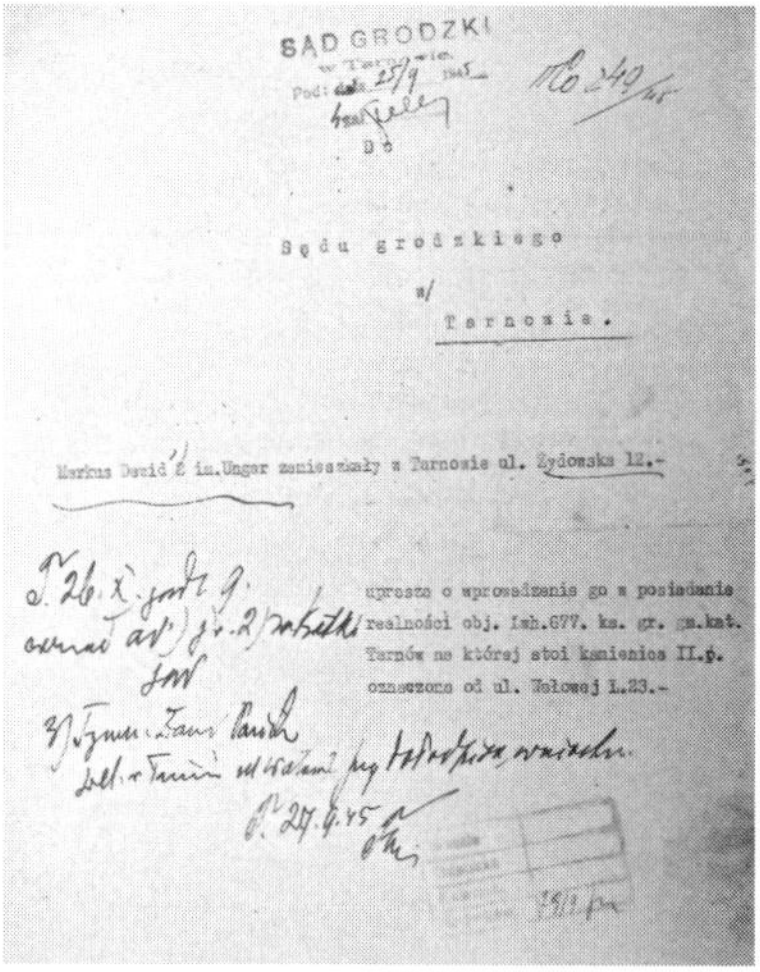

SĄD GRODZKI
w Tarnowie

Do

Sądu grodzkiego
w/
Tarnowie.

Markus Dawid 2 im.Unger zamieszkały w Tarnowie ul. Żydowska 12.-

uprasza o wprowadzenie go w posiadanie realności obj. lwh.677. ks. gr. gm.kat. Tarnów na której stoi kamienica II.p. oznaczona od ul. Wałowej L.23.-

Markus Dawid 2 im.Unger zamieszkały w Tarnowie ul. Żydowska 12.-

サッド・グロッキの裁判所文書、引き延ばし写真。マルクス・ダヴィド・アンガーがジドフスカ通り12番地に居住していたことを示す。この文書は、ヴァウォヴァ通り23番地の所有物件の返却を求める要請書で、カトリックの神父が立ち会っている：1945年9月25日付（クラクフ国立公文書館タルヌフ分館）

父が一九四六年に売却したというヴァウォヴァ通りの家にも行ってみた。街の中心部にあって、資料どおりの二階家だった。建物の正面は修復されていた。女性がドアを開けたので覗き込んだところ、部屋はいくぶん荒れ果てているように見えた。キャロラインは中に入りたい様子だったが、犬が二頭いて彼女に向かって唸り声をあげた。

資料により、私の家族は、戦後はユダヤ通りジドフスカ一二番地に住んだことを確かめることができた。キャロラインとその家に行ってみると、二〇〇六年の最初の訪問のときにマリーンに教えた、まさに同じ家である。そのアパートの上階の裏窓から壊れたビマ（トーラ朗読用の台座）を見下ろしたものだ。

二〇〇一年に取り壊されたダグナン製粉所の跡地にも行ってみた。前に来たことがあったのだが、そのときは、目の前にある物が何だか分からなかった。実は、驚いたことに、隠れ家の壁の一面がまだ残っていたのだ！　キャロラインと昔の工場の写真と隠れ家の図面を見比べたところ、開口部のない大きな壁に取りつけてある煙突は、隠れ家から煙を外に出す、まさにその同じ煙突であるとの結論に達した！　実を言うと、この煙突は隣接する建物と共有する壁に設置されていたのだ。バルトシュにもそのことを確認してもらった。

これまでに集めた情報を総合して、この最後の旅で私の体験をさらに詳しく確認することができた。生まれたときに住んでいた場所が明らかになった。ダグナンが正しいとするなら、ゲットーのどのあたりに住んでいたかが分かった。ゲットーを出てから住んだ場所の確証も得た。父が不動産を所有していたこと、ヴァウォヴァ通りの家とルヴォフスカ通りにもう一軒、ダグナンに渡していたその家も判明した。さらに、隠れ家の壁の一面がいまだに立っている、そのことが分かったのだ。

親族のための墓碑

タルヌフへの旅を企画したもう一つの重要な目的は、ホロコーストの間に殺害された親族を追悼することだった。私の人生で残念に思うことがあるとすれば、それは近親者を含む親族がいないことである——伯（叔）父・伯（叔）母、それに従兄弟・従姉妹たちなど誰もいない。ナチスに殺された親族について、生前の父や母に訊いておかなかったことは悔やんでも悔やみきれない。せめて名前を知る必要がある。彼らの存在を歴史から消し去るべきではないと思う。母方の伯（叔）父・伯（叔）母の名前に関しては、伯（叔）父がシッドゥール（日用祈禱書）に書き留めていたから分かっている。

シュテテトレという小さなユダヤ人町にかつて住んでいた生存者は、死者を偲ぶためイズコール書と呼ばれる記念の書物を出版した。イズコールとは文字通りには「(神が)覚えてくださるように」を意味する、死者を追悼する祈禱の一部である。イズコール書はヘブライ語かイディッシュ語のいずれかで書いてある。タルヌフ市版は一九五四年イスラエル在住の生存者アブラハム・ホメトが企画・出版し、さらに一九六八年に範囲を拡げて改訂した。書名は『タルヌフ――ユダヤ人町の繁栄と衰退』である。出版元はイスラエルのタルヌフ元居住者協会という組織である。私はタルヌフ・イズコール書を両親から一冊もらった。父方の親族は出身地がリグリツエだったから載っていなかった。タルヌフ・イズコール書のイディッシュ語版には母方の祖父母や伯(叔)父・伯(叔)母の名前が載っていて、ナチスによって殺害された、とある。また「永遠の記憶にとどめよう」という文言が書かれていた。

タルヌフを訪れた最初の旅のあと、バルトシュから、毎年六月に開催される東ヨーロッパのユダヤ人追悼記念日に主賓として招待したい、との連絡をもらった。彼に謝意を表したものの断らざるをえなかった。彼の献身的な行為を奨励すべきだと痛感してはいるのだが、実は、その式典のためにポーランドに戻りたくはなかった。

二〇〇七年と二〇〇九年にタルヌフを訪れた最大の目的は、親族のための墓碑マツエヴァの「除幕式」を行い、神の加護を祈ることにあった。二〇〇七年に母方の親族のために墓石を建てた。墓地はホテルから歩いてすぐ近くの場所を選んだ。墓地でアダム・バルトシュと会う。彼が、石工の手配をしてくれた。石碑の仕上がりを見て嬉しかった。黒御影石に金刷り文字が英語とヘブライ語で刻んである。三人の従兄弟・従姉妹もこの墓碑計画に加わった。ベルギーの従姉《いとこ》ルネの夫ハイム・カウフマンはヘブライ語をチェックしてくれた。墓地に着いた最初の日は作業員が墓碑を建てている最中だったので、翌日戻ることにした。親族の中でホロコーストから生き残った二人、私の母と母の兄が書いたであろうと思われる文言を、墓碑に刻んだ。

ナチスとその協力者に殺害された
両親、兄弟、姉妹を追悼して

父　ハイム・ベン・エリヤフ
母　ライゼル・バト・カルマン
兄　エリアシュ、その妻と二人の子供
妹　バイラ、その夫と三人の子供
弟　ダヴィド、その妻と二人の子供
妹　ハンナ・テメラルとその夫
　　主よ、彼らに安らかな眠りを与えたまえ
　　　　　　　　　　　　　ヤコヴ・フィッシュ
　　　　　　　　　　　　ヒンダ・アンガー・フィッシュ

今回は、服喪者用の祈りの言葉カディシュを書き出してもらい、墓前でマリーンと一緒に唱えた。母方の親族の名前を記憶に留めることができて満足だった。その後、ベルギーにいる従姉《いとこ》に、フィッシュ家の人々のためにカディシュの祈りを捧げたことを伝えた。彼らの人生に意味を与えることができたのである。

二〇〇九年には同様に、父方の親族のために墓碑を建てた。残念だが、多くの名前が分からずじまいだった。墓碑に次のような文言を刻んだ。

母方の祖父母、ライゼルとハイム・フィッシュ（イズラエル・アンガー所蔵）

ハンナ・テメラル（旧姓フィッシュ）と夫：戦前（イズラエル・アンガー所蔵）

祖父母を追悼して

ヨセフ・ピンクスとハナ・レイア（レッセル）アンガー、リグリツエ出身

八人の息子と娘

ヨセフ、ハナと子供六人はナチスによって殺害された

二人の息子、アブラハムとモルデカイ・ダヴィドは生き延びた

アブラハムは、戦前、英国へ渡り

父モルデカイ・ダヴィドは、タルヌフ市の隠れ家に潜み、

妻や子供たち、そして自らの命を救い

解放後、家族と共にカナダに移住した

イズラエル・アンガー

墓碑には同じようにヘブライ語と英語の文字を刻み、二〇〇九年のときにも祈りの言葉カディシュを唱えた。故人の名前を一人ひとり刻むことは叶わなかったが、少なくとも彼らがこの世に存在したことを示すことができた。

母方の親族の墓碑の前で、妻マリーンとカディシュを唱える、タルヌフユダヤ人墓地にて：2007年（キャロライン・ギャモン提供）

「僕の名前はスルリク」──隠れ家で一緒に暮らした姉妹との再会

「この情報をご存知ですか」。二〇〇九年アダム・バルトシュから送られて来たメールはまさに衝撃的な一行だった。ヴェクスレル姉妹へつながる糸がやっと見つかったのだ。かつてカルマン・ゴールドベルグからヴェクスレルという名前を知った後で、再び「オール全世代《ジェネレーション》」のウェブサイト上に問い合わせの掲示を出したが、姉妹の結婚後の名前が分からなかったので、その足跡をたどることは不可能だった。

二〇〇九年にタルヌフに行ったときに姉妹の名字がヴェクスレルであることを、バルトシュに伝えておいた。数か月後に、この情報が届いたのだ。かつてシュテトレと呼ばれていたポーランドのユダヤ人コミュニティについて、ウェブサイト上のアドレスを検索するようにとのこと。記事はほとんどすべてポーランド語で書かれていたが、バルトシュは、数年前にイスラエルで行われた取材記事をヘブライ語に要約したリンク先を教えてくれた。インタビューを受けた女性はタルヌフ市出身のアンナ・リフカ（ハンカ）・ザリド、旧姓ヴェクスレル。一九二八年生まれで、妹チェーシャは一九三一年生まれ。まさにこの姉妹こそ、あの二人だ。ついにヴェクスレル姉妹を見つけたのだった。

インタビューの中でアンナはナチス侵攻前の家族の生活について語っている。一家はシオニスト主義者（イスラエルに国家の再建を目指す運動の信奉者）で、パレスチナに移住するための準備としてヘブライ語を習っていた。父親ラザルはタルヌフ近隣のドンブロヴァ出身。そこは私の母方の家族の出身地と同じである。母親ロージャ・シェグマンはタルヌフ出身だった。ナチスドイツがタルヌフを攻撃したとき、父親はいったん東方へ逃れたが、母親は両親から離れるわけにはいかないと拒んだという。そこで彼は家族を助けるためにタルヌフへ戻ることにした。イスラエルに移住するために必要な書類はすべて揃えてあった。その当時、アン

アンナ・ヴェクスレル［右から２人め］、タルヌフの製靴工場で強制労働に従事していた頃の写真。右腕に強制的なダビデの星の白い腕章を付けている：1942年（ショシ・マツアン所蔵）

アンナとチェーシャ、両親のラザルとロージャ・ヴェクスレルと：戦前（ショシ・マツアン所蔵）

ナは木製靴の工場で働いていた。

新たな書式が発行されて、父、母、そして妹には必要な書類が届いたが、アンナの分はなかったという。彼女は、最初のアクツィオン作戦で広場に一斉に駆り集められたユダヤ人の虐殺現場を目《ま》の当たりにした。そのときの光景は「言葉では言い表せない地獄のようだった」と述べている。アンナはかろうじて逃げ延び、その後ゲットーで暮らし続けたが、アクツィオン作戦の大量虐殺が次々に起こり、母方の両親は殺害された。

アンナの説明によると、父親は一九四二年すでに隠れ家造りに参加しており、麦わら、食料品、毛布、衣類などを隠れ家に持ち込んでいたという。妹のチェーシャと一緒に隠れ家に移った。そこに書類をもたない他のユダヤ人やその家族も加わった。このインタビュー記事の中で彼女はアンガー家の名前を出している。父親は製粉業を営む商人で、母親と子供が二人いたこと、それにアレクサンドロヴィチ夫妻とボフネル夫人の名前についても語った。「隠れ家はアップグレードしていました。電気の接続もして」とのことだった。父親からゲットーに戻るように勧められたが、アンナは隠れ家にとどまった。一九四二年一二月アクツィオン作戦が再び実施された際、ドイツ人がゲットーを包囲するという噂を聞きつけた父親は、妻ロージャを救出するためにゲットーに戻ることにした。それ以来、隠れ家には帰って来なかった。ゲットーは解体されたが、両親の消息は分からずじまいである。

アンナによると、隠れ家へ食料品を運んでくれたのはズビシェックという名の男の人だった。彼は金品を要求しなかった。「突然消えてしまった。それからは誰も助けてくれなかった」と。その後は皆で代わる代わる工場の中に入って小麦粉を持ち帰り、まるで岩のように固い、パンのような物を食べてどうにか生き延びたそうだ。この記事を初めて読んだとき、まさに私の体験と同じだという印象を受けた。アンナの話は私が体験したそのままである。

解放後、アンナとチェーシャは両親を捜す努力をしたが——成果は得られなかったという。二人は孤児を受け入れるという、チェンストホヴァにあるキブツへと向かった。徒歩で、カルパチア山脈を越えてチェコスロヴァキア、ハンガリー、オーストリア、そしてイタリアへと。英国陸軍分隊にいたユダヤ人兵士の助けもあって、ジェノア近くの港に到着した。やっとの思いで無事にイスラエルのハイファに辿り着くことができたのである。

アンナの記事を読むことで、私の記憶のすべてを確認することができた。インタビューを受けたのは二〇〇〇年のことで、二人の姉妹とその家族の写真が載っていた。写真の一枚には妹のチェーシャと息子シャマイ・オプフェルが写っていた。オプフェルという名字はきわめて珍しいのでグーグルで検索してみたところ、イスラエルにいることが分かった。彼の母親チェーシャあるいはアンナがまだ生きているかどうかまったく分からなかったが、二〇一〇年八月に彼宛てに問い合わせのメールを送ってみた。

「ホロコーストの期間中、あなたのお母さんはポーランドのタルヌフ市の隠れ家に私と一緒に暮らしていたと思います」

驚いたことに、シャマイは、チェーシャの息子で、アンナの甥であることを認めたのだ！　アンナとチェーシャは二人とも「まあまあ元気です…もう若くはありませんが」との返事をくれた。偶然と言えば偶然なのだが、私からのメールを受け取ったちょうどそのとき、彼はアンネ・フランクの隠れ家を訪れたあと、オランダからの帰国途中だった。飛行機の中で自分の母親の体験を家族に話していたそうだ。「それはあなたの体験でもあるんですよね」と書いて寄こした。隠れ家が今でも残っているかと尋ねたので、工場は二〇〇一年に解体されたとの返事を出した。彼からの提案で、その後すぐに電話で話し合った。

最初に電話にでたのはシャマイの妻で、それからシャマイ本人と話をした。興奮のあまり、ベルリンにいるキャロラインをすぐ電話で呼び出してそのことを知らせた。「二人は私の名前がスルリクだと覚えているんですよ」と。姉妹は兄の名前がカルマン（カナダではチャーリー）だったことも覚えていた。シャマイの妻の話では、チェーシャからもすでに同じ体験を聞いていたそうだ。兄のこと、それにアレクサンドロヴィチ夫妻の消息も知りたがっているという。チャーリーはすでに亡くなったことを伝えて、隠れ家の写真を送った。アンナに電話で伝えたところ、とても喜んでいたそうだ。その後アンナの娘ショシも連絡をくれて、ぜひお会いしたいという。彼女自身が母親と写っている写真を送ってくれた。

ちょうど、スイスのローザンヌに戻っていた娘シーラに会いに行く予定を立てていたので、どこで会うのが都合いいかを話し合った。シャマイの話では、イスラエルでお会いできたら嬉しい、とのこと。喜んで会いたいという母親の言葉を聞いてシャマイは驚いたそうだ。ホロコーストは家族の間でめったに話題にのぼ

チェーシャ、アンナと。テルアビブにて：2010年（イズラエル・アンガー所蔵）

らなかったからである。二〇一〇年一〇月、ローザンヌからテルアビブへ飛び、ヴェクスレル姉妹に会いに行った。隠れ家で最後に顔を合わせたときから、六五年ぶりの再会だった。

着いた最初の日はホテルで会い、翌日にはレホヴォト近くのショシの家を訪れた。ある意味で、長い間会っていなかった親戚の人たちと久し振りに会うような気持ちがした。ハグし合って椅子に座るとすぐ、アンナ（現在の呼び名はハンナ）が話し始めた、それもポーランド語で。一瞬、感激して危うく泣きそうになった。どうして泣きそうになったのか自分でも分からない。

だがすぐ醜態を晒《さら》したかもしれないと恥ずかしかった。イディッシュ語はきっと分かるだろうと思ったのだが、二人はポーランド語で話しかけてきた。次世代の子供たちは英語が話せたのでヘブライ語の部分を通訳してくれたし、私もヘブライ語はかなり理解できた。ポーランド語はもう分からないだろうと思っていたが、アンナが話すポーランド語のほぼ八〇～九〇パーセントは理解できた。そこで、私はイディッシュ語で、アンナはポーランド語で話すことで、なんとかお互い意思の疎通をはかることができた。姉のアンナは話好きだったが、妹のチェーシャはあまり話さなかった。しかしその後、二〇一二年にチェーシャの家で会ったときには、もっといろいろなことについて話をした。どうやって自分たちを捜し出せたのかとか、隠れ家についてなど、いくつか質問された。アンナは幼かった私のことを覚えていた。とっても賢い子で、絶対声を出して泣かないし、不平不満を言うこともなかった。音を立ててはいけないことを子供心に分かっていたようだ、と話してくれた。彼女は物語を創って聞かせてくれたそうだ。私はそれを聞いて喜んでいたという。

私のほうからも、思い出したことやアレクサンデル・ダグナンや他の人たちから最近になって聞いた情報など、いくつか質問して二人に確認してもらった。まず知りたかったのは「ダグナンさんはいい人でしたか」という質問。「もちろん、イエスよ」とアンナは答えた。「私たちを匿ってくれたのはお金のためでしたか」。それにはきっぱり「ノー」だった。そう言えば、空港で出迎えてくれたときに、彼女の娘もその話題をすぐに持ち出していた。「ダグナンさんは「諸国民の中の正義の人」（注：p.22参照）として称えられるべきでしょうか」と。当時の私は幼かったから答えられない、その候補として推薦する適任者は彼女の母親でしょう、という返事をした。彼女たちはダグナンを崇拝していた。

アンナによると、壁を造ったのはドロズド兄弟で、その報酬として私の父が金を払ったという。隠れ家に最初に入ったのはアンナとチェーシャ、次に私の母、それからチャーリーと私という順番。姉妹二人は、すでに三か月も前から住んでいた。隠れ家で九人が暮らしたことを確認した。ボフネル夫人のファーストネームは知らなかったが、息子の名はハイムであること、アレクサンドロヴィチ夫妻はそれぞれフィリップとベルタ、もっとも彼女はブリマという名で呼ばれていたそうだ。

スコルパ家の長男は工場長をしており、三、四人いる兄弟のうちズビシェックが最初の三か月くらいの間は食料品を運んでくれた。彼が射殺されたことは知らなかった。アンナによると、その後、屋根裏部屋から下の階へ行って小麦粉と水を取ってきたのは、私の父、アレクサンドロヴィチ、そしてアンナの三人だったという。隠れ家の外では誰が私たちの存在を知っていたか、その質問には「知っていたのは、ダグナン兄弟、スコルパ家の人たち全員、それにドロズド兄弟です。あるとき、ダグナンさんが下の階でアレクサンドロヴィチさんに出会ってこう言ったそうです。「見かけない顔だけど、お会いしたことはありませんよね」と。このことは息子のアレキサンデル・ダグナンから聞いた話とも一致する。

料理の仕方について訊くと、ズビシェックが電気コンセントをつけてくれたのでホットプレートが使えたそうだ。ホットプレートのことはずっと覚えていたので、やっぱりそうだったんだ、と腑に落ちた！　ただし電気が接続してあったとは気づかなかった。

二人は驚くような詳しい話もしてくれた。ある冬の日、父親のスコルパから――アンナは彼のことをマイスター・スコルパと呼んだが（親方という意味で）――ストーブの熱で隠れ家の屋根タイルに積もった雪が一部溶けている、という警告を受けたという。ホットプレートを使うのはやめたほうがいい、さもないと外側にいる人たちに怪しまれるから、とのことだった。

それ以後、食べる物は乾燥品のみになった。階下の作業場にあるガスストーブの金属板を使ってフラットブレッド《平たい丸形パン》を焼いた。隠れ家には桶が二つあり、一つは水用、もう一つはフラットブレッド用だったとアンナは言うが、私が覚えているのはパンを蓄えておく桶のみで、水用の桶のことはすっかり忘れていた。おそらくネズミが食べ物を取ったんだ、そう考えていたのだろう。

隠れ家ではいつも静かにしていなければならなかった、とアンナは言う。二人の父親が隠れ家に本を差し入れてくれたので、私に物語を読んで聞かせ、あるいはお話を創ってくれたそうだ。アレクサンドロヴィチの妻ブリマが歌をうたうので、私の母は彼女のことが好きではなかったらしい。歌声が外に漏れるかもしれないからだ。アレクサンドロヴィチはイディッシュ語を話す父のことが気に入らなかった。立ち聞きされるのではないかと恐れていた。ポーランド語ならユダヤ人とは思わないだろうが、イディッシュ語ではそうはいかない。アンナが言うには、父はポーランド語を話すのが苦手だったが、母のほうはうまかったそうだ。

沸騰するお湯が兄にかかり、大やけどをするという事故が起きたことがあるという。熱傷が原因で皮膚に膿瘍ができた。兄はひどく痛がって、あまりの痛さに壁をかきむしったが、声を出して泣かなかったそうだ。また、時折、一日の決まった時間ではなかったが、数人の作業員が屋根裏部屋に上がってきた。私たちが偽壁の裏側に隠れていることを知らずに来たのだ。そういうときはすごく怖かったという。じっと息をひそめていたが、あるとき、私の父が外に出て行って、密告しないよう男に金品や宝石を渡すという出来事があった。

解放されたとき、どんな気持ちになったかを訊いたところ、意外な返事に驚いた。生きていることは嬉しかった、でもあまり喜べなかったのだと。家族が非業な死を遂げて、ユダヤ人は誰も残っていなかったからである。二人は一九四五年タルヌフの地を離れ、ポーランドを出国してから、ほとんどの道中を「歩いて」イタリアまで行ったのだった！

イズラエルの両親ダヴィドとヒンダ・アンガー［右］、エルサレムの嘆きの壁の前で、ヒンダのいとこペレツ・フィッシュとその妻ツイポラと撮影。ヴェクスレル姉妹と再会したときの訪問写真：1967年（イズラエル・アンガー所蔵）

一九六七年に私の両親が二人に会いに行ったそうだ。ハイファにいる母方の従姉妹《いとこ》を訪ねたときである。ラザル・ヴェクスレルの家族がドンブロヴァ出身であるのを知っていたこの従姉妹《いとこ》の義理の息子が「今ドンブロヴァ出身の人が我が家に来ているよ」とアンナの夫に話した。これがきっかけになって、一九六七年に再会が実現したという。私はそのことをまったく知らなかった。我が家ではホロコーストがほとんど話題にのぼらなかったことが、この事実からもうかがえる。

二日にわたってアンナ、チェーシャ、彼女たちの子供や孫たちと一緒の時を過ごした。再会を喜び合った。みんな温かい心の持ち主で、非常に礼儀正しかった。遠く離れたガリラヤのキブツから何人か会いに来てくれたし、シャマイは仕事を二日も休んでくれた。

シャマイは体験談の全容をもっと詳しく解明することに関心を寄せ、実際、彼自身もその後タルヌフに足を運んだ。彼の母親チェーシャが数十年前にヘブライ語で書いた手記を渡してくれた。その内容はまさしく私の体験を再現するようだったが、さらに新たな詳細が明らかになった。例えば、壁を造ったときに新しい壁を汚して、古くみせかけるために蜘蛛の巣を這わせたこと。藁の上で寝ていたこと――隠れ家の一部に藁と毛布を敷き詰めてベッドにしたこと。また、アレクサンドロヴィチの妻ブリマの年齢は三〇歳くらいで、美人だったこと。チェーシャは彼女のことをブリムカと呼んでいたという。名前の語尾につける〝カ〟はポーランド語の愛称である。同じように、私の母のことはヒンダーズィアと呼んでいた。ブリマは隠れ家でよく歌を、とくにヴェルディのオペラ「椿姫」からの名曲を歌っていた。幸い、工場から聞こえる騒音のほうが隠れ家で立てる音より大きかったので助かった、と書き留めている。隣家からの音も聞こえたそうだ！

隠れ家の上部は隣の建物と壁を共有しており、その家の住人が洗濯物を干しに屋根裏部屋に上がって来たときにはその物音が聞こえて、ものすごく恐ろしく、体を動かさずひたすらじっとしていた。時々、子供たちが鳩を探しに工場の屋根に駆け上ってくることがあったが、そういうときにもすごく緊張したという。屋根の上の雪が溶けたエピソードにも追加情報を提供している。心配になったので、気づかれないように溶けた場所に雪を積み戻したのだった！

夏の厳しい暑さと淀んだ空気が「耐えられなかった」という。工場の屋根は煉瓦に似せて作ったタイルなので、屋根裏部屋はまるでオーブンのようになった。暑さをしのぐために下着姿で過ごさなければならない。「汗がまるで水のように流れ落ちた」と、そのときの様子を表現した。こういう劣悪状態の中で、言い争いも起こった。誰かに肘をつつかれたと、ボフネル夫人が文句を言ったことがある。「でも誰も責められない。ぎゅうぎゅう詰めだったのだから」とチェーシャは書いている。対照的に、ダグナン家の人々が裏庭で誕生パーティを開いているのを見かけたことがある。隠れ家の壁の隙間からその様子を見ることができた。「屋根裏部屋から眺めるとすべてがすごく素晴らしく見えた……お客さんたちが座って笑い興じていた。うらやましかったし、悲しかったし、やるせなかった」と。

ゲットーの粛清でチェーシャとアンナ姉妹は大きな痛手を受けた。しばらく前から父親はゲットーに戻ってくるように二人を説得していた。隠れ家にいても結局は助からないだろう、との理由からだった。しかしアンナは隠れ家にいたいと言い続け、チェーシャも姉と同じ意見だった。ゲットーの粛清が行われた日、その様子をうかがわせる物音は隠れ家にいても聞こえたそうだ――恐怖の叫び声、さらに機関銃の連続する発射音。ゲットーと隠れ家の間を行き来していた父親は二度と戻って来なかった。もちろん、姉妹は両親がなんとか強制移送を免れたかもしれない、そう願ったのだが。

食料品は底をついていた。私の記憶にもあるのだが、ライ麦パンが少し手に入ったことがあり、いつもの食べ物と比べて、美味しくて天にも昇るような味がしたという。さらに、夜になってから警備員用の地下貯蔵室に行って、冷凍ジャガイモを取って来たこともある。食料不足は、ズビシェックが姿を消してから、悪化して耐えられないほどになった。窮余の策として、アレクサンドロヴィチが階下に下りて工場に入り、ミリノヴィスキという名の作業員に自らの存在を晒《さら》すという行動に出ることにした。大きな貯蔵用の容器の中に身を隠し、ミリノヴィスキが入って来たときに声をかけた。そのポーランド人の作業員は慌てて逃げようとしたが、アレクサンドロヴィチは彼にお金を渡して助けてくれるよう説得した。隠れている自分たちの存在は、その秘密を知っている人に依存している。そのことがいかに危険だったかについてチェーシャは手記の中で何度も言及している。時が経つにつれて、多くの作業員は私たちのことを知っているようだった。中には反ユダヤ主義者もいる、そう思ったという。解放後になってある作業員が語ったのだが、上の階で物音を聞いたことはあるが、屋根裏部屋には幽霊が出る、などと言っていたそうだ。ダグナンが言うように、私たちの存在は公然の秘密だったが、皆が黙認していたのである。

タルヌフでの市街戦の期間中、工場内の水道の給水が止まったので、雪を溶かして水を確保しなければならなかった。チェーシャは解放時の様子をこう記している。「一九四五年一月一八日、冬の日の朝、兵隊さんたちの声を耳にした——兵隊が通り過ぎて行くのが聞こえた——歌をうたいながら。ロシア語の歌だ！　ロシア語みたいに聞こえたけど、信じられなかった。一瞬、固まった。それから、嬉しさのあまり手を叩き、笑ったり、泣いたり。夢が現実になった瞬間だった。〝私たちは自由になったんだ！〟」と。

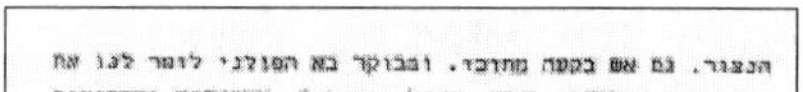

チェーシャ・ヴェクスレルの手記の一枚。彼女と姉がホロコーストをいかにして生き延びたか、また隠れ家でイズラエル・アンガーと暮らしたことを詳細に書き記している（シャマイ・オプフェル提供）

解放時の年齢は、アンナが一七歳、チェーシャが一四歳である。二人のほうが私より事態をよりよく理解していたのは明らかである。また隠れ家での生活についてさまざまな細かいことを覚えていた。私の記憶を確認してくれ、また本書全般に寄与してくれたという意味で、二人の貢献は計り知れないほど貴重だった。

ヴェクスレル姉妹との再会、アンナとチェーシャに会えたことは、長らく消息不明だった家族に会えたようなものだった。あるいは、「四人の子供が二年間も一緒に暮らしたということは、家族以上ですね」とはアンナの言葉である。

ホロコーストがその後の人生に与えた影響の有無

「ホロコーストはあなたにどのような影響を与えましたか」という質問をたびたび受けた。その質問には「そうですね。当時は幼かったので、さほど大きな影響はなかったと思います」と答えることにしている。幼私は両親の保護のもとに守られていた。自らの命を守るというより、むしろ救ってもらう立場だった。幼かったのが幸いした。兄チャーリーのほうが、ずっと多くホロコーストの影響を受けたと思う。年齢が上だったから、自分たちの身に何が起こっているか、その状況をより詳しく把握していただろう。兄はしっかりしていたし、しかも自己本位に生きていた。

自分にはホロコーストの影響がなかったと信じたい。それによって人生が変わったと思いたくないからである。「仮に～だったら？　もしヒトラーの母親が流産していたら？」などと言う歴史家がいるが、私は「もし～なら」という仮定の言葉が好きになれない。ヒトラーの母親は彼を生んだ、その事実を後戻りさせることはできない。生まれなかったらこのような悲惨な出来事は避けられたかもしれない、そう考えることに何の意味があるのか？　もしルーズベルトがアウシュヴィッツ強制収容所の爆撃に同意していたらどうなっただろう？　それは歴史を作り変えるようなものだ。

数年前のことだが、フェニックスを出発する日に、スカートを買ってほしいと娘に頼まれたことがある。

店に立ち寄って買い物をすませるため、朝八時ではなく、一〇時にフェニックスを出発することになった。ツーソン近くで事故にあった。もし八時に出発していたら事故にあわずにすんだのに、自分のせいだと娘が言い始めたので、私はこう言い聞かせた。「事故とおまえは何の関係もない、そんなことは誰にも分からない。もし八時に出発していたらもっとひどい事故にあっていたかもしれないのだから」と。

ある状況下に置かれたときにどう反応するか、それは実際に経験してみなければ分からない。ましてや、他の人がどう反応するかについて知るすべはない。ある状況について話し合う際、実際に同じような状況に直面するまで「私だったらこれこれしかじかの行動をとっただろう」などと言わないようにしている。例えば、一九六四年にフォード社製の新車マスタングを購入した。愛車だった。数年後、シャロンが産まれたあとマリーンが研究室に泣きながら駆けこんで来た。何があったのかと尋ねると、マスタングを運転していて事故を起こしたという。「怪我をしてないか?」「ノー」、「赤ん坊は大丈夫か?」「ノー」。「相手の車の人は怪我をしていないか?」、彼女の答えはすべて「ノー」だった。そこで私は「心配しなくていいよ。マスタングの車体は金属にすぎないんだから」と言った。今でもそう言ってよかったと思う。

ある心理学者がかつてこう語ったことがある。「どんなに幼くても、ホロコーストの影響は避けて通れない」と。今日に至るまで私にはある性格的な特徴があり、それが幼児期の体験と関係があるかもしれないと思う。例えば、必要な物が何であれ、十分備えなければという思いに駆られる。使い切る前に、また同じ品物を買ってしまう。車のガソリンが四分の一になると満タンにしないと気がすまない。トレーラーハウスを運転する場合には、ガソリンが半分になるたびに満タンにする。あらゆることに万全の予防措置を講じなければならない。そのこだわりがこれまでにあったし、時の経過とともに改善されてはいるものの、おそらく今も残っているかもしれない。

常日頃から、他人に依存してはならない、何事も自力でやる、そういった気持ちが強い。家の周りの修理も、トレーラーハウスの修理も、必ず自分でやろうと努める。また、代替案を絶えず見つけようとする習性が身についている。これは誰にでもある正常な習性なのか、それともかつての体験からきたものか分からないが、例えば、「Xという目的地に行く場合、飛行機か、電車か、あるいは車か、どの選択肢がよいかを考え、次にそれぞれの利点をあげてみる。電車で行くならば、乗り換えはこの駅にするかあの駅にするか、乗り換えがうまくいかない場合には、こっちの方法をとることができる」という具合に検討する。例えば、フェニックスに行く途中、マリーンと運転ルートを相談するとしよう。まず地図で確認する、それから「選択肢としては高速道路四〇号線と二〇号線がある。四〇号線で行けば運転時間が多少長くかかるが、ダラス・フォートワースでの渋滞を避けることができる。もう一つのルートをとれば、八〇マイル以上余計に走らなければならないが、交通量はずっと少ない」といった具合に。常に代替案を必要とするのだ。

屋根裏部屋では餓死寸前までいったから、食べ物へのこだわりがあるか、という食に関連する質問を受けたことがある。食べることは大好きだ。食べ物に関して唯一こだわっているとすれば、食品ロスが我慢できないことである。たとえ腐っているにせよ、食べ物を捨てるのには抵抗がある。結婚したての頃、マリーンは私が家にいないときを見計らって冷蔵庫を掃除したものだ。私は食べ物が廃棄されるのを見ていられない。他の品物などと同様に、食べ物を十分に確保しておきたいという欲求が強い。コーヒー缶が半量になると追加の缶を買い足す。我が家の食料貯蔵室にあるほとんどの食料品は、二倍かそれ以上の量を備蓄しておく。残りが一つになると補給する。私が飲む炭酸飲料はいつも六本以上家に置くことにしており、それ以下の本数にはしない。また食べ物にお金を惜しむことはない。チェリーを食べたかったら、値段におかまいなしに買う。

もう一つのこだわりは、泣くという行為である。隠れ家で泣くことは、死を意味した。隠れ家では泣かなかった。子供の頃にも泣かなかった。戦後タルヌフで、他の子供たちに押されて頭に深い切り傷を負ったとき、どんなに痛くても泣かなかった。父がクラクフでチャーリーと私を置いて行ったときにも泣かなかった。今でも泣くという行為は苦手だ。

一度だけ、エルサレムにあるホロコースト記念館ヤド・ヴァシエム（犠牲者の追悼記念館）を訪れたとき泣いた。一九八五年、マリーン、シャロン、シーラを連れてイスラエルに行き、親戚の人や友人に会い、それから名所史跡をめぐる旅をした。カナダを出発する前、マリーンはヤド・ヴァシエムに行きたいと言っていた。記念館に着いてから、まずホロコーストの歴史展示場を見学し、それから追悼の建物に入った。高架通路のある大ホールである。中央には犠牲者を追悼する火が燃えていた。床にヨーロッパの地図が展示してあり、すべての強制収容所と絶滅収容所の名前がヘブライ語と英語で書かれ、その場所に印がつけてあった。それぞれの収容所の側には赤い追悼の明かりが灯っていた。六〇〇万人の犠牲者全員がそこに埋められているように感じた。彼らのすすり泣く声が聞こえるようだった。悲しみの感情に圧倒されて倒れ込みそうになった。マリーンの肩に寄りかかって、顔を埋めてむせび泣いたのだ。マリーンはホールから私を連れ出し、ヤド・ヴァシエム館を出ようと言って譲らなかった。私もそんな自分の姿を子供たちに見せたくなかった。マリーンによると、これまでそんなふうに泣く姿を見たことはないそうだ。

人間であれ動物であれ、私はある種のものを見ると涙もろくなる。例えば、怪我をした動物を見る、テレビで傷を負った人の画像を観るときなど。両親からの遺伝なのかは分からないが、悲劇的な状況に向き合うのが大の苦手なのだ。人間・動物を問わず、痛ましくみじめな様子を目《ま》の当たりにすると見ていられなくなる。ささいな一例だが、母をユダヤ総合病院へ連れて行ったとき、帰ろうとすると病院の玄関口で、年老いた女性が錯乱状態になって泣き叫んでいた。娘さんが迎えに来る予定だったのに、来ていない。そこで、私は車に乗せて、彼女の自宅に送り届けたことがある。そう言えば、かつてスコルパの父親が亡くなり葬儀費用が出せないという事情を知ったとき、両親も、人間として当然の同じような反応を示したと思う。絶対にないとは言わないが——私が涙を見せることはめったにない。実は、根っからのユーモア好きで、日常生活の行動すべてにユーモアを取り入れることにしている。笑いを大いに楽しみ、他の人にも一緒に笑ってもらいたい。

マリーンに言わせると、私は正義感がかなり強いらしい。ニューブランズウィック大学で行った改革のいくつかは正義感による。例えば、学問の自由と身分保障《テニュア》委員会を創設したことや女性地位向上委員会を立ち上げたことなど。大学の組合活動にも尽力した。また、彼女は私が土地に深く根《ルーツ》を下ろすと言う。ある時期、彼女はフレデリックトンに新しい家を買いたがったのだが、私は賛同せず、現在の土地に今なお住み続けている。

忘却とは、おそらく生き延びよと告げる自然の摂理かもしれないと思う。ホロコーストを経験した人々の中には、その記憶があまりにも大きな苦痛をともなうため耐えきれない人がいる。数年前、マリーンと私はヤド・ヴァシエム記念館を再び訪れた。ガイドをしてくれたのは三五歳くらいの男性だった。ホロコーストの展示物を示し、見学者にその解説をする仕事である。来る日も来る日も追悼記念館を案内するには、自分の気持ちにどう向き合っているのか尋ねてみた。ガイドの仕事は週に三日だけ、それ以外の日は休む、そうでないとつらすぎて長続きしないから、というのが彼の答えだった。

私が聞いた生存者《サバイバー》の体験談は、二つとして同じものはなく、驚くほど悲惨で、すべてナチスの信じられない残虐ぶりを示している。生存者の多くは解放後も悲劇に見舞われ続けているようだが、その点で私は計り知れないほどの幸運に恵まれた。終戦直後の数年は厳しい状況に置かれたものの、最終的には教育を授かり、最高の職業に就くことができた。すばらしい妻、すばらしい二人の子供、そして今は五人の孫に囲まれている。これ以上は望むべくもない。

大変いい人生だった。

あとがき――本書執筆の経緯

キャロライン・ギャモン

イズラエルに初めてお会いしたのは、フレデリックトン市のドーナツ店ティムホートンズでした。すぐに意気投合しました。お互いに強い親近感を抱いたのです。私は一九五九年ニューブランズウィック州フレデリックトン市で生まれ、両親は非ユダヤ人で、二〇年間以上もホロコーストや第二次世界大戦のことをほとんど知らずに育ちました。二〇〇七年にお会いした日に、イズラエルと私の気持ちが通い合ったのはどうしてでしょうか。

一九九一年、私はドイツのベルリンで開かれた詩の朗読会に招待されました。そこで好きな人に出会ってドイツに留まることにしました。若い頃、学生運動に参加していたこともあり、迫害についての現状を知りたい、それに向き合わなければいけないという強い思いを、常日頃から抱いておりました。一九九〇年代前半のドイツではユダヤ人に関する話題は封印されており、重苦しい雰囲気が漂っていました。ドイツ人の友人はいましたが、誰も「ユダヤ人」という語をほとんど口にしませんでした。一九九四年までにドイツ語がかなり上達したので、かつての強制収容所、現在は追悼施設になっているラーフェンスブリュックで開かれた週末教育プログラムに参加しました。そこで、ホロコーストの生存者ヨアンナ・クラウスさんにお会いして友人になったのです。ヨアンナはナチスの下でユダヤ人として迫害されたばかりでなく、戦後強制収容所から生き延びてドレスデンに戻った後は、東ドイツの共産主義者の下で再度ユダヤ人として迫害を受けていました。

ヨアンナとの友情を通して、思いがけずドレスデンのユダヤ人社会と深い関係を持つことになりました。無宗教だったので子供の頃からほとんど教会に通ったことはありませんでしたが、ドレスデンではヨアンナの友人として定期的にシナゴーグに通いました。ヘブライ語で歌をうたい、ユダヤの文化やユダヤ教を詳しく学んだのです。ヨアンナから彼女の身に起こったことを記録してほしいと頼まれました。ドイツ人の共著者クリスチアーヌ・ヘムケルの協力を得て、その責任ある大仕事を引き受けることにしました。ヨアンナの体験談は二〇〇四年にドイツ語で出版、二〇〇七年に『ヨアンナ・クラウス——迫害を二度受ける——ナチスドイツと東ドイツ共産主義による迫害を生き抜いて』という題名の英語版を出版しました。

ドイツで過ごす間に、多くのホロコースト生存者の話を聞きました。生存者とその支援者問題に取り組むベルリンの協会「オットー・ヴァイト視覚障がい者のためのワークショップ」のメンバーになりました。生存者の子供たちの友人もできました。私の活動はドイツにいるユダヤ人の生活を中心に回り始めたのです。ツアーガイドの仕事をするかたわら、ユダヤ人やホロコーストの歴史に強い関心を寄せて学び始めました。ベルリンを拠点とするユダヤ人旅行会社「乳と蜜」(神がモーセに伝えた言葉)で働き始めました。徐々にですが確実に、ヨアンナとの友情から始まったユダヤ人との関わりは、生涯にわたる情熱と献身《コミットメント》に変わっていったのです。

ヨアンナの体験記を紹介するためにカナダ横断ツアーを企画し、私の故郷でも適当な会場を探しました。フレデリックトン市のラビにお会いして相談したところ「イズラエル・アンガー氏にお会いするといいでしょう。彼はフレデリックトンでホロコースト追悼記念日を企画していますよ」との助言を得ました。それからすぐに、イズラエルとドーナツ店で出会うことになったのです。

私の故郷に生存者がいることを知って本当に驚きました。フレデリックトンは私が生まれる以前からイズラエルの故郷になっていたのです。彼に会うまでベルリンに一五年間住んでいましたが、私の中で二つの世界はまったく別の存在でした――かたや、ホロコーストを犯して重い歴史を背負い、和解への継続的な取り組みを行っているドイツの世界。もう一方で、夏休みに毎年訪れてのんびり過ごすフレデリックトンの世界。フレデリックトンの友人は私がベルリンで行っている活動をほとんど理解できませんでした。

イズラエルに直接お目にかかったその日に、私の中の二つの世界が出会ったのです。

二度目にお会いしたのはイズラエルの自宅でした。玄関の呼び鈴を押すと出迎えてくれた女性が「あなたは、ジェニファー？　それともキャロライン？」と訊いたのです。とっさの反応は「まあ、アンガー先生！」、驚いて口がきけないほどでした。マリーンは妹が高校二年生のときの数学の先生でした！　台所に座ってイズラエルの体験談を聞きながら、こうなる運命だったんだ、と思いました。私にはホロコーストの体験談を書く知識と能力がある、またイズラエルの体験は記録として残す必要がある、と。数か月後、イズラエルとマリーンが母方の死亡した親族の記念碑の除幕を行うため、タルヌフ旅行を計画していると聞きました。そのとき、こう思ったのです。イズラエルの体験の出版企画を引き受けるとすれば、今を逃したら二度とチャンスはこないだろう、と。

本書のたたき台になる情報源を集めるために最初にやったのは、イズラエル本人に体験したことを書き出してもらうことでした。彼は頼みを聞き入れて数回に分けて書き、それをメールで送ってくれました。彼特有の控えめで簡潔な文体は、本書の「声」になっています。隠れ家で過ごした時期の分量は一ページにまとめてありました。そう言えば「たったの一ページで本は作れませんよ」と彼に言ったことがあります。
二〇〇七年、イズラエルとマリーンは、ポーランドに行くついでにベルリンに立ち寄りました。そこで、ベルリンのアンネ・フランクセンターで講演するよう手配しました。アンネとイズラエルの体験がいかに類似しているか、誰しも認めざるを得ないでしょう。アンネ、マルゴット、それに二人の両親フランク夫妻は、イズラエル、カルマン、そして二人の両親アンガー夫妻のまるで合わせ鏡のようです。両方の家族とも、運命によって屋根裏部屋での共同生活を余儀なくされました。隠れ家の外には支援者がいて、その存在を知っていました。両家族ともほぼ二年間にわたって隠れていたのです――身を潜めた場所は、フランク家は三フロアにまたがるいくつかの部屋、アンガー家は手足をやっと伸ばせるほどの狭い空間でした。決定的な違いは、フランク家はナチスに見つかり、一人を除いた全員がホロコーストで殺害されたことです（生き延びたのは、父親のオットー・フランク氏のみ）。

アンネ・フランクセンターの講演向けのチラシでは、屋根裏部屋に隠れてホロコーストを生き延びたこと、その体験をテーマに話すことになっていました。ところが、講演では隠れ家に入ってから解放されるまでを、イズラエルは駆け足で一気に話してしまったのです！　会場から立て続けに出される隠れ家生活についての簡単な質問に彼は答えることができない、そのことにすぐ気づきました。そこで、幼児期の体験を、さまざまな観点から詳しく調べなければなりませんでした。その後、数年にわたってタルヌフを訪

アンネ・フランクセンター（ベルリン）で講演する：2007年10月（キャロライン・ギャモン提供）

れた際、隠れ家の場所に行き、またその土地に居合わせた人々を取材しました。イズラエル本人には、タルヌフで、ベルリンで、フレデリックトンなどの各地でインタビューを行い、さらには電話取材もしました。新たな内容を示す情報が浮上するたびに、私はそれを書き留めました。ニューブランズウィック州のグランド湖のイズラエル家のコテージで会いましたが、そのときの情景が忘れられません。実は、湖岸には我が家のコテージもあります。よく晴れた夏の日で、私の息子とイズラエルのお孫さんたちは泳ぎに行っていました。イズラエルと私は腰をすえて、タルヌフで出版された『イズコール』、ホロコーストの記念誌を読んでいました。イズラエルがイディッシュ語を翻訳し、私がそれを書き留めたのです。

四年後には一ページが五〇ページに変貌をとげていました。

イズラエルの生まれ故郷への旅行が資料集めのコアになりました。イズラエルとマリーンはすでに二〇〇六年にタルヌフを訪れていました。最初の訪問ではアダム・バルトシュ氏にお会いできませんでしたが、その後、連絡を取りあっていました。隠れ家で暮らした九人のうち、タルヌフに戻ったのはイズラエルただ一人だったのです。

アダム・バルトシュ氏はタルヌフの郷土資料館の館長です。彼はジプシーの権利の擁護者として活動を始め、タルヌフにジプシー博物館を設立しました。また、タルヌフ市のユダヤ人の歴史にも深く関わっていました。ところで、ユダヤ人としての体験を経てポーランドを再び訪れる人は誰しも、温かく迎えてもらえるか、あるいは冷たい仕打ちを受けるか、その受容の仕方はさまざまだと言うでしょう。罵声を浴びせる人もいれば、援助を惜しまないバルトシュ氏のような、勇敢で素晴らしい人物に出会うことも可能です。

一一月の空気が澄んだ寒い日に、私たち三人はクラクフ市から電車で一時間ほどのタルヌフ市に到着しました。ホテルは市の北側にあり――あとで分かったのですが、バスに乗れば短時間でユダヤ人墓地に行くことができる場所でした。墓地は、墓碑の準備が整っているかを確認するための最初の訪問予定地です。バスに乗ったものの、墓地の方向に走っているのか不安でした。

そのとき、突然、イズラエルがポーランド語でバスの乗客に話しかけたのです。それまでは、もうポーランド語は話せないと言っていたのですが。「ツエメンタジエ　ジドフスキエ（ユダヤ人墓地）？」と尋ねました。乗客が一斉に私たちのほうを見ました。かつてタルヌフ市には二万五〇〇〇人、実に市の人口の半分に及ぶユダヤ人が住んでいたかもしれませんが、その日の乗客の中でユダヤ人は、おそらくたった二人、イズラエルとマリーンだけでした。「ユダヤ人墓地？」「いいえ、方向が違いますよ」と気さくな若い男性が教えてくれました。乗るバスを間違えないように、次のバス停で一緒に降りて、墓地行きのバスに乗せてくれ、墓地の入り口まで案内してくれました。

タルヌフ市のユダヤ人墓地は大きく広々としています。二〇〇七年当時は、敷地の大部分がまだ自然のなすがままに荒れ果てていました。見渡す限りあたり一面に墓石が草むらや雑草に埋もれています。墓地の正面には最も重要なホロコースト追悼慰霊塔――破壊されたジュビリー・シナゴーグの大きな柱が立っていましたが――そこの箇所だけは除草が済ませてありました。

アダム・バルトシュ氏と同僚のヤヌシュ・コジョウ氏がすでに墓地で待っていてくれました。勤勉そうな作業員が一団となって、長年にわたって放置されてきた墓地の片づけを少しずつ進めていました。こんな骨の折れる作業をしている人たちは誰なんですか、とイズラエルがヤヌシュ氏に訊いたところ「あの人たちはみんな囚人なんです」という返事に非常に驚きました。地元の刑務所との間で、囚人が墓地の清掃作業をするという協定が交わされていたとは。

イズラエルの母方の親族の墓碑は事前に注文してあったのですが、その日は準備がまだ整っていませんでした。翌日に建て終わったあと、イズラエルはマリーンと手をつないで服喪者用の祈りカディシュを唱えました。ついに、長らく行方が分からなかったイズラエルの親族に敬意を表する、感動的な瞬間を皆で味わったのでした。

墓地へは毎日のように行きました。墓碑の除幕式に立ち会ったことで、親近感を覚えて、イズラエルの親族の人たちに会っているような気持ちになりました。

タルヌフに滞在中、ホテル、墓地、それからアダム・バルトシュ氏の館長室だけを行き来し、他に観るものがないかのように過ごしました。休暇目的の訪問ではないため、イズラエルには観光する気など毛頭ありませんでした。

私としては、せめて、ダグナン製粉所の跡地を見たいと思いました。イズラエルはその場所をすでに見学していましたので、ある日、一人でルヴォフスカ道路を通って出かけることにしました。セメントで固めた床板に背の高い草が生えている空き地を見つけました。そのときは、隠れ家の壁が残っていたことを確認するだけの知識を持ち合わせていませんでした——壁の確認は二〇〇九年の次回の訪問まで待つことになったのです。

イズラエルの体験が少しずつ明らかになってきました。ときには、調査に大変な労力を要し、ときには、偶然から、またときには、何気なく口にした、たわいない会話が信じられないほどの新しい発見につながることもありました。何度も私を驚かせたのは、イズラエルの子供の頃の記憶です。たとえ極度のトラウマを経験したので強く印象に残ったにせよ、資料集めの段階で彼の記憶が一つひとつ確認されたのには驚きました。

アダム・バルトシュ氏は、ダグナン製粉所を経営していたアウグスティン・ダグナンの息子とイズラエルの面談を設定してくれました。私たちはみな極度に緊張し興奮しました。ダグナン氏は何を見聞きしたのか？　もし反ユダヤ主義の人だったら？　もし謝意を求めているとしたら？　あるいは、父親の〝責任を免じる〟ことで多くのポーランド人の協力はなかったことにする、そのためにイズラエルに魔法の杖をひと振りさせたいのか？　などなど。面談がどんな結果になるか予想もつきませんでした。

バルトシュ氏がちょっと席を外したとき、並外れて大きな体の男性《ひと》が部屋に入って来たのです。彼の体格は少なくともイズラエルの二倍はありました。この男性がダグナン氏なのだろうか、測りかねました。英語が話せるかどうか分からなかったので、みんな気まずい思いで立っていました。誰ひとり握手しようと手を差し出しませんでした。その人のほうも私たちと同じくらい緊張していました。アダム・バルトシュ氏がその場にやって来て紹介してくれるまで――アレキサンデル・ダグナン氏、その人だったのです。それでもまだ握手は交わしませんでした。すべてがあまりに奇妙で予期しない出会いだったからです。

バルトシュ氏が「お掛けください」とダグナン氏に椅子をすすめました。彼が腰を下ろしたとたんに、なんと、椅子がぐしゃっと大きな音を立ててばらばらに潰れたのです。ダグナン氏はひっくり返り床に倒れてしまいました。私たちはみな驚いて椅子から立ち上がりました。彼は横になったまま天井を見上げています。心臓発作を起こしたのだろうか。大丈夫だろうか。正気に戻るまで少しの間、氏はそのままじっとしていました。私が手を差し伸べると、ゆっくり立ち上がりました。ダグナン氏は当時七六歳でしたが、この転倒は若い人でも危なかったでしょう。

幸い、ダグナン氏に異状はありませんでした。壊れた《ブレイク》のは椅子だけでなく緊張もほぐして《ブレイク》くれました。木製の椅子の件で部屋に漂っていた緊張が一気にほどけて、私たちは人間味ある現実の世界に戻ることができたのです。こうして話し合いを始めることができました。そのときの会話はイズラエルの体験談を理解し、補強する鍵になったのです。

ダグナン氏が「私は幼い男の子が隠れ家から出てくるのを見ました。覚えていますよ」と語った、その瞬間を私は決して忘れないでしょう。

ダグナン氏にお会いする前のイズラエルの体験談は、彼からの聴き取りだけでした。ダグナン氏にお会いして、体験談に証人が現れたのです——長い資料集めの過程で多くの証言を得ましたが、ダグナン氏が最初の証人になりました。

アダム・バルトシュ氏のオフィス（タルヌフ）でのインタビュー、隣に付き添うのは妻マリーン：2007年（キャロライン・ギャモン提供）

タルヌフに滞在中は毎晩のようにイズラエルの話の聴き取りを行いました。その取材記事が本書のたたき台になっています。想像してみてください。タルヌフのまさにこの地から幼いイズラエルと彼の兄が孤児として送り出された、そのときの様子について質問したことを。ふたりが出発したまさにそのタルヌフ駅を取材に訪れた日のあとで、現場の様子について質問したのです。その日じかに経験したことが、イズラエルの話に臨場感を与えてくれました。取材は容易ではありませんでした。実際、イズラエルが「君の質問はまるで直腸検査の問診のようだよ」と言ったときなど、テープに彼特有のユーモア印をつけたほどです。五晩にわたり一セッション二時間をかけました。——タルヌフの取材が終わった後で、イズラエルは「さて、これで体験談の〝足が早まる（執筆のペースがあがる）〟ね」と言ったのでした。

タルヌフ出発の日のことですが、イズラエルはタクシー運転手にポーランド語で話しかけました。私自身ポーランド語を少し学んでいましたが、そのとき耳にしたのは――「ヴィシエドレニヤ（住み替え）」という語でした。

私はあらゆる手がかりを求めて調査を進めました。タルヌフ、リグリッツエ、ドンブロヴァ出身のユダヤ人のリストを手元に置いて、真夜中過ぎまで未確認の情報源をデーターベースで検索しました。連絡先の知人の一人がふと漏らした名前もすべて確認しました。ブエノスアイレス在住のタルヌフ生存者フランチシェク・ヤヒモヴィチさんに電話をかけたところ、彼はその週に亡くなったと知らされたこともあります。電話をかけた理由を手短かに話し、お悔やみの言葉を伝えました。もうひとりの生存者ロセ（ツィメルマン）・ドゥビンスキーさんに電話をしたときには、彼女は九〇歳の誕生日を祝ったすぐあとでした。「マゼル・トフ（おめでとう）」と言ってからタルヌフについて質問しました。ロセさんは電話口で、ホロコーストが起こる前のタルヌフの様子を絵に描くように話してくれました。

「タルヌフは尊厳をもって生きるにふさわしい場所だったんです――ナチスが来る前ですけど。〝アンガーさん〟ですか。ええ、覚えてますよ。でも私が知っている人はパン屋さんではありませんでした。もっともタルヌフにはアンガーという名字の人が大勢いましたから」

モントリオールを訪れたある日、イズラエルの家族がかつて住んでいたジャンヌマンス通りにある家の周辺を見学し、そのあとホロコースト博物館に立ち寄りました。ロビーにいる二人の年取った女性を見かけました。個人的な知り合いではありませんでしたが、話す言葉のアクセントを耳にし、生存者だと分かりました。そこでタルヌフについて伺ったところ「タルヌフについての専門家なら、マサチューセッツ州のハワード・フィンクさんですよ」と教えてくれました。早速、番号案内に問い合わせて電話番号をもらいました。

フィンク氏の未公開データーベースにはイズラエルの伯（叔）父のひとりが載っていたのです。

　ポーランド人の翻訳者の助けを借りて記録資料を確認しました。屋根裏部屋に偽壁を造った、ドロズド兄弟の居所を突き止めようとしました。現在タルヌフ市の電話帳に載っているドロズドという名前の人全員に翻訳者が電話をかけたのです。「そうですね、ユダヤ人が隠れているのを聞いたことがあります」――別の番号にかけると――故障中などということもありました。集めた膨大な量の資料の整理・分別を徐々に始めました。

　イズラエル本人も取材記事をテープから文字に起こすという骨の折れる仕事を引き受けてくれました。さらにさまざまな洞察を加えることで、彼の貢献は本書執筆にとって計り知れないほど貴重でした。テープを起こしながら、新たな体験を思い出し、修正し、もとの口述記録の手直しをしたこともあります。インタビューの筆記録をもとにメールのやり取りを繰り返し、全体をつなぎ合わせて、一つの体験談にまとめあげることができました。非常に扱いにくい《デリケートな》題材でしたが、イズラエルとは楽しい共同作業を行うことができました。あるときイズラエルは「インタビューの最中、しょっちゅう、大いに笑ったよね」と書いて寄こしたほどです。

　二人のやりとりはまるで卓球の試合のようでした。大西洋を挟んで電子機器を使い、質問・返答・コメントのラリーの応酬を繰り広げたのです。ときに答えにくい難問の球を打つと、すばやく打ち返してくる答えは「イエス」あるいは「ノー」のみ。もう一度言葉を換えて質問すると、今度は、突然、説得力のある詳細なパラグラフの返球があり、ちょうど欠けていたパズルのピースが埋まることもありました。

　私たちは大陸を越え、時を経て、友情を育《はぐく》みました。共同で作業をし、機会があればどこへでも行き、フレデリックトン、タルヌフ、ニューヨーク、ベルリン、さらにアリゾナでも会いました。冬にはグランドキャ

キャロラインと、グランドキャニオンでのハイキング：2010年2月（キャロライン・ギャモン提供）

ニオンでハイキングを一緒に楽しんだこともあります。

二〇〇九年、イズラエルと一緒に再びタルヌフを訪れました。今回は父方の親族のため墓碑の除幕式に立ち会うのが目的でした。ユダヤ人墓地を訪れた日は、ポーランド人が墓参りをする（キリスト教の）諸聖人の祝日があったばかりのときでした。ユダヤ人墓地の慰霊塔を囲むように、周囲にはろうそく、十字架、その他キリスト教のシンボルが置かれていました。墓地に入った子供たちは胸で十字を切っていました。ホロコーストの慰霊塔の上に置かれたキリスト教のろうそくを不快に思ったのでしょうか、イズラエルは母方の親族の墓碑の上に置かれたろうそくを取り払ったのです。――このことは、ユダヤ人生存者のポーランドへの帰郷がいかに生易しいものではないかを物語る、ほんの一例にすぎません。

ダグナン製粉所が建っていた空き地にも再度足を運びました。工場はほとんど一〇年以上前に解体されたのですが、タクシーをつかまえて「ルヴォフスカ通り、ダグナン製粉所へ」と言っただけで、タクシーの運転手はその場所を正確に知っていて連れていってくれました。二〇〇九年までに前回の訪問より多くの資料が集まっています。今回は、隠れ家の図面と写真を持って行きました。

隣地の建物を見上げたとき、突然、開口部のない壁はまさしく隠れ家の壁で、今でも残っていることに気づきました。目の前に、煙突の実物が見えたのです。その煙突は、壁で閉じ込められた隠れ家を通り外部へと抜けていました。私たちは呆然としてその場にくぎづけになりました。「壁」それに「煙突」という、隠れ家の物的証拠が見つかったのです。既視感を覚えて、これこそ本物だという感触を得ました。写真をたく

隠れ家の外壁、解体されたダグナン製粉所に隣接した建物と共有：2009年（キャロライン・ギャモン提供）

さん撮ってアダム・バルトシュ氏の事務所に戻りました。バルトシュ氏も、隠れ家の壁の一部がまだ現に存在していることを確認してくれたのです。

公文書館で行う作業は想像力と忍耐を要します。国立公文書館では探していたアンガー製パン所の証拠を見つけることはできませんでした。イズラエルは一五分後には公文書館を出ようとしました。公文書館の専門職員であるヤン・フムラ氏の根気強い協力がなかっ

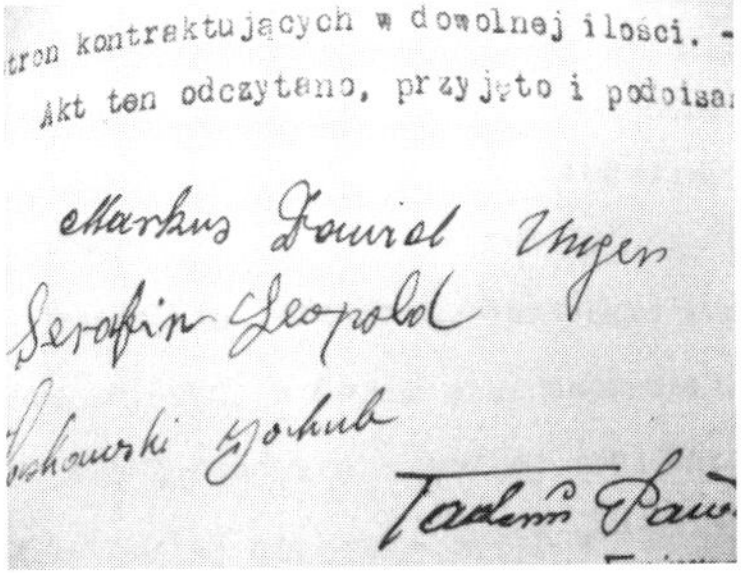

イズラエルの父親の署名、クラクフ国立公文書館タルヌフ分館の書類に保存されている（キャロライン・ギャモン提供）

たなら、あきらめて立ち去っていたでしょう。フムラ氏は、私たちが検討した文書を再びファイルに綴じるいとまもなく、次々に新しいファイルを出してくれました。そこで、目の前に、アレキサンデル・ダグナン氏の言葉どおり、長年匿《かくま》ってくれた謝礼にとイズラエルの父親が贈呈した家の見取り図が現れたのです。さらに、イズラエルの父親がリグリツエを出てから所有した別の家の文書も見つかりました。書面上の、唯一の証拠です。公文書館での調査中、時が止まり、息をのむような瞬間がありました——その一つは、父親の署名を見つけたときです。イズラエルが彼の筆跡だと認めました。まるで父親がその場に存在しているかのようでした。

公文書館を後にするまでに、どの机の上にも未開封の書類やファイルの包みが開いたまま積まれていました。その上、贈り物――父親の署名、所有していた家、それにイズラエルが生まれた場所の住所をもらったのです。

リグリッツエへ出かける日は寒くよく晴れて《クリア》いましたが、親族の歴史については何も明確《クリア》にはなりませんでした。ユダヤ人墓地は草が一面に生えているばかりか、棘のある草木が絡み合い生い茂っていました。服が破れて躓いて転びそうになりました。「ここに我が家のトラクターがあったらなあ！」と、イズラエルは冗談半分に言っていました。三人のうちの誰か、とくにイズラエルがくぼんだ穴に落ちて足の骨を折るのではないかと、私は気が気ではなかったのです。同じように、彼も私のことを気遣っていたと思います。墓地は本当にひどい状態でした。ヘブライ語で書かれた墓石はありましたが、ほとんど名字が付いていませんでした。やっとのことで名字のある墓石を捜し出すと、まるで勝ち誇ったような気持ちになったものです。試験を受けているような気分でした。墓石の画像で身元が分からない人を補うかのように、写真をたくさん撮りました。結局、アンガー家の人を誰ひとり見つけることはできませんでした。

リグリッツエの町役場で、（アダム・バルトシュ氏の事務所がつけてくれた）内気なアシスタントを説得して郷土史家を頼んでもらいました。アダム・シチエフ氏は英語で出迎えてくれました。国立公文書館のヤン・フムラ氏と同様、このときの訪問が一度限りで、私たちにとって重要であることが彼には分かっているようでした。不動産や未払い金についての文書のコピーを見せてくれました。日付は一九二九年、当事者の一方はハナ・アンガーになっていました。ハナはおそらく祖母だろうとイズラエルが言うと、シチエフ氏はすぐにコピーをとってくれました。一緒に通りへ出て、街の広場の周辺の家々を指さして「リグリッツエのユダヤ人はこの辺り、広場の周辺に住んでいたんですよ」と教えてくれました。将来必要になるかもしれないからとメールアドレスをくれ、実際にその後もイズラエルのために調査を続けてくれたのです。広場にある唯一のレストランに入りお昼を食べました。建物が古風な雰囲気の店で、黒ずんだ木の壁には歴史的に重要なリグリツエの写真がところ狭しと飾られていました。ピエロギ（ポーランドの伝統料理）を食べました。きっとイズラエルの父親、祖父母、伯（叔）父・伯（叔）母は、レストラン越しに見える広場を行き来していたことでしょう。

これまでのところ、親切な人たちに出会うことができました。ルーツ探しは、イズラエルや生存者全員にとって、いかに困難かつデリケートで、しかも急を要するかを即座に理解してくれる人たちでした。それに比べ、タルヌフ市の登記所ではこの上なく不愉快な扱いを受けました。イズラエルは父方の兄弟・姉妹の名前を知りたいと思っただけです。まず、イズラエルの出生証明書を見せてほしいと頼みました。前回の訪問のときにすでにコピーを手に入れていました。そこで今回は、原本に記載されているその他の情報が見られるものと大いに期待していたのです。例えば、割礼を施した人、証人として立ち会った人、助産師の名前など。その文書にはイズラエルが生まれて八日めに、割礼の瞬間に居合わせた人たちの名前が記載されていました。とうとう伯父のひとりだろうと思っていた人の名前が見つかったのです。ラザル・アンガーは割礼のときに証人として立ち会っていたのでした。

イズラエルの出生証明書の写真を撮らせてほしいと頼んだのですが、印字したコピーには求める情報の半分しか載っていないにもかかわらず、渡せるのはそのコピーだけと言われました。自分自身の出生証明書の写真を撮る要望を、イズラエルは頭ごなしに拒否されたのです。申請書をクラクフ市の事務所に、事前に、しかもポーランド語で、提出しなければ許可は出せないとのことでした。あと一日しかタルヌフに滞在しないのでと頼んだのですが、その訴えは彼らの胸には響かなかったのです。イズラエルはポーランド語がうまく書けない、その理由はどうしてなのかなど、お役人たちはまったく関心を示しませんでした。形式のみを重視する、その狭い事務室には「出生の証拠をくれって、このユダヤ人たちはなんて厚かましいんだ」といった雰囲気が漂っていました。

その場の空気を表す言葉は見つかりませんが、しいて一言で表すとすれば「嫌悪感」でしょうか。私たちは居てほしくない存在で、通常の事務作業の流れを乱していたのでした。ラザル・アンガーの記録を見たい、彼が本当にイズラエルの伯父だったかを証明したい、その要望をイズラエルは言いたくても言い出せませんでした。登記所への訪問が失敗に終わったことで、イズラエルは父方の親族の名前をもはや知ることはできないでしょう。私たちは登記所を早々に引き上げました——惨めな気持ちで、腹を立てて、実態を知って。これもまた、ポーランドの現在の姿なのです。

大西洋を渡りニューヨークへ戻ってイエシーバー大学公文書館に行きました——そこが児童救済協会に関連した所蔵品の保管場所になっていたからです。イズラエルはすでに自分自身の写真のコピーと、兄カルマンと一緒に児童救済協会のプログラムに加わった、その情報が入っている索引カードを入手していました。今回の訪問の目的は、写真を見て、多くの子供たちの中にイズラエルがいるか、また写真を見ることで彼の記憶を呼び起こすことができるか、に絞られました。大量にあるファイルのほとんどにラベルは付いていませんでした。二、三時間ほど写真の封筒を次から次へと開けて捜しましたが、児童救済協会の孤児収容施設はヨーロッパ中に散在していたので、どの写真がどこの施設なのか分かりませんでした。マリーン、イズラエル、そして私の三人で、エクス・レ・バンのオテル・ボーシットに関連する写真を見つけようと何百枚もめくってみました。もう少しで諦めようとしたとき、「そのテーブルクロスに見覚えがある」とイズラエルが言ったのです——格子模様のテーブルクロスをかけた長テーブルに子供たちが座っている写真でした。その子供たちの顔を食い入るように見ました。どの写真も見覚えがあるようだとイズラエルは言いましたが、

格子模様のテーブルクロス、エクス・レ・バンのオテル・ボーシットの食堂。公文書館での調査中イズラエルがそれと認める（イエシーバー大学公文書館）

彼のグループの写真だという証拠はまだなかったのです。空腹になり目も痛くなりました。一枚の写真をめくったとき、あったのです。「オテル・ボーシット　エクス・レ・バン」という文字が。見覚えがあるとイズラエルが言い張った写真すべてがまさにその孤児収容施設のものだったのです！　私たちは舞い上がりました。ニューヨークへの旅すべてがこのラベルの付いた写真を発見したことで報われました。数分早く昼食を食べに出かけていたら、この写真を見逃して証拠を見つけることはなかったでしょう。

格子模様のテーブルクロスという証拠は、イズラエルの記憶の正確さを象徴するものとなったのです。細部の記憶までも。調査を進めながら、本書の頁すべての内容の正確さを繰り返し検証することができました。

ニューヨークの旅でカルマン・ゴールドベルグ氏にお会いできたのは、まさに過去の出来事を再現するようでした。会話は、英語、ポーランド語、ドイツ語、そしてイディッシュ語で交わされました。涙と、それに記憶の断片が迸《ほとばし》り出るような出会いでした。カルマンは隠れ家の外部にいた証人です。彼の父親は隠れ家で暮らそうとしたものの、耐えきれなかったそうです。いつもとは違うインタビューになりました。カルマンは「シンドラーのユダヤ人」の一人として過ごしていたので、タルヌフにいた頃よりプワシュフ強制収容所のことを鮮明に覚えています。そこでの暮らしについて話し慣れていたからです。しかし私たちが知りたかったのは、彼が強制的に連行される前、タルヌフのダグナン製粉所にいた頃のことです。そこで会話は綱引きのようでした。

話の途中で、探し求めていた貴重な情報が見つかったのです。

カルマン　…この隠れ家のことは知ってます…。ヴェクスレルという名前の人がいました。奥さんと娘が二人いましたよ。ダグナンさんの知り合いで、隠れ家に潜んでいたんです。ゲットーの解体で、ユダヤ人はいろんな場所に強制連行され、アウシュヴィッツに移送されたり、グディニヤに移送されたりと。

キャロライン…ヴェクスレルさんはその後どうなりましたか。

カルマン　…プワシュフ強制収容所で姿を消しました。

キャロライン…娘さんたちは?

カルマン　…二人は戦争を生き抜いてパレスチナに行ったんです。

ついに、姉妹の名字が分かったのです。ヴェクスレルでした。ゴールドベルグ氏に会わなかったら、イスラエルの国にいるヴェクスレル姉妹を見つけられなかったでしょう。

二〇一一年一一月、テルアビブでアンナ・ヴェクスレルの娘ショシとチェーシャの息子シャマイに会いま

キャロラインと：2009 年（カタリーナ・オグントイエ提供）

した。前年のイズラエル本人の訪問は、彼女の母親にとって非常に大きな意味をもつ出来事だった、ショシはそう話してくれました。アンナはこう言ったそうです。「見てよ、あの小さな坊やがこんなに立派になるなんて！」と。

テーブルクロス、公文書館の親切な館員、現代の「諸国民の中の正義の人」、ニュージャージー州にいる年老いた生存者、煙突の痕跡をとどめた開口部のない壁、フレデリックトン出身でベルリン在住の女性、フレデリックトンを故郷にしたポーランド出身の男の子。一連の人物などが話の筋《スレッド》となり、手がかり《クルー》となり、具体的《コンクリート》なブロックとなって本書『イズラエル・アンガーの未公開回想録』（邦題：『ユダヤ人として生きる――幼児期にホロコーストを経験したアンガー教授の回想録』）が書物の形になったのです。

こうして体験談が今ここにまとめられました。

シャローム！（平和が皆さんと共にありますように！）

補遺――ダグナン製粉所のリスト

本書の出版後も、父方の親族捜しを続けました。キャロラインと調査を継続していたのです。本書を読んだという数人の方が連絡をくださり、情報を提供してくれました。タルヌフ市について調べている人たちとも連絡を取り合いながら、関連情報がないかと目を配っていました。

二〇一三年七月、タルヌフ郷土資料館のアダム・バルトシュ氏から重要書類が送られてきました――ダグナン製粉所のリストです。ドイツ本国や占領下の国々にユダヤ人奴隷《スレイブ》労働者が存在していたことはすでに分かっていました。それはスティーヴン・スピルバーグの映画で有名になった、シンドラーのリストで証明されています。ほとんどの工場主は、恥知らずにも、ユダヤ人奴隷労働者を無償で使って利益をあげており、事務処理の一環として従業員リストを手元に置いていました。しかしユダヤ人労働者が強制移送されたあとその必要性がなくなったため、ほとんどのリストは廃棄されましたが、少数残ったものもあったのです。

人数は少なかったものの、シンドラーのような工場主は、ユダヤ人従業員が担当している仕事を、できる限り延長するよう支援しました。対策の一つは、工場が「戦争協力工場として重要である」というお墨付きをもらうことでした。そういった工場の従業員リストに載ることは、生き延びるために計り知れないほど価値あることだったのです。私の父親はダグナン製粉所にとって「必要不可欠な従業員《エッセンシャルワーカー》」という重要な地位を得たことはすでに分かっていました。子供の頃、その名称がいかに重大な意味をもつか、そんな話題が出たことを覚えています。調査資料を探していた数年の間、ダグナン製粉所のリストがないか、それを目にした人がいないかを探し求めました。まさにそのリストが、タルヌフ市の資料館に埋もれていた資料の中から浮

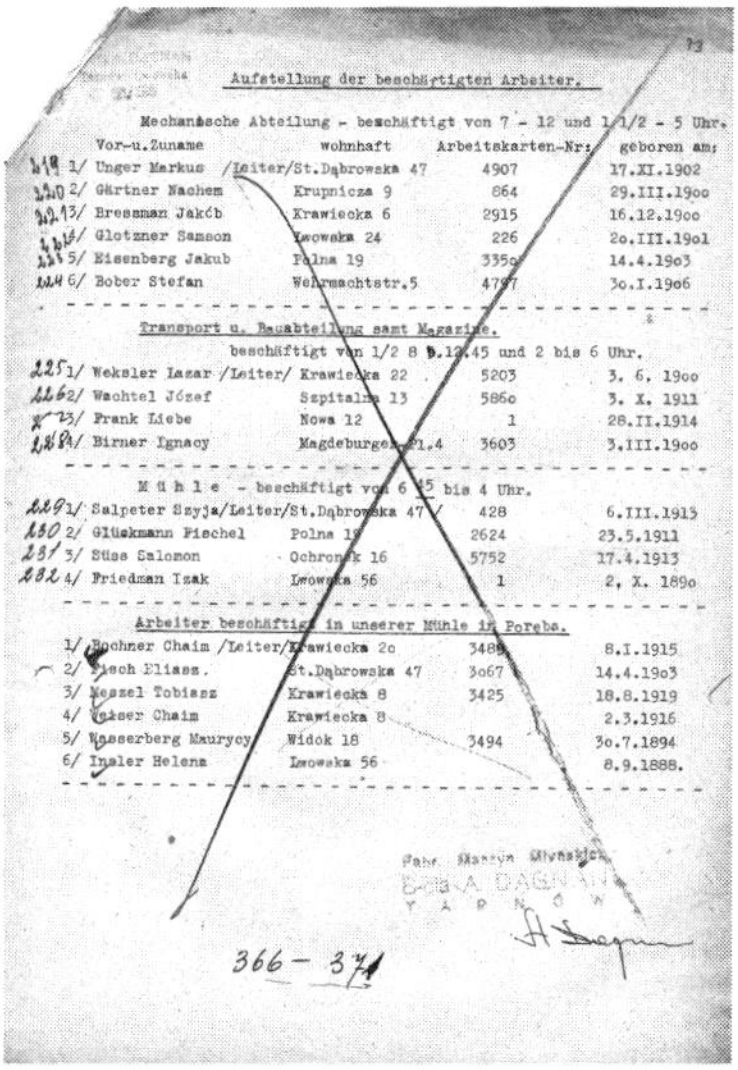

Aufstellung der beschäftigten Arbeiter.

Mechanische Abteilung - beschäftigt von 7 - 12 und 1 1/2 - 5 Uhr.

	Vor-u.Zuname	wohnhaft	Arbeitskarten-Nr:	geboren am:
219	1/ Unger Markus /Leiter/	St.Dąbrowska 47	4907	17.XI.1902
220	2/ Gärtner Nachem	Krupnicza 9	864	29.III.19oo
221	3/ Bressman Jakób	Krawiecka 6	2915	16.12.19oo
222	4/ Glotzner Samson	Lwowska 24	226	2o.III.19o1
223	5/ Eisenberg Jakub	Polna 19	335o	14.4.19o3
224	6/ Bober Stefan	Wehrmachtstr.5	4797	3o.I.19o6

Transport u. Bauabteilung samt Magazine.

beschäftigt von 1/2 8 b.12.45 und 2 bis 6 Uhr.

225	1/ Weksler Lazar /Leiter/	Krawiecka 22	5203	3. 6. 19oo
226	2/ Wachtel Józef	Szpitalna 13	586o	3. X. 1911
227	3/ Frank Liebe	Nowa 12	1	28.II.1914
228	4/ Birner Ignacy	Magdeburger Pl.4	3603	3.III.19oo

M ü h l e - beschäftigt von 6 45 bis 4 Uhr.

229	1/ Salpeter Szyja/Leiter/	St.Dąbrowska 47	428	6.III.1913
230	2/ Glückmann Fischel	Polna 19	2624	23.5.1911
231	3/ Süss Salomon	Ochronek 16	5752	17.4.1913
232	4/ Friedman Izak	Lwowska 56	1	2. X. 189o

Arbeiter beschäftigt in unserer Mühle in Poręba.

1/ Bochner Chaim /Leiter/	Krawiecka 2o	3489	8.I.1915
2/ Fisch Eliasz.	St.Dąbrowska 47	3o67	14.4.19o3
3/ Meszel Tobiasz	Krawiecka 8	3425	18.8.1919
4/ Weiser Chaim	Krawiecka 8		2.3.1916
5/ Wasserberg Maurycy	Widok 18	3494	3o.7.1894
6/ Insler Helena	Lwowska 56		8.9.1888.

Fabr. Maszyn Młyńskich
B-cia A. DAGNAN
T A R N Ó W

366 - 371

ダグナンが個別通行証またはケンカルテを要請した作業員の名前のリスト。この中には本書に関連する３人の名前が入っている。マルクス・アンガー（イズラエルの父親）、ラザル・ヴェクスレル（ヴェクスレル姉妹の父親）、ハイム・ボフネル（ボフネル夫人の息子）。マルクス・アンガーの職務は「機械工」になっているが、製粉所にとって必要不可欠であると見せかける捏造であるのは明らかである（タルヌフ郷土資料館）

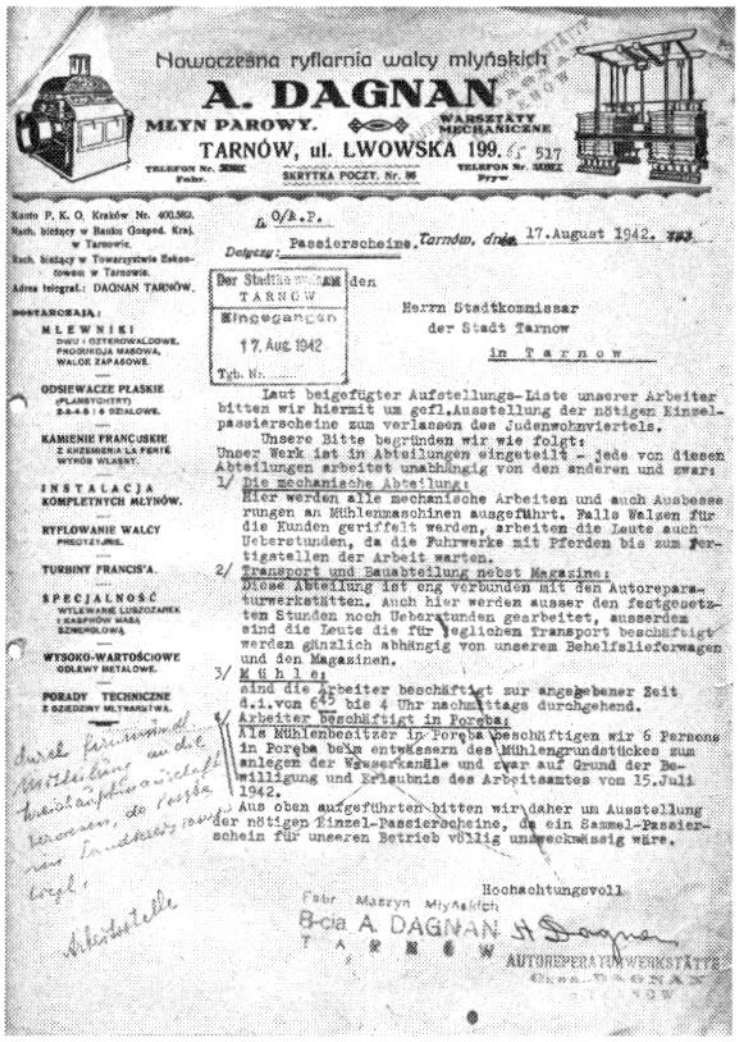

Nowoczesna ryflarnia walcy młyńskich
A. DAGNAN
MŁYN PAROWY. WARSZTATY MECHANICZNE
TARNÓW, ul. LWOWSKA 199.

Konto P. K. O. Kraków Nr. 400.583.
Rach. bieżący w Banku Gospod. Kraj. w Tarnowie.
Rach. bieżący w Towarzystwie Zaliczkowem w Tarnowie.
Adres telegraf.: DAGNAN TARNÓW.

DOSTARCZAJĄ:
MLEWNIKI
ODSIEWACZE PŁASKIE
KAMIENIE FRANCUSKIE
INSTALACJA KOMPLETNYCH MŁYNÓW.
RYFLOWANIE WALCY
TURBINY FRANCIS'A.
SPECJALNOŚĆ
WYSOKO-WARTOŚCIOWE ODLEWY METALOWE.
PORADY TECHNICZNE

A/A.P.

Dotyczy: Passierscheine. Tarnów, dnia 17.August 1942.

Der Stadtkommissar TARNOW
Eingegangen 17. Aug. 1942

Herrn Stadtkommissar
der Stadt Tarnow
in T a r n o w

Laut beigefügter Aufstellungs-Liste unserer Arbeiter bitten wir hiermit um gefl.Ausstellung der nötigen Einzelpassierscheine zum verlassen des Judenwohnviertels.

Unsere Bitte begründen wir wie folgt:
Unser Werk ist in Abteilungen eingeteilt - jede von diesen Abteilungen arbeitet unabhängig von den anderen und zwar:

1/ Die mechanische Abteilung:
Hier werden alle mechanische Arbeiten und auch Ausbesserungen an Mühlenmaschinen ausgeführt. Falls Walzen für die Kunden geriffelt werden, arbeiten die Leute auch Ueberstunden, da die Fuhrwerke mit Pferden bis zum Fertigstellen der Arbeit warten.

2/ Transport und Bauabteilung nebst Magazine:
Diese Abteilung ist eng verbunden mit den Autoreparaturwerkstätten. Auch hier werden ausser den festgesetzten Stunden noch Ueberstunden gearbeitet, ausserdem sind die Leute die für jeglichen Transport beschäftigt werden gänzlich abhängig von unserem Behelfslieferwagen und den Magazinen.

3/ M ü h l e:
sind die Arbeiter beschäftigt zur angegebener Zeit d.i.von 6 45 bis 4 Uhr nachmittags durchgehend.

4/ Arbeiter beschäftigt in Poręba:
Als Mühlenbesitzer in Poręba beschäftigen wir 6 Parsons in Poręba beim entwässern des Mühlengrundstückes zum anlegen der Wasserkanäle und zwar auf Grund der Bewilligung und Erlaubnis des Arbeitsamtes vom 15.Juli 1942.

Aus oben aufgeführten bitten wir daher um Ausstellung der nötigen Einzel-Passierscheine, da ein Sammel-Passierschein für unseren Betrieb völlig unzweckmässig wäre.

Hochachtungsvoll

Fabr. Maszyn Młyńskich
B-cia A. DAGNAN
T A R N Ó W
AUTOREPERATURWERKSTÄTTE

ダグナン製粉所の手紙。タルヌフ駐留のドイツ当局に当てたもので「ユダヤ人区域への出入りに必要な個別通行証」の発行を要請。この手紙は最初のアクツィオンがタルヌフ市で実施された２か月後に書かれている（タルヌフ郷土資料館）

上したのです。

リストを目にしてすっかり興奮しました。本書の体験談はかなりの部分私自身と目撃した人たちの記憶がベースになっています。リストが見つかったことで、具体的な証拠を得て、タルヌフでの体験の多くが紙の上で証明されたのです。調査を継続している間ずっと、私の記憶がさまざまな調査結果に裏づけられたことに満足していました。さらに、ダグナン製粉所のリストが重要な追加資料になったのでした。

このリストは二ページから成っています。一枚はダグナン製粉所のレターヘッドが付いている手紙で、アウグスティン・ダグナン氏の署名が載っています。もう一枚はリストそのものです。工場のレターヘッドの付いた手紙はタルヌフ駐留のドイツ当局に当てた要請書で、タルヌフのゲットーを出入りするためには、工場全体の一括した通行証ではなく、従業員一人ひとりの個別通行証の発行が必要であると書かれています。ダグナン氏は、その要請を正当化するための理由づけとして、工場には四つの独立した作業部門があり、従業員は異なる時間帯（ときには残業するなど）また異なる場所に出入りするから、と述べています。

手紙の最初のパラグラフに「従業員のリストに基づいて、当社はここに、ユダヤ人区域への出入りに必要な個別通行証の発行を要請いたします」という文言が書かれています。続けて工場内に置かれた四部門を列挙し、それぞれの部門の作業内容について詳しい説明が付いています。最後のパラグラフで「上記の理由により、全体を一括した通行証は工場の機能を果たすにはきわめて不適切であることから、従業員に必要な個別通行証の発行を要請いたします」と締めくくっています。

ダグナン製粉所のリストを見てさまざまな意味で興奮しました。最初に載っていたのは、マルクス・アンガー、生年月日一九〇二年一一月一七日。これは私の父のポーランド名で、父の正確な誕生日が初めて分かりました。戦後の資料を所蔵するバートイスロン文書館から一枚の記録をすでにもらっていましたが、それによると、父は移民のチャンスを有利にするために数年若く申告していたのです。

父は責任者《レイテル》、すなわち工場内の機械部門の長としてリストに記載されています。

アウグスティン・ダグナンの息子のアレキサンデル・ダグナン氏にインタビューしたときの話によると、「ユダヤ人従業員のほとんどは〝決まった仕事〟についていませんでした。仕事をしているふりをしていました、本当はナチスの強制移送を逃れる方便だったのです」とのことでした。父の本来の職業は小麦粉を扱う商人だったのですが、機械工としたのは、ナチスの目をごまかす策略の一つだったのでしょう。

リストに載っている住所はスタロドブロフスカ四七番地になっていて、ゲットーにいた頃の住所が初めて分かると同時に、製粉所の近くの「ルヴィオフスカ通りの向かい側に住んでいた」というアレキサンデル・ダグナン氏の言葉とも一致します。リストに載っている他の二人の住所も同じです——ゲットー内では複数の家族が同じ建物に住むことを強いられたのは、これで明らかです。私自身の家族にとって興味深いのは、エリアシュ・フィッシュの名前がこの住所に載っていることです。母の旧姓がフィッシュで、エリアシュという名前は母方の伯（叔）父の一人エリヤであれば、私たちはゲットーで一緒に暮らしていたことになります。

ヴェクスレル姉妹の父親ラザル・ヴェクスレルは、リスト二番目の部門である輸送・建設の長になっています。ラザルの孫シャマイにこのリストを送ったところ、彼も初めて祖父の生年月日と以前住んでいた住所を知ったそうです。また、四番目の部門であるポレンバ製粉工房の長としてハイム・ボフネルの名前が載っています。私たちと一緒に屋根裏部屋に隠れていたのは彼の母親です。

このリストから答えと同時に多くの疑問が浮かび上がりました。キャロラインと私が不思議に思ったのは、屋根裏部屋に隠れたフィリップ・アレクサンドロヴィチ氏の名前がなぜ載っていないのか、というものでした。彼は隠れ家の実現に向けて積極的に働きかけた人です——心底から隠れ家を作ろうと——それにもかかわらず、彼の名前が「必要不可欠な従業員《エッセンシャルワーカー》」としてリストに載っていなかったからです。ヴェクスレル姉妹の話によると、隠れ家には通行証を持たないユダヤ人が他にもいたそうです。おそらく、リストが作成される前から、アレクサンドロヴィチ氏はずっと住み続けると決めて隠れ家にすでに入っていたのでしょう。カルマン・ゴールドベルグ氏の名前もリストに載っていませんが、彼は工場の機械部門に所属していたものの、同時にドイツ人の運転手として働いていましたから、ダグナンの従業員として記載されなかったのかもしれません。

タルヌフ市で起こったホロコーストの時系列から察するに、このリストは「住み替え」作戦、またはアクツィオンの間に作成されました。四万人のユダヤ人が強制的にタルヌフ・ゲットーへの強制移住を余儀なくされたのです。一九四二年六月九日、最初のアクツィオン作戦が実施され、さらに、一九四二年の七月と九月にアクツィオン作戦は繰り返し行われました。ゲットーは縮小してゆきました。このときまでに、ナチスが「必要不可欠な従業員《エッセンシャルワーカー》」とみなさないユダヤ人は、強制移送され殺害される、皆にそのことが分かっていました。ダグナン製粉所のリストは一九四二年八月一七日に作成されています。ダグナン工場のユダヤ人従業員にとって、このリストはゲットーで生き続けることができるか、あるいは強制移送されて死を迎えるか、どちらかの分かれ目だったのは明らかです。

リストに載っているからと言って、生きる保証にはなりませんでした。ラザル・ヴェクスレルとハイム・ボフネルの二人は、リストに載っていたにもかかわらず、アクツィオン作戦中に捕まり殺害されました。リストには大きな〝X〟の文字でバツ印がついていますが、これはゲットーの解体時につけたものでしょう。もうこのリストは必要なくなったのです。ダグナン製粉所のリストに載っている人で生き延びた人が他にもいるかどうか、情報があれば教えていただきたいと願っています。

シンドラーのリストで周知のように、このようなリストに載ることは生死に関わる大問題でした。シンドラーは、戦時中、従業員を強制移送させないよう取り計らいました。しかし大多数の工場主は同じ行動を取らず、また取れなかったのでしょう。このリストに名前が載ることでユダヤ人労働者は時間を稼ぐことができました。リストに載っている限り、生き延びて他の選択肢を考えることができたのです。

アーモン・ゲートはプワシュフ強制収容所の悪名高い殺人者で、映画『シンドラーのリスト』では、バルコニーからユダヤ人に向けて銃を手当たり次第に撃つ人物として描かれています。一九四三年九月三日、ナチスはそのゲートをタルヌフ・ゲットーの解体責任者として送り込みました。そのとき、私たちはもうゲットーには住んでいませんでした。ダグナン製粉所の屋根裏部屋の隠れ家に潜んでいたのです。父と家族はダグナンのリストに載ることで、隠れ家を造り、そして生き延びるための必要な時間が与えられたのでした。

謝辞

本書は、いろいろな意味で、共同作業の成果として作成されました。二人の著者はもとより、多くの献身的な友人、家族、そして同僚たちが協力してくださった賜物です。本書の出版を可能にした左記の皆さまや団体のご尽力に謝意を表したいと思います。

個人的には、ヴェクスレル姉妹に心からの感謝の言葉を捧げます。アンナとチェーシャ・ヴェクスレル（現在は、アンナ・サリドとチェーシャ・オプフェル）、さらにアンナの娘ショシ・マツアンとチェーシャの息子シャマイ・オプフェルの皆さんと、イスラエルで再会を果たすことができました。本書がきっかけになって新たに家族が増えたようでした。皆さんは本書の出版企画に心から賛同してくださり、できる限りの援助を惜しみませんでした。感謝してもしきれないほどです。

さらに、アダム・バルトシュ氏には大変お世話になり、深く感謝いたします。バルトシュ氏のたゆまぬご尽力がなかったならば、本書が日の目を見ることはなかったでしょう。イズラエルに隠れ家の写真や証拠の記録を送ってくださったこと、インタビューや調査に何度もお付き合いくださったこと、タルヌフ市の地でオンサイト通訳や助手を手配してくださったこと、本書にとってきわめて重要な目撃証人の報告書を送ってくださったこと、遠方からオンラインで調査に協力してくださったことなど、その貢献は多岐にわたっています。何にもまして重要なのは、タルヌフ市に友人、そして信頼する人がいるという気持ちにさせてくださったことです。氏のおかげで、本書は見違えるほど充実したものになりました。

クラクフ国立公文書館タルヌフ支部のヤン・フムラ氏には、直接ご本人から、またはメールで専門的かつ友好的なご援助をいただきました。リグリツエ町役場のアダム・シチエフ氏は、その場で自発的に、あるいは後日メールで調査に協力してくださいました。また、イエシーバー大学公文書館の館員ディーナ・シュワィマー氏には何度もご協力いただきお世話になりました。皆さま方に厚くお礼申し上げます。

ロンドン大学キングスカレッジの人文学部教授で、ポーランド系ユダヤ人のホロコースト研究者であるドロタ・グオゥワッカ氏は必要なときにはいつでも都合をつけてくださり、翻訳を引き受け、ポーランド語の翻訳や調査のポイントをチェックしてくださいました。本書の出版を心より願って、力を貸してくださったことに深く感謝申し上げます。

本書の体験をまとめるにあたり、左記のお二人の目撃証言は大いに役立ちました。この場を借りてとくに感謝の意を表したいと思います。アレクサンデル・ダグナン氏は、お会いした際、率直に話し合うことで、ダグナン家にとって困難な時期をもあえて明らかにしてくださいました。ダグナン氏のおかげで私たちは当時の状況を理解することができました。また、カルマン・ゴールドベルグ氏は目撃証言を寄せてくださり、ダグナン製粉工場の写真を本書に使わせてくださいました。氏の援助なしには、ヴェクスレル姉妹を見つけることはできなかったでしょう。カルマンの娘サンドラ・ゴールドベルグ氏にはコミュニケーションを容易にしてくださったことにお礼申し上げます。

タルヌフ出身のロセ・ドゥビンスキーさんは電話によるインタビューで、またフェリシア・グレイバーさんはお父上がダグナン製粉所で働いていたときの体験談の抜粋をお送りくださいました。ありがとうございました。

タルヌフ郷土資料館のヤヌシュ・コジョウ氏には翻訳、史的資料の情報、現地でのご協力をいただきました。ハワード・フィンク氏（マサチューセッツ）のおかげで未公開のタルヌフのユダヤ人のデーターベースにアクセスすることができました。ペトル・ジテック氏（プラハ）には調査協力をお願いしました。アメリー・ドージ氏（ベルリン）は、継続的なメールのやりとりを通して、イズラエルの考えをまとめるための非常に有用な土台を提供してくださいました。ここに三氏に感謝の意を表します。

本書の執筆には多くの言語処理が必要でした。英語、フランス語、ポーランド語、イディッシュ語、ヘブライ語、ドイツ語など。左記に記す方々には翻訳にご協力いただきました。皆さまに感謝申し上げます。イエレナ・シュミュレンソン氏（ニューヨーク）にはイディッシュ語の資料の調査を、ノア・トビア氏（ベルリン）にはヘブライ語の翻訳を、カタリーナ・オグントイエ氏とジョビラ法人／協会（ベルリン）にはテープの文字起こしの協力者を手配してくださり、その上無料で翻訳を引き受けてくださいました。これに関連して、ウグル・カルギン氏にはアンネ・フランクセンターで行った講演のテープ起こしを、ドロタ・ソウインスキー、マルティナ・ベック両氏にはポーランド語の翻訳でお世話になりました。

ごく初期の原稿を読んで有意義なコメントをくださった皆さま方にお礼を申し上げます。デイヴィッド・ベスナー、エルドン・トンプソン、エレーヌ・ジーン、ジョンおよびベヴ・ランドール、サイデル・グローブ、ベス・テイラー、シャロン・アンガーとリー・ハインリッヒ、シーラ・アンガーとアンドレア・スーパーテイ・フルガ、ナンシー・リチャーズ、カリン・マイゼンバーグ、ジェリー・マカリスター、ローリ・ギャラガー、トリスティス・ワードの諸氏から貴重な励ましのお言葉をいただきました。とりわけ、本書を読み込んで建設的な批評と編集上の提言をくださったサンドラ・アイルランドとキャシー・ダンズフォード氏に深く感謝申し上げます。

写真に関しては、ジョイ・カミングズとダービー・ナッシュ、アンドレア・スーパーテイ・フルガ、マリーン・アンガー、カタリーナ・オグントイエ氏に感謝申し上げます。

二〇〇七年にドイツで最初に行われたイズラエルの講演を企画した盲人信託協会とベルリンのアンネ・フランクセンター、また二〇〇八年のドイツでの二度目の講演ではジョリバ・異文化間ネットワーク協会にお世話いただきました。この場を借りてお礼申し上げます。

とくに、カナダ芸術評議会は助成金を交付して本書の出版を可能にしてくださいました。厚く感謝の意を表する次第です。そのおかげで、キャロラインは初校の際フルタイムで仕事ができました。また、ウイルフリッド・ローリエ大学出版局の皆さんにも感謝申し上げます。本書の価値を直ちに認めて、丁寧かつ効率よく出版にいたるまで面倒をみてくださいました。

最後になりましたが、マリーン・アンガーに感謝の言葉を述べて謝辞を締めくくりたいと思います。マリーンは列挙できないほど多くの意味で本書の作成をサポートしてくれました。インタビューを行い、そのテープを文字に起こし、さまざまな段階の原稿に目を通し、校正を行い、さらには深い愛情で心の支えになってくれました。ありがとう、マリーン。

本書を出版するまで五年もの歳月がかかりました。相談に乗ってくださった友人や支援してくれた家族の人たち、お名前を一人ひとり載せてはいませんが、皆さんに感謝の気持ちをもっていることをお伝えしたいと思います。

キャロライン・ギャモン
イズラエル・アンガー

訳者あとがき

「ユダヤ人に生まれた」という、それだけの理由でナチスドイツに殺害された人の数は約六〇〇万人にものぼります。その中には多くの女性・子供が含まれていました。ホロコースト（ユダヤ人大量虐殺）は、ユダヤの歴史上はもとより、人類史上で最も悲惨な出来事でした。日本で暮らす私たちはホロコーストから何を学ぶことができるでしょうか。

本書の著者イズラエル・アンガーは、幼い頃、二年間にわたってポーランドの屋根裏部屋の狭い空間に怯《おび》えながら隠れて暮らし、あやうく難を逃れました。『アンネ・フランクの日記』で有名なアンネも隠れ家で暮らしましたが、解放直前に捕らえられ、移送された強制収容所で亡くなっています。一方、イズラエルはホロコーストを生き抜き、戦後は各地を転々とし、最終的にカナダに落ち着きました。著名な化学者として、またホロコーストの語り部として現在も活躍しています。

ホロコーストの最中に起こった悲劇、とくにアウシュヴィッツ強制収容所に関連する類書は、名著『夜と霧』をはじめ、日本でも数多く出版されています。しかしホロコースト生存者《サバイバー》にとっては、解放で万事めでたしとはいかず、その後も長く険しい戦後が待っていたのです。本書の特徴は、狭い隠れ家で暮らした家族の体験を記録すると同時に、ホロコーストを経て生き残った生存者がその後の人生をどう過ごしたか、その一例を記録に残す貴重な資料でもあります。イズラエルは、ときに差別や偏見と向き合いながら、ユダヤ人としてのアイデンティティを保ち続けました。戦後八〇年近い歳月が経過した今、ホロコーストの生存者の高齢化が進んでいます。当時は幼い子供だったイズラエルはすでに八五歳を過ぎています。ホロコーストを経験した最後の世代です。その意味でも、本書は資料的な価値があると言えるでしょう。

さらに本書は、著者自身の個人史であると同時に、日本文化との違いも垣間見せてくれます。日本人にはあまり馴染みのないユダヤ人の宗教、文化、生活習慣、ものの考え方、家族の絆などにも触れることができます。

およそ五〇年以上前、実は、私はテキサス大学でイズラエルに出会っていました。ちょうどケネディ大統領が暗殺された年です。亡くなった夫の化学研究室がイズラエルの研究室の近くにあり、友だち付き合いをしていたのです。当時、イズラエルがユダヤ人であることは知っていましたが、ユダヤ人の歴史や文化のことも、ましてやホロコーストやシオニズム運動のことなどまったく知りませんでした。無神経にも、ユダヤ人の友人たちにキリスト教のクリスマスカードを贈るなど、ユダヤ教、ユダヤ人の生活慣習、祝祭日に関する知識はほとんど持っていませんでした。イズラエル夫妻を自宅に招いた際、コーシャ食のことも知らず、豚肉を使った料理を出したかもしれません。ユダヤ人のことを日本の読者に知ってもらいたい、それが本書を翻訳したもうひとつの動機です。ある日のたわいない会話の中で、イズラエルがこう言ったことを覚えています。「古代イスラエルには失われた一〇氏族がいたんだ。そのうちの一つは、きっと、日本人だよ。君たちと僕の祖先はきょうだいだったかもしれないね」と。イズラエルは真顔《まがお》でジョークを言うのが好きな人でした。五〇有余年を経て、本書を翻訳できたことに不思議な因縁を感じています。イズラエルは日本と日本人が好きです。本書が出版されることを喜び、日本の読者に、とりわけ若い読者に読んでいただけることを非常に光栄に思っています。

ホロコーストやユダヤ人問題は、日本で暮らす私たちには無縁な出来事であると思うかもしれませんが、日本でも人種差別は、表立っていないにしても、水面下に潜《ひそ》んでいます。外国にルーツをもつ人々、例えば、在日コリアンやアフリカ系外国人が差別や偏見にさらされ辛い経験をしたことが、時々新聞の読者欄に載っています。「外国籍」を理由に賃貸マンションの入居を断られるといった理不尽な思いをする人もいます。肌や瞳の色が異なることでいじめを受けている子供たちもいます。その一方で、外国を訪問する日本人はアジア人に対するヘイトクライム（人種差別に基づく憎悪犯罪）に巻き込まれるかもしれません。本書の中でイズラエルは「ホロコースト教育とは、他者への寛容さを育《はぐく》む教育である、そう私たちは信じている。ホロコーストは、憎悪を野放しのままにすると、何が起こるかを教えてくれる。そのことに注意を喚起したいのだ。私たちは誰しも人種差別と偏見に無縁ではないのだから」と述べています。差別や偏見は人権に関わる問題です。私たちにとっても決して他人事《ひとごと》ではありません。本書を読んで、差別や偏見について身近な人と話し合うきっかけになれば、訳者としてたいへん嬉しく思います。

翻訳するにあたり、多くの方々からお力をいただきました。とりわけ、著者のイズラエルとキャロラインには、内容はもとより地名・人名の発音について、メールで、あるいは電話でたびたびお伺いしました。快く質問に応えてくださったことに感謝いたします。サイエンスについての記述は、坂間裕見子さんにご指導いただきました。ただし、最終責任はすべて訳者にあります。また明海大学の仲間の会のメンバー（東山安子、田中典子、津留崎毅、渡辺雅仁、上村妙子）の皆さんは、翻訳・出版をためらう私の背中を押してくださいました。改めてお礼を申し上げたいと思います。
最後に、出版に際してお世話になった山岸信子氏ほか春風社の皆さんにお礼申し上げます。ありがとうございました。

仁木久恵

参考文献（順不同）

ボーンスタイン、マイケルほか／森内薫訳『4歳の僕はこうしてアウシュヴィッツから生還した』NHK出版、二〇一八年
市川裕『ユダヤ人とユダヤ教』岩波書店、二〇一九年
レビン、カレン／石岡史子訳『ハンナのかばん――アウシュビッツからのメッセージ』ポプラポケット文庫、二〇〇六年
永岑三千輝『アウシュヴィッツへの道――ホロコーストはなぜ、いつから、どこで、どのように』春風社、二〇二二年
中谷剛『ホロコーストを次世代に伝える――アウシュヴィッツ・ミュージアムのガイドとして』岩波書店、二〇〇七年
セグレ、リリアナ／中村秀明訳『アウシュヴィッツ生還者からあなたへ――14歳、私は生きる道を選んだ』岩波書店、二〇二一年
吉見崇一『ユダヤ教小辞典』リトン、一九九七年

【著者】

イズラエル・アンガー（Israel Unger）
1938年生まれ。幼い頃、ナチスドイツ占領下のポーランドで、2年間にわたり屋根裏部屋の狭い空間で怯《おび》えながら暮らす。ホロコースト（ユダヤ人大虐殺）から生き延び、戦後は各地を転々として、最終的にカナダに移住し、カナダ市民権を得る。ニューブランズウィック大学で博士号（化学）を取得。長年にわたり、教育と研究に携わり、ニューブランズウィック大学理学部の学部長を務め、名誉学部長の称号を得る。学術論文の執筆多数。ホロコースト体験を伝える語り部として各地で講演を行う。

キャロライン・ギャモン（Carolyn Gammon）
カナダ、ニューブランズウィック州生まれ。コンコーディア大学（モントリオール）卒業。専攻は文学と創作（クリエイティブ・ライティング）。1991年ドイツに渡り、ユダヤ人の生活やホロコーストに特化した案内役を務める。著書に *Johanna Krause—Twice Persecuted—Surviving Nazi Germany and Communist East Germany*（Wilfrid Laurier University Press: Christiane Hemker と共著）。その他、詩・評論など多数。現在ベルリン在住。

【訳者】

仁木 久恵（Hisae NIKI）
津田塾大学卒業後、テキサス大学大学院に留学し、修士号取得。津田塾大学博士課程修了。専攻は英米演劇と英語教育。津田塾大学非常勤講師、NHK基礎英語講師、聖路加国際大学教授、明海大学教授などを経て、明海大学名誉教授。著書に *Shakespeare Translation in Japanese Culture*（Kensei-Sha）、『漱石とハムレット』（リーベル出版）。訳書に『平静の心』（医学書院：日野原重明と共訳）などがある。

ユダヤ人として生きる
——幼児期にホロコーストを経験したアンガー教授の回想録

二〇二三年七月六日　初版発行

著者　イズラエル・アンガー／キャロライン・ギャモン
訳者　仁木久恵《にきひさえ》

発行者　三浦衛
発行所　春風社　*Shumpusha Publishing Co., Ltd.*
横浜市西区紅葉ヶ丘五三　横浜市教育会館三階
〈電話〉〇四五・二六一・三一六八　〈FAX〉〇四五・二六一・三一六九
〈振替〉〇〇二〇〇・一・三七五二四
http://www.shumpu.com　✉ info@shumpu.com

装丁　矢萩多聞
印刷・製本　シナノ書籍印刷株式会社

ISBN 978-4-86110-883-9 C0098 ¥2700E